股市天经

量波逮涨停

STOCK MARKET MASTERPIECE

黑马王子◎著

经济日报出版社
北　京

图书在版编目（CIP）数据

股市天经：量波逮涨停 / 黑马王子著. -- 北京：经济日报出版社, 2022.6（2025.11重印）

ISBN 978-7-5196-0983-2

Ⅰ. ①股… Ⅱ. ①黑… Ⅲ. ①股票投资—基本知识 Ⅳ. ①F830.91

中国版本图书馆CIP数据核字(2021)第239512号

股市天经：量波逮涨停

GUSHI TIANJING：LIANGBO DAIZHANGTING

黑马王子　著

出版发行：经济日报出版社

地　　址：北京市西城区白纸坊东街 2 号院 6 号楼

邮　　编：100054

经　　销：全国各地新华书店

印　　刷：天津裕同印刷有限公司

开　　本：787mm × 1092mm　1/16

印　　张：16.75

字　　数：223 千字

版　　次：2022 年 6 月第 1 版

印　　次：2025 年 11 月第 5 次

定　　价：88.00 元

量波逮涨停，越学越过瘾

量波特训班，每期都爆满

涨停无定式，涨停有规律

量柱七因子，涨停可预知

给读者赠言：不要迷信黑马王子

量波论文入选中国知识资源总库

在巴菲特讲课的拉登堡礼堂讲解量波的规律

在中国人民大学量学特训班讲解量波逮涨停

在清华大学特训班讲解量学黄金掌

清华大学等量学四大名著责任编辑与
王子老师签名留念

同学们列队请王子老师签名合影

同学们涌上讲台与王子老师合影

北大特训班学员赠送给
量学教练的九块金牌

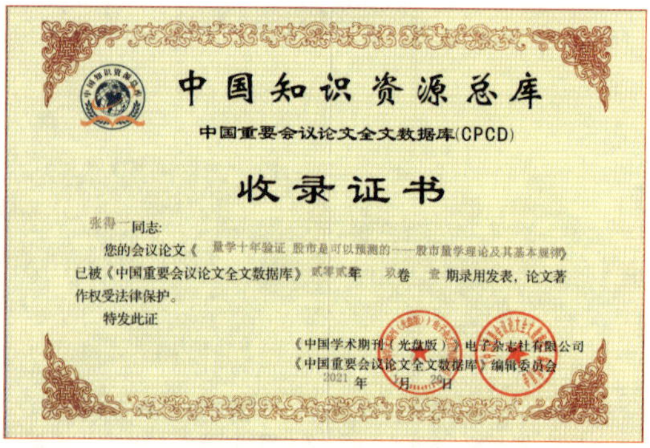

中国知识资源总库

中国重要会议论文全文数据库(CPCD)

收录证书

张得一同志:

您的会议论文《量学十年验证 股市是可以预测的——股市量学理论及其基本规律》已被《中国重要会议论文全文数据库》贰零贰年 玖卷 壹期录用发表，论文著作权受法律保护。

特发此证

《中国学术期刊（光盘版）》电子杂志社有限公司
《中国重要会议论文全文数据库》编辑委员会
2021 年 月 20 日

量学论文入选中国知识资源总库

量学八大教练在印尼总统大酒店海滩团建活动

王子老师与量学八大教练合影

前 言 PREFACE

量波逮涨停 简单而轻灵

历经10年磨砺，股市天经之三——《量波逮涨停》终于问世了！

2009年9月，《量学》第一部原创专著《量柱擒涨停》的出版序言中明确指出：王子的《量学三部曲》将由“量柱擒涨停、量线捉涨停、量波抓涨停”组成，可惜，有人盗用《量波抓涨停》的书名，出版了一本与“量波”毫无关系的书，搅乱了读者视线，扰乱了出版计划，王子只得将原书名改为《量波逮涨停》出版。

哈哈！真得“感谢”这位盗版者，因为他的盗版玷污了《量波抓涨停》的书名，逼得王子斟酌再三，才有了《量波逮涨停》这么刚健豪放的书名！

《量学三部曲》的三本书，中间只有“一字之差”：

- 《量柱擒涨停》是“擒”，有武术格斗的“擒拿”之意，得花点气力；
- 《量线捉涨停》是“捉”，有游戏迷藏的“捕捉”之意，得动点脑力；
- 《量波逮涨停》是“逮”，有指令明确的“逮捕”之意，得用点定力。

“擒”，是“生擒”，扑扑打打，拳脚相加，格物斗勇也；

“捉”，是“活捉”，挑挑拣拣，信手拈来，戏物斗智也；

“逮”，是“逮捕”，规规矩矩，依法行事，取物斗法也。

量学三部曲，相辅又相成。“擒”是臂功，“捉”是手功，“臂之不存，手将焉附”；没有“擒”的功夫，“捉”起来也不是那么容易的事；当你学会了“擒”，“捉”也就信手拈来了；有了“擒”和“捉”的功夫，“逮”就是顺藤摸瓜、“依法逮捕”了。

由此可见，《量柱擒涨停》是基础，《量线捉涨停》是抓手，《量波逮涨停》是临门一脚。它们是一个完整的“三维互动系统”。一个重在“选股”，一个重在“选价”，一个重在“选时”。三者融合才能进入那自由自在的天地。

《量波逮涨停》完成了“量学三维互动系统的整合”，实现了“量柱选股→量线选价→量波选时”三维互动系统“对规律的追求”。量学坚信：涨停无定式，涨停有规律，涨停有苗头。

“定式”只是一种“偶遇”，对某只股票有效，对其他股票无效；“规律”是一种“复遇”，它不仅对某只股票有效，而且对一批股票有效；“量波”的规律性特别强，当我们用量柱和量线发现了一种或几种涨停密码的股票，只要发现了其有异动的“苗头”，就可以在同一时段、同一空间、同一规律发现齐刷刷地列队涨停股票。

本书展示的案例，都是在“同一时段、同一空间、同一规律”齐刷刷列队涨停的股票，这是不以人的意志为转移的经典，值得深入探讨。本书的许多技术要点散见于178448.com股海明灯论坛和量学技术特训班，用户使用后的普遍感受是：“量波逮涨停，紧张而过瘾”。

因为，“量波”是行股的一个“入口”，同样的一段量波，有人看涨，有人看跌，有人犹豫不决，因为人们对“量波”的认识没有达到“科学的境界”。正如马克思所言，“科学的入口处，与地狱的入口处相似。必须提出这样的要求：这里必须根绝一切犹豫；这里任何怯懦都无济于事。”量学正在实践这句名言，它颠覆了许多被人们称为“经典”的东西，正在改写认识真理、发现真理、接近真理的历史。

《量学三部曲》的问世，只是万里“长征”走出了第一步，王子热诚地欢迎您的坦诚质疑和批评，共同把量学理论推向至臻境界。

为了帮助读者学习，178448.com股海明灯论坛开辟了“解盘室”专栏，可实时观看量学教练们解盘的精彩过程，并可畅谈体会、心得和建议。

微信公众号：盘前预报123
（ID：PQYB123）

黑马王子

2021年10月1日于

北京国门酒店

目 录 CONTENTS

股市天经

第1章

“量波”看盘的“一个核心”

什么是“量波”？所谓“量波”，特指价格线（或指数线）在分时图中的“形态”。因为这些走势形态忽高忽低、或陡或平、如波如浪，所以量学形象地将它称为“量波”。请大家先直观地认知一下“量波”。

先看图1-1“上证指数2021年2月5日分时量波留影黑底板”：

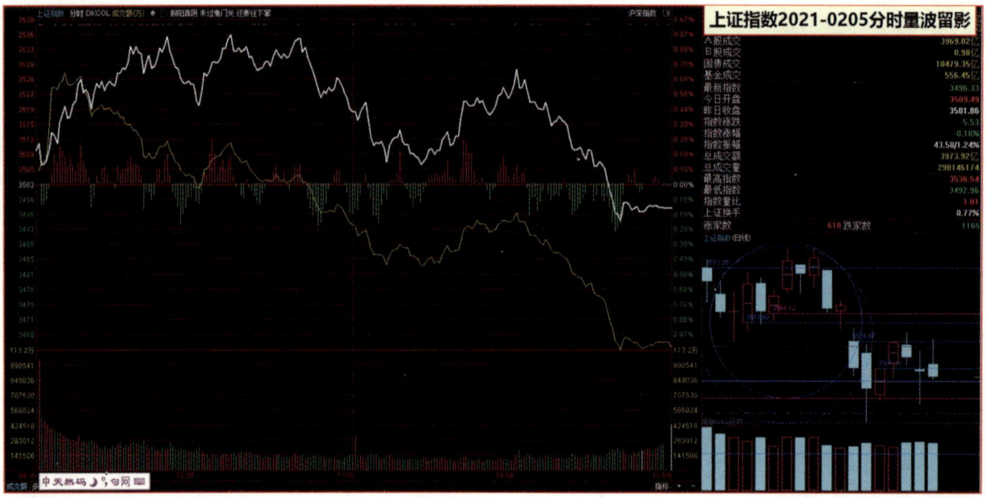

图1-1

再看图1-2“上证指数2021年2月5日量波留影白底板”：

图1-2

以上两幅图，都是“上证指数2021年2月5日量波留影”。图1-1是黑底图，图1-2是白底图，二者是同一天的走势，对照起来看，黑底图中的白色量波在白底图中是蓝线，黑底图中的黄色量波在白底图中是红线。

为了让读者看得更清楚，本书的所有图片都采用白底版，我们在查看时，心里要知道什么是白色量波，什么是黄色量波，不要产生误会。

第一节
“量波”的“两个层面”

既然“量波”是一种“形态”，它就必然具有如下两个层面：

一是“形状”，它只是“表象”，只是“视觉形象”；二是“态度”，它则是“内蕴”，就是“内在含义”。

在量波的学习和使用中，初学者最常犯的毛病是只重视量波的“视觉形象”，常忽视量波的“内在含义”，这就走上了“形而上学”的歪路。要想学好用好量波，一定要透过“视觉形象”，弄懂其“内在含义”，看懂制造量波的主力是强庄还是弱庄，是精庄还是笨庄，这才是量学看盘的核心。

例一，请看图1-3“厦门银行2020年11月6日量波留影”：

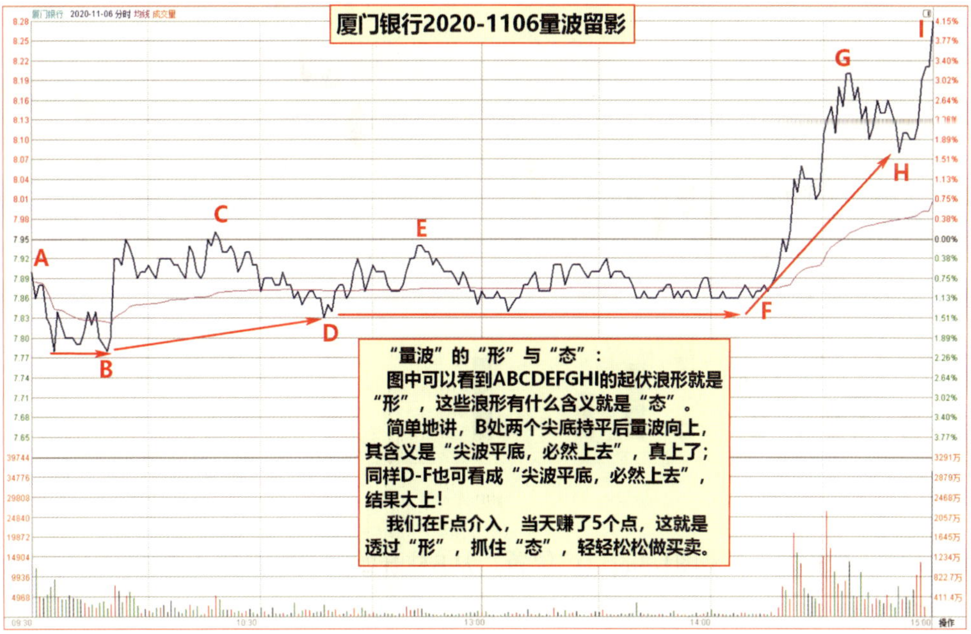
厦门银行2020-1106量波留影
A
B
C
D
E
F
G
H
I
“量波”的“形”与“态”：
图中可以看到ABCDEFGHI的起伏浪形就是“形”，这些浪形有什么含义就是“态”。
简单地讲，B处两个尖底持平后量波向上，其含义是“尖波平底，必然上去”，真上了；同样D-F也可看成“尖波平底，必然上去”，结果大上！
我们在F点介入，当天赚了5个点，这就是透过“形”，抓住“态”，轻轻松松做买卖。

图1-3

关于“量波”的“形”与“态”，图中可以看到ABCDEFGHI的起伏浪形就是“形”，这些浪形有什么内在含义，体现了什么规律，这就是“态”。

例如，B处两个尖底持平的形状，其含义是“尖波平底，必然上去”，其后量波就真的上去了。再如：D-F也是两个尖底持平的形状，也可看成“尖波平底，必然上去”，其后量波果然大幅向上！

嘿！只要看懂了量形所蕴藏的含义，就能看懂量波背后那个主力的性格、能力、实力和意图，使我们的操作尽量符合和配合主力的行为。

例如，我们量学基训班的同学就是在F点介入，当天赚了5个点，这就是透过“形”，抓住“态”，轻轻松松做买卖。

量波有这么大的能耐？

有哇！因为量波是参与市场的各种力量、各种意图、各种愿望在最小单位时间内的最初始、最直接、最敏感的现场较量的即时体现。

不要小看量波是最小单位时间内的最初始的力量和意图的体现，一不小心，它就可能出现“一只蝴蝶在巴西轻拍翅膀，或将导致一个月后太平洋彼岸掀起一场龙卷风”的“蝴蝶效应”。

再看图1-4“厦门银行2020年12月2日日象留影”：

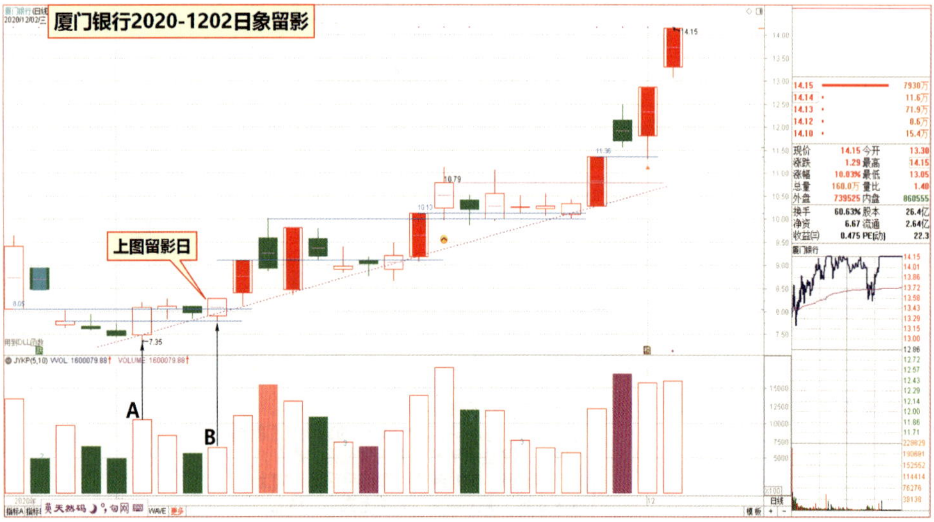

图1-4

图1-4的B柱，正是图1-3的量波位置。从B柱开始，该股在18个交易日内走出了一波翻倍行情，其中有6个涨停板，平均每3天一个板。

这么好的股票，我们能在B柱这天发现它吗？

能！只要学好了量波，学懂了量波，任何人都能伏击它！

我们量学云讲堂的九位讲师，都是在B柱当天（周五）发现它的，然后在他们周日的（11月8日）选股练习中和同学们分享，许多看懂了量波的同学，就在周一擒拿，享受了18天翻倍的乐趣。

这个案例告诉我们：在股市这个动力系统中，初始条件下微小的变化，可能带动整个系统的、长期的、巨大的连锁反应；因为输入端微小的差别，会迅速放大到输出端。要么产生积极效应，要么产生消极效应。

量波，就是帮助我们克服消极效应、争取积极效应的一门科学。它既可以作为我们操作股票的瞄准器，也可以作为分析股票的解剖刀，还可以帮助我们提前掌握市场内在力量的平衡与失衡的节点，主动应对失衡。

第二节
“量波”的“三大功能”

在量学系统中，“量波”是与“量柱”“量线”三维互动的一个子系统。

量学的三维互动体系是“量柱选股、量线选价、量波选时”，也就是说，当你用量柱选好了股票，用量线选好了价格，剩下的那“临门一脚”，就要看量波的功夫了。

请看图1-5“麦迪科技2021年4月9日量波留影”：

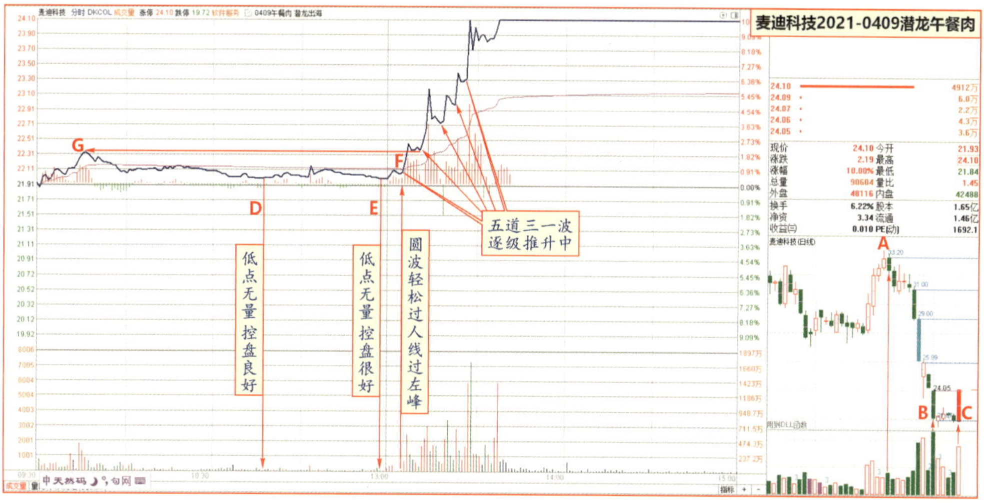

图1-5

我们先看图1-5右下角的日象图。

该股从A柱下跌至B柱，中途没有任何可供介入的临界点，说明该股主力是强庄，按照清华大学出版社出版的《伏击涨停》和《涨停密码》中的讲解，这是一只可以寻机介入的目标股（量柱选股）；该股在B柱拉出一根巨阴，其后小阴小阳的实底均未跌破B柱虚底，连续五日的价柱，形成了一根精准谷底线，按照四川人民出版社出版的《量柱擒涨停》和《量线捉涨停》中的讲解，说明该股B柱是底部吸筹，只要突破B柱大阴二一位，就可介入（量线选价）；以上“量柱选股”和“量线选价”完成，就等“临门一脚”了。

现在再看图1-5左侧的量波图，该股从开盘到E点，将近两个小时懒洋洋的，像一条要死不活的懒虫，躲在人线下方，没有一点生气，一般投资人看到这样的懒虫，丝毫不会动心。

但是，学过量波的人看到这样的“形态”，立马精神抖擞，因为量波原理告诉我们，这种天线（图中蓝线）与人线（图中红线）纠缠在一起，不弃不离，天人合一的量波，往往孕育着“股海三龙”，只要这种量波抬头突破人线，往往就会一飞冲天！

所以，北大量学特训班的同学们养成了一种习惯，就是趁午休吃饭时，顺便在电脑上看一看，2021年4月9日午餐时，张宁同学发现了这条龙，并在基训群里让大家品评。大家一致认为这是一条“潜龙”。午后，不少同学在F点上方伏击，成功擒获了这条“潜龙”！

至此，“量柱选股、量线选价、量波选时”的三维互动，得到了完满的收获。其中，“量波选时”的作用非常大。

量波的“三大功能”：

其一，“量波”是“股市心电图”。因为“量波”的图形酷似医学上的心电图，所以量学将它称为“股市心电图”。心电图是一种最简便、最灵敏的临床诊断工具，同样，量波则是最简便、最灵敏的临盘诊股工具。

图1-5中的麦迪科技，午前的量波“表象”如同即将咽气的心电图，但是，学过量波之后，结合其日象来看，就能看出它即将腾飞的“内蕴”，并能在它抬头突破大阴二一位时，给它“临门一脚”，精准伏击！

其二，“量波”是“主力探测仪”。因为“量波”不仅能准确地预判某只股票当前多空力量的消长，还能准确地预判某只股票背后操盘主力的实力和意图，甚至可以准确地预判某只股票今后的走势。因此量学将“量波”称为“主力探测仪”。

图1-5中的麦迪科技，午前量波的三个低点都是“下跌无量”，这是主力控盘的重要标志，据此就能判断出主力的实力和意图，只有强庄，才能在量波上做出“股海三龙”的这种形态。其“形”懒，其“态”强，必然大涨。

其三，“量波”是“股票解剖刀”。由于我们平时看盘眼光的局限性，有些好票在盘中一时难以发现，只有待收盘后通过复盘来寻找，复盘就是从这只股票前天、昨天和今天的走势来预判其明天的走势，有些涨停板的票，明天还能不能涨，用“量波”这把“股票解剖刀”一解剖，结论就出来了。

图1-5中的麦迪科技，如果我们在盘中没有发现它，收盘后“盘后寻宝”看到它，用量学的标准一分析，乖乖！这将是一只牛股也！为什么？

第一，该股日象图中从A到B的急跌，没有任何可以介入的临界点，它肯定是强庄股，其攻击的第一目标位就是回升到A柱的位置。

第二，该股分时图中从开盘到E点的近两个小时的懒洋洋，其实是主力控盘的结果。能控盘者，强庄也；强而示之以弱，强中之强。

第三，请看图1-5左侧分时图中的标记，该股在F点圆波突破人线、同时突破左峰，然后连续五个三一波拉升，这是攻守有度、控盘很好的强庄。

面对这么好的主力，你唯一的选择就是紧跟强者。

请看图1-6“麦迪科技2021年4月30日日象留影”：

图1-6

如图1-6所示：果然，该股从C点起涨，成功突破左侧的A峰，还有上涨的潜能。如果我们用好了量波这把解剖刀，可以在“盘后寻宝”时发现许多可以伏击的个股。

这就是量学“不看指标、不听消息、不管行情”，只看“一柱一线一量波，紧跟强庄天天乐”的奥秘。

第三节
“量波”的“两大系统”

所谓“量波系统”，就是量波的“组织系统”。

量波的“组织系统”有两个：

一个是“量波的生成系统”，它是量波“生成、发展、演变”的系统；

一个是“量波的研判系统”，它是量波“剖析、研判、应用”的系统。

这两个系统不是孤立的，而是互相渗透、互相帮扶的。有时你中有我，我中有你，形成既互惠互利，又互抵互制的效果。

所以，要想学好用好量波，必须首先了解并掌握量波的“两大系统”，并且要学会用交叉、辩证、融通的眼光来看量波，否则，就会陷入“形而上学”的死胡同。

下面简要叙述这两大系统的“组织成员”：

其一，量波生成系统的“七大基元”。量波的“生成系统”，就是量波“生成、发展、演变”的系统。它由七大基本元素组成，所以称之为“七大基元”。

请看图1-7“上证指数2020年12月17日分时量波”：

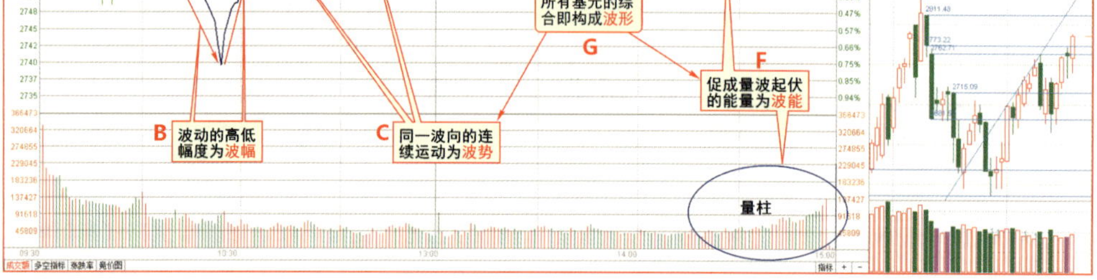

创业板指2020-12-17量波留影
A 波动的上下方向为波向
D 天人黄白二线的距离为波距
两个低点形成的阶段为波段 E
力柱
所有基元的综合即构成波形 G
F 促成量波起伏的能量为波能
B 波动的高低幅度为波幅
C 同一波向的连续运动为波势
量柱

图1-7

如图1-7所示，量波“七大基元”是：

A：量波起伏的上下方向，为波向；

B：量波涨跌的高低幅度，为波幅；

C：同一波向的连续运动，为波势；

D：上下两波之间的距离，为波距；

E：两个低点之间的段落，为波段；

F：促成量波起伏的能量，为波能；

G：所有元素的有机组合，为波形。

为了记忆方便，每个基元取一个字，即“形向势幅段距能”。每个基元的特征和规律，将在下一章详细讲解。

其二，量波研判系统的“八大要素”。量波的“研判系统”是量波“剖析、研判、运用”的系统。它由八大基本要素组成，所以称之为“八大要素”。

请看图1-8“上证指数2021年2月5日分时量波”：

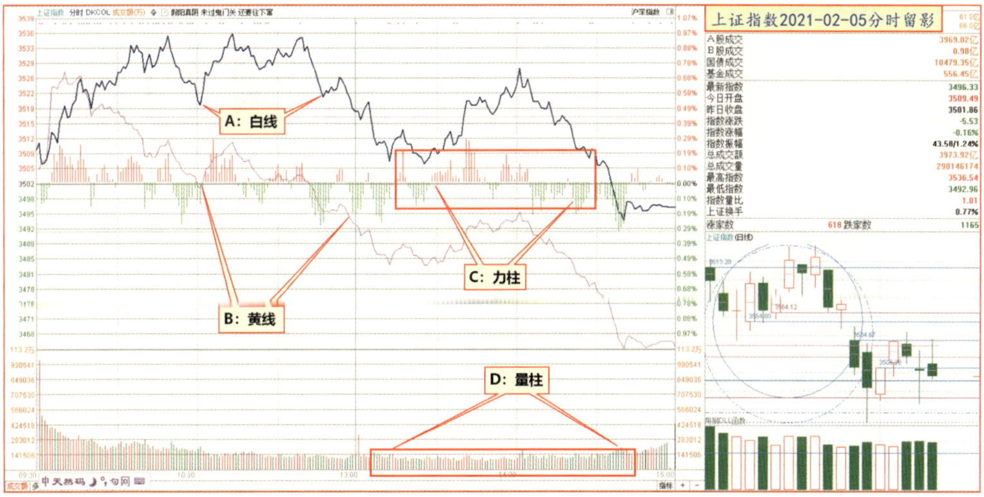

图1-8

图中标出了“四个要素”，即：

A. 白线：即权重股的指数线；

B. 黄线：即普通股的指数线；

C. 力柱：即多空双方能量柱；

D. 量柱：即多空双方量能柱。

另外的“四个要素”需要调整看盘软件才能看到。

请看图1-9“上证指数2021年2月5日天地人警四线留影”：

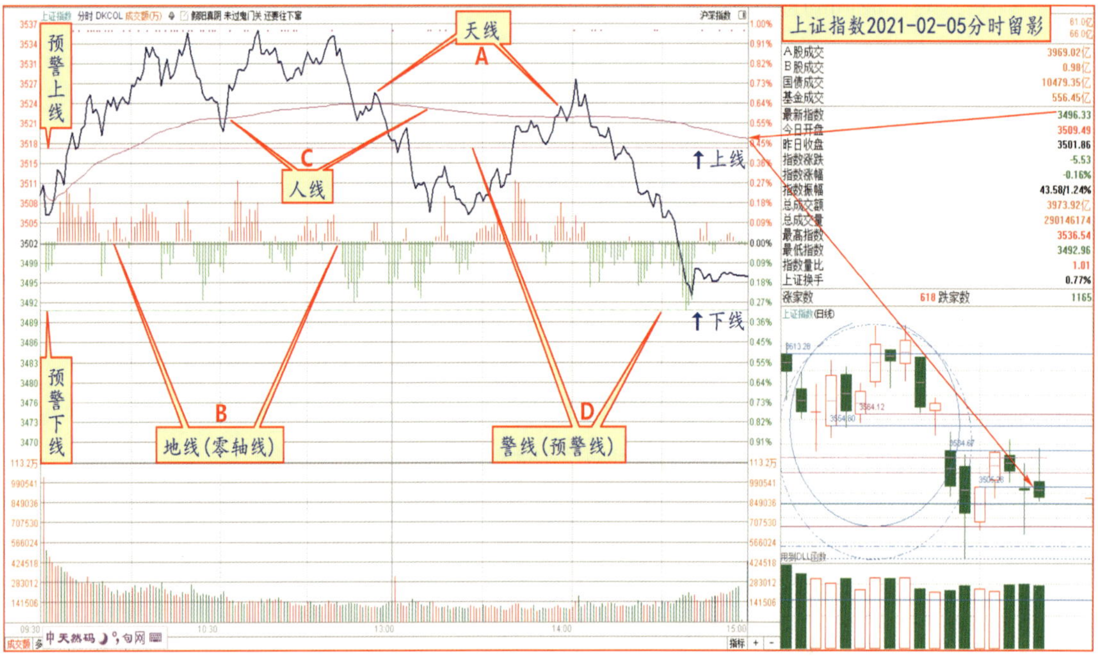

图1-9

A. 天线：即指数或价格的当日走势线；

B. 地线：即指数或价格的昨日收盘线；

C. 人线：即指数或价格的当日均价线；

D. 警线：即由人工预设的上下报警线。

“八大要素”的名称非常好记，即“黄白力量天地人警”。其实，“警线”是人工设置的，剩下的七大要素即“黄白力量天地人”。“人线”需要我们从看盘软件中调出来，“警线”需要我们在看盘软件中来设置。

如何调出“人线”？

以“通达信”看盘软件为例，只要点击“工具”栏，选中“系统设置”，按图1-10“通达信看盘软件系统设置示意图”中的箭头所示：

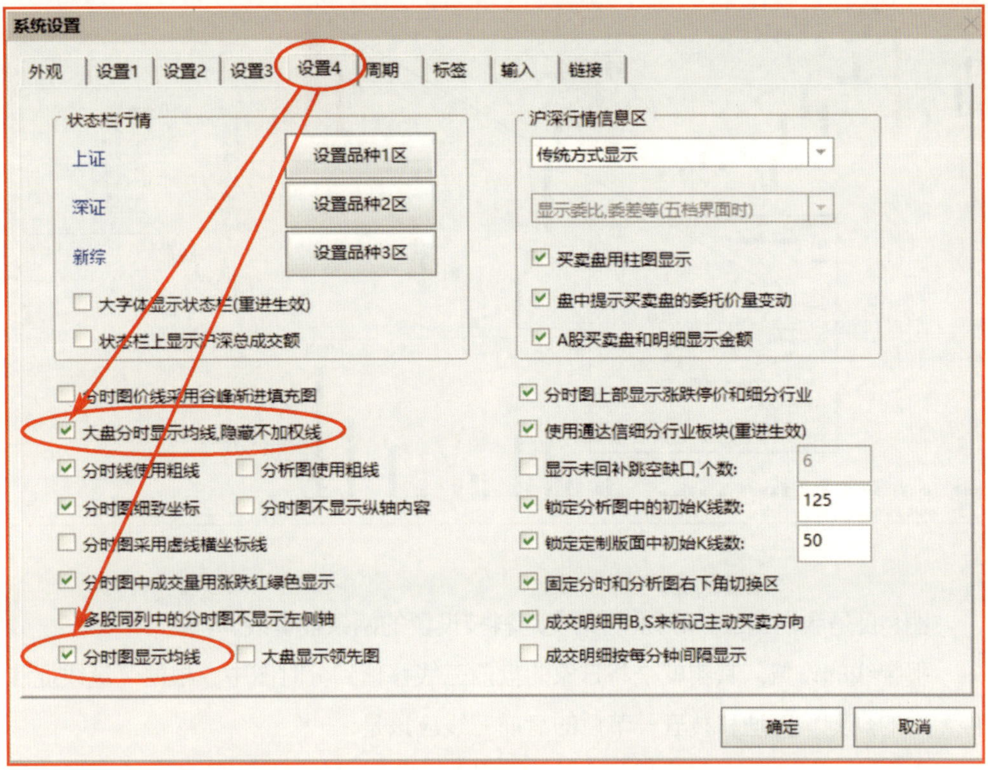

图1-10

如图1-10，给“大盘分时显示均线”打钩，就能显示大盘的人线；去掉打钩，就能显示大盘的黄白二线。

如图1-10，给“分时图显示均线”打钩，就能显示个股的人线；去掉打钩，就不能显示个股的人线。

所以，要想真正看懂量波的奥秘，最好使用两台电脑，一台专门显示黄白二线，一台专门显示天人二线。

如何设置“警线”？

“警线”的设置非常简单。还是以“通达信看盘软件”为例，只要按住“Ctrl键”再按“Y”，系统就会自动弹出一个预警设置框。

请看图1-11“在通达信看盘软件中修改量价条件示意图”：

图1-11

图1-11是我们2021年4月30日给麦迪科技设置的两条报警线。

报警线的设置，其实就是将日象的盘前三线移植到分时图中。根据《量线捉涨停》中的规则，麦迪科技五一节后的盘前三线应该是：

上线：预设为35元（最近的高量实顶线），只要突破35元，警铃一响，继续加仓，因为突破高量顶，可以大胆进。

中线：预设为34.90元（今日收盘价），分时图上中间的粗黑线。

下线：预设为33.20元（最近的凹间峰顶线），只要回踩跌破33.20元，警铃一响，就要观察其量波是否会有效跌破33.20元，只要不是有效跌破33.20元，在量波拐头向上的第二个凹口，我们又可以加仓。

因为，根据前面的走势预判，这是一只强庄股，有继续拉升的潜力。所以我们的操盘策略偏向激进。若开盘后没有按照我们预判的方向运行，那就要根据实际情况来调整操盘策略。

毛主席说：“预见就是预先看到前途趋向。所谓预见，不是指某种东西已经大量地普遍地在世界上出现了，在眼前出现了，这时才预见；而常常是要求看得更远，就是说在地平线上刚冒出来一点的时候，刚露出一点头的时候，还是小量的不普遍的时候，就能看见，就能看到它的将来的普遍意义。”

量波看盘的“一个核心”，就是从微小的“形态”中，透过“形”，看懂“态”，看懂它“将来的普遍意义”，也就是看懂量波后面的主力，看懂主力的实力和意图，选择强庄，适时跟进，挤进强者的队伍。

而量波的“七大基元”和“八大要素”都是为这个核心服务的。

“一个核心”“七大基元”“八大要素”合为“178”，大家可以“试试吧”，谐音即“448”，连起来就是“178448”，这就是2007年开通至今的“股海明灯”网站域名“178448.com”的由来。优化记忆为“要启发，试试吧”。

“178”，一旦看懂了量波，看盘炒股，就像玩游戏一样轻松有趣。

“448”，试试吧，临门一脚，让我们进入这个轻松有趣的世界吧。

股市天经

第2章 量波生成的“七大基元”

世上万事万物都有其自身的“生成系统”，量波也不例外。

量波的“生成系统”由许多元素组成，似乎很难穷尽。但是，如果我们按照科学分类的规则，以“最明显”和“最重要”这两个标准来衡量，量波“最明显”和“最重要”的基本元素只有七个，量学称之为“七大基元”，即：

波形：即量波的形状，也可称之为形态、形象；

波向：即量波的方向，向上为上行波，向下为下行波；

波势：即量波的趋势，趋势有强、均、弱之分；

波幅：即量波的幅度，幅度有大、中、小之分；

波段：即量波的段落，段落有长、短、微之分；

波距：即量波的距离，特指天地人线或黄白线之间的距离；

波能：即量波的动能，特指量波与力柱和量柱之间的关联。

量波生成系统的“七大元素”，简称为“形向势幅段距能”。

彩虹的七大元素是“赤橙黄绿青蓝紫”；

音乐的七大元素是“哆来咪发唆拉西”；

量柱的七大元素是“高低平倍梯缩金”；

量线的七大元素是“顶底平斜合精灯”；

量波的七大元素是“形向势幅段距能”。

科学的相通之处，往往具有令人惊叹的神奇！

请看图2-1“上证指数2020年12月17日分时量波”。

如图所示：

A：点量波起伏的上下方向，为波向；

B：点量波涨跌的高低幅度，为波幅；

C：点同一波向的连续运动，为波势；

D：点两道量波之间的距离，为波距；

E：点两个低点之间的段落，为波段；

F：点促成量波起伏的能量，为波能；

G：点所有元素的有机组合，为波形。

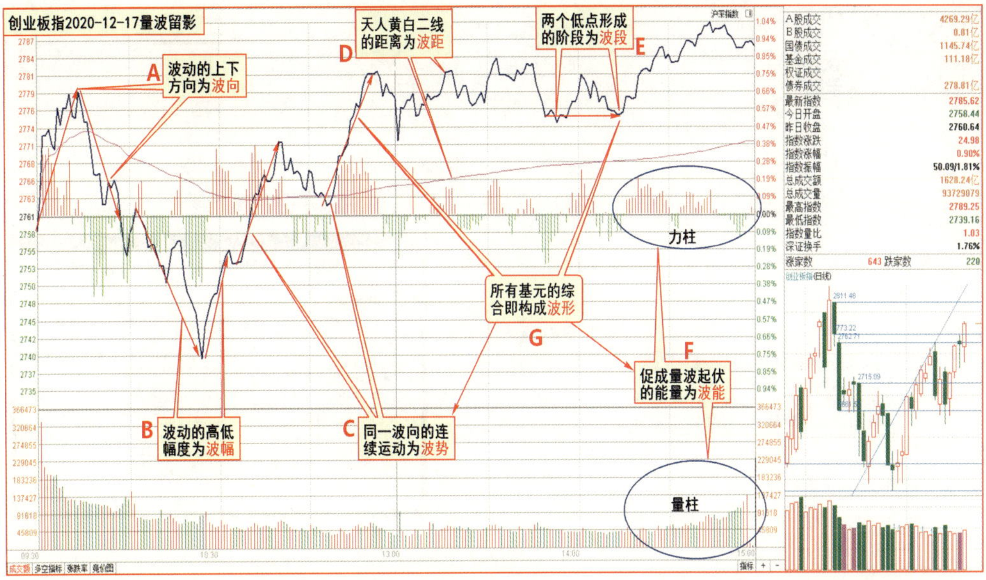
创业板指2020-12-17量波留影
A 波动的上下方向为波向
B 波动的高低幅度为波幅
C 同一波向的连续运动为波势
D 天人黄白二线的距离为波距
E 两个低点形成的阶段为波段
F 促成量波起伏的能量为波能
G 所有基元的综合即构成波形
力柱
量柱

图2-1

第一节

“波形”的特点及其规律

所谓“波形”，就是量波的形状，也可称之为形态或形象。“波形”有很多种，我们不可能一一穷尽，但是用科学分类的标准，最明显和最重要的只有“尖角波”和“圆角波”两种。要想分清这两种“波形”，首先必须将“看盘软件”分时图中的横线格子数量，设置为“11格”，即以“零轴”（昨日收盘价即粗横线）为界，上面显示“11格”，下面也显示“11格”。

一、研判“波形”的软件设置和量化标准

请看图2-2“将上证分时图设为11格的方法”：

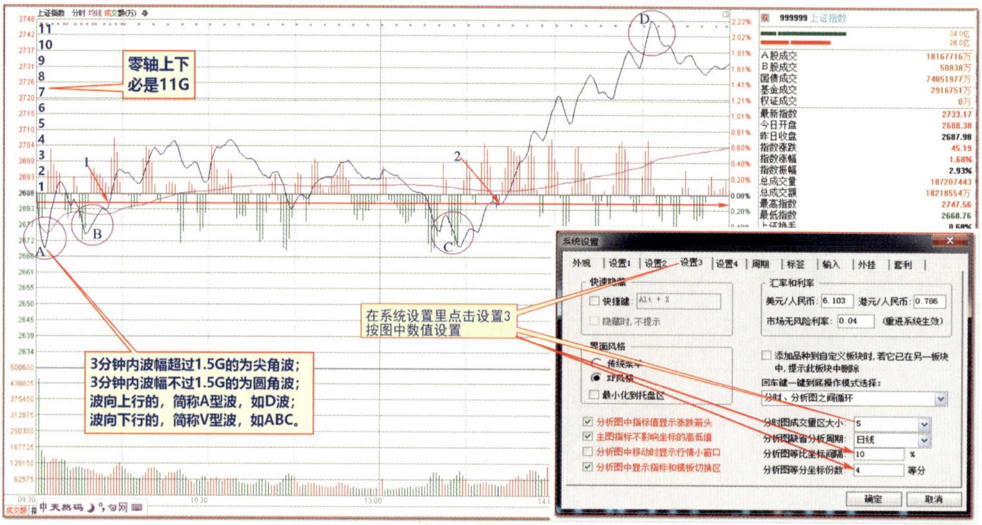
零轴上下
必是11G
在系统设置里点击设置3
按图中数值设置
3分钟内波幅超过1.5G的为尖角波；
3分钟内波幅不过1.5G的为圆角波；
波向上行的，简称A型波，如D波；
波向下行的，简称V型波，如ABC。

图2-2

如图所示：

第一步：打开“通达信看盘软件”的“系统设置”；

第二步：点击“系统设置”中的“设置3”，即出现上图右下角的黑方框；

第三步：将黑方框右下角的数值输入您的电脑。

这时，我们的电脑设置完毕，分时图上即可显示“11格”，为了方便交流，量学将“11格”简称为“11G”（G即“格”的首音字母）。

在11G的条件下，“尖角波”和“圆角波”的量化标准是：

3分钟内涨跌超过1.5G的为尖角波；

3分钟内涨跌不过1.5G的为圆角波；

波向上行的，简称A型波，如D波；

波向下行的，简称V型波，如ABC。

二、关于“尖波”与“圆波”的量化标准与规则

尖角波的量化标准如下（按照如下标准，尖角波以外的都是圆角波）：

第一，尖角波的时间标准。

把分时横线调整为零轴上下各11G，那么，在3—5分钟内出现波幅大于1.5G

的波形就是尖角波。用这个标准来看，图2-2中只有ABCD四个圆圈处属于尖角波，其他都是圆角波。

第二，尖角波的波向标准。

尖角波有上行和下行两种，波向朝上的尖角波简称为A波，有双手合掌之象，意在“拜拜”；波向朝下的尖角波简称为V波，有二指张开之象，意在“胜利”（图中ABC为下行尖角波，D为上行尖角波）。

第三，尖角波的研判标准。

一般规律：若出现右峰低于左峰的上行尖角A波，就是出货信号；

一般规律：若出现右谷高于左谷的下行尖角V波，就是进货信号。

因为尖角波是当下市场多空双方严重分歧的标志，所以A波可以确认出货，V波可以确认进货。图2-2中多是进货信号，只有D处是出货信号。

第四，尖角波的进出标准。

一般规律：若出现右谷高于左谷的下行尖角V波时，其向上突破某一重要平衡线（如盘前三线），就是进货位置；反之，就是出货位置。

例如，2016年3月1日我们预判3月2日大盘的关键支撑位是2685（见图2-2中红色横线），那么，图中的下行尖角波B或C由下往上突破2685的位置，就是可以进货的位置。若参考二号战法来看：B是第一波上攻，只能轻仓参与或观望；C是第二波上攻，可以重仓参与。

三、关于“尖波”与“圆波”的市场含义

根据辩证法的“二分法”原理，按照“尖角波”的量化标准，除了尖角波以外，其他波形都可归于“圆角波”。

例一，请看图2-3“耀皮玻璃2020年12月18日分时留影”：

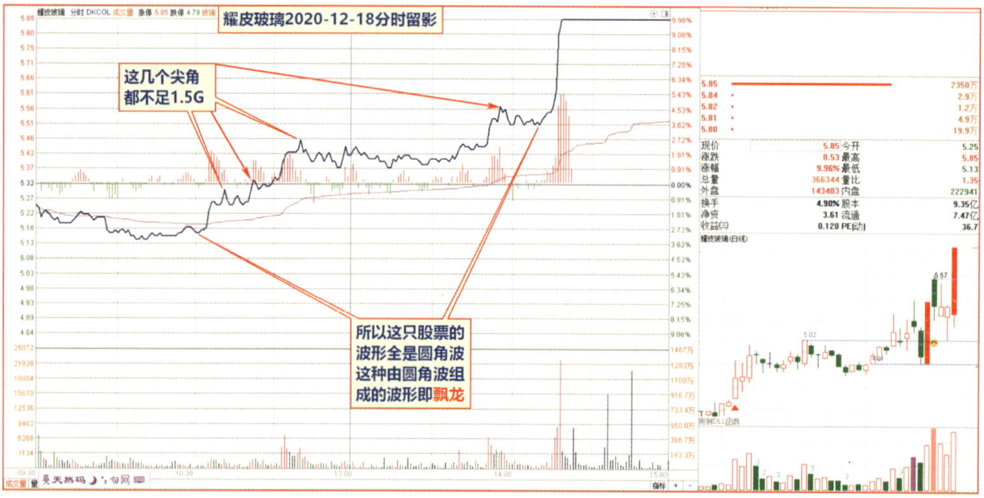
耀皮玻璃2020-12-18分时留影
这几个尖角
都不足1.5G
所以这只股票的
波形全是圆角波
这种由圆角波组
成的波形即飘龙

图2-3

如图所示，耀皮玻璃全天的量波中，只有四个小尖角，但这四个小尖角都没有达到“3分钟内涨跌1.5G”的标准，所以它们都不是尖角波。也就是说，这只股票全天都是圆角波。

四、市场上为什么会出现“尖角波”和“圆角波”呢?

“尖角波”的量化标准是“3分钟内涨跌1.5G”，大家想想，什么人能在这么短的时间内做出这种波形？可以是主力，也可以是任何人！我们在北大量学特训班做过一个实验，现场的任何一位学员，均可用自有资金做出一个尖角波，只是持续时间不长。由此可见，能达到标准时长的尖角波，只能是市场主力的行为。也就是说，尖角波是“市场主力的行为”。

那么，“圆角波”是什么人能做出来的呢？是主力！非也！即使主力动用100台电脑，每台电脑按照“做圆角波所需要的资金、价位、时间”来计划性地操作，也不可能做出“圆角波”。因为在这100台电脑之外，还有成千上万的电脑在运行，随时会有意想不到的资金介入，那么，你所设计好的“圆角波”，瞬间就会被破坏。所以，圆角波只能是“全市场的合力形成的结果”。这就揭示了一个天大的秘密：圆角波只能是“市场合力的行为”。

懂得了“尖角波”和“圆角波”的这个奥秘，掌握了这个机密，我们的看盘和操作，就可能进入理性而科学的境界。

“尖波”与“圆波”的基本规律是：

上圆则下、下圆则上；上尖则下、下尖则上。

例二，详见图2-4“上证指数2019年8月5日分时量波”：

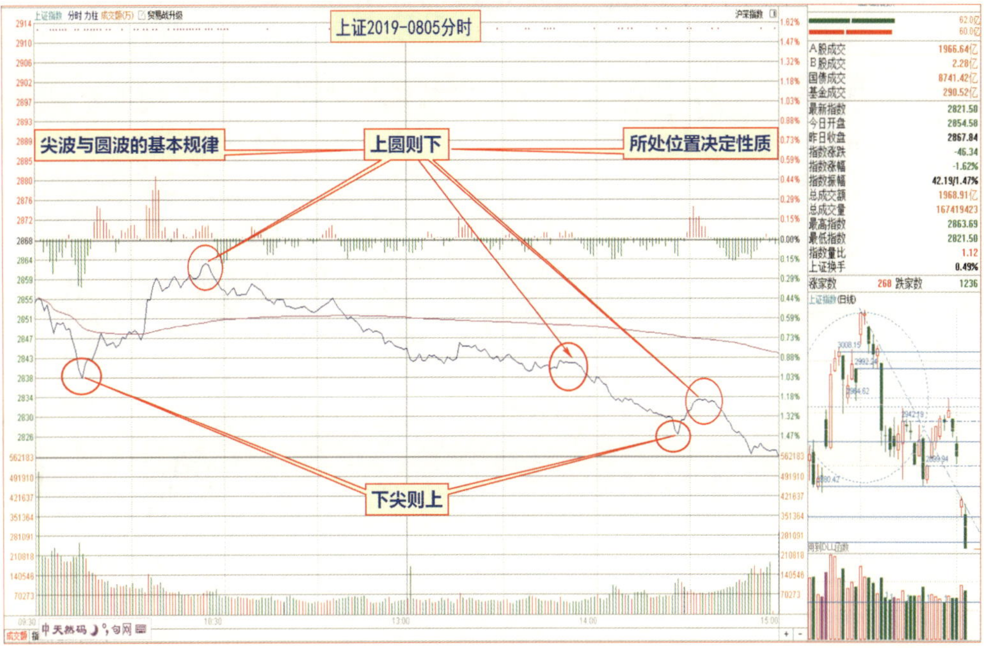
上证2019-0805分时
尖波与圆波的基本规律
上圆则下
所处位置决定性质
下尖则上

图2-4

如图所示：尖波与圆波的极致就是“恐龙”和“飘龙”。例如：直线拉升的尖角波，许多人喜欢跟进，但量学告诉我们，这是恐龙波，有货就要出货，无货切勿跟进！再如：缓慢抬升的圆角波，许多人觉得不起眼，但量学告诉我们，这是飘龙波，有货持股待涨，无货大胆跟进！关于恐龙和飘龙的特征和规律，详见后面的专章讲解。

第二节

“波向”的特点及其规律

所谓“波向”，就是指量波起伏运动的上下方向。量波无时无刻不在运动，它的运动分“主方向”和“次方向”两种，连续运行幅度大的，叫“主方向”，连续运行幅度小的，叫“次方向”。要想准确确定波向，就是抓大放小，以“主方向”来确定“波向”。

例一，请看图2-5“神州信息2016年6月23日分时量波”：

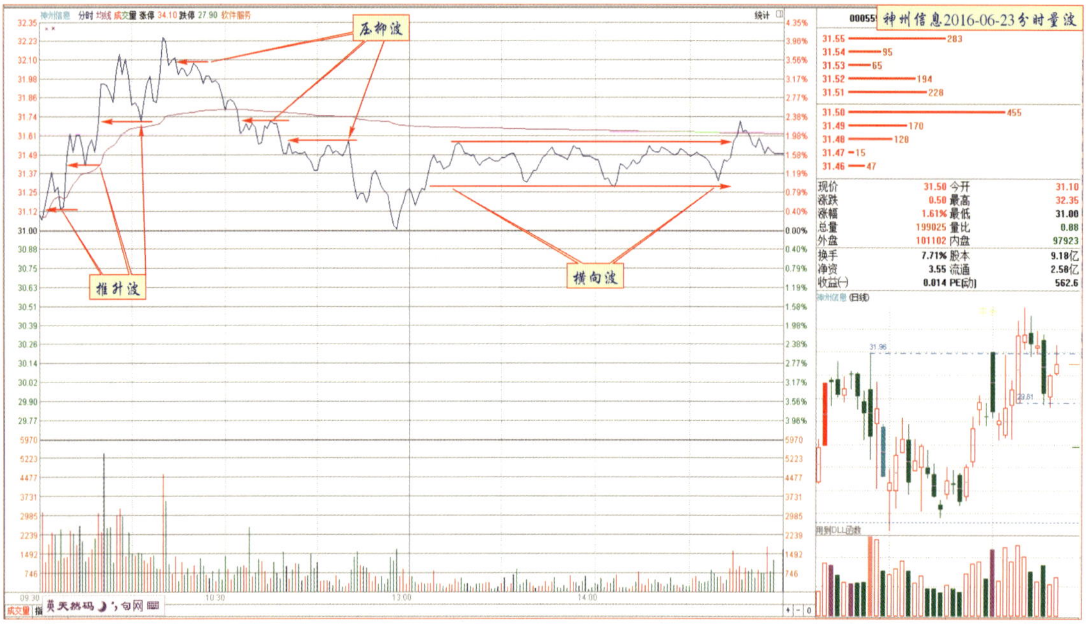

图2-5

图中可见三个明显的规律：

1. 若“波向”朝上，往往由“推升波”构成。“推升波”的主要特点是“低点不低、高点抬高”。

2. 若“波向”朝下，往往由“压抑波”构成。“压抑波”的主要特点是“高点不高、低点更低”。

3. 若“波向”横行，往往由“匍匐波”构成。“匍匐波”的主要特点是“高点等高、低点等低”。

例二，再看图2-6“上海天洋2019年8月13日分时留影”：

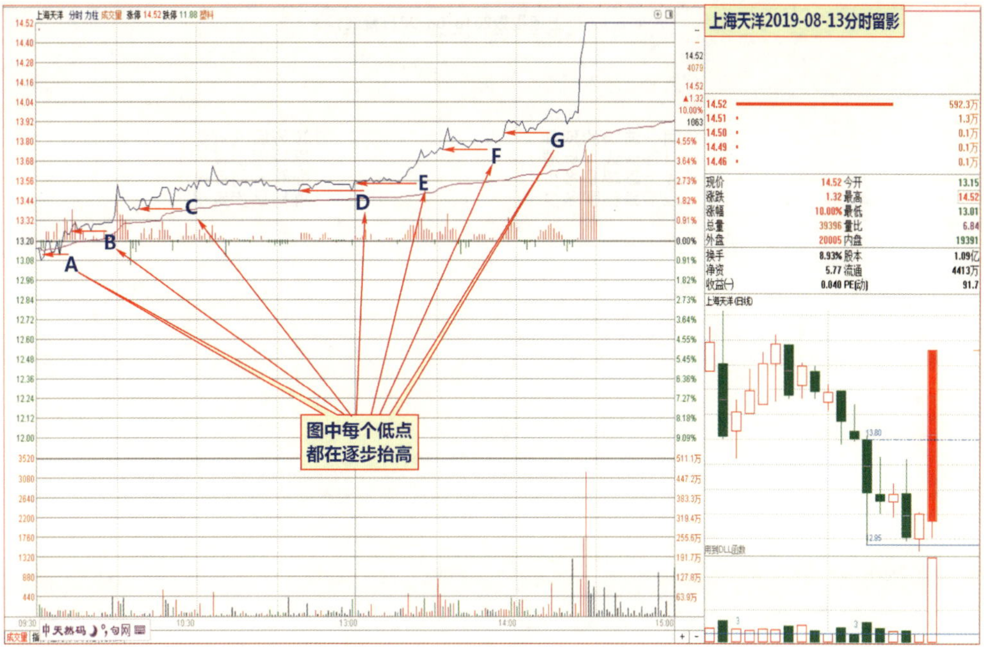

图2-6

现在请大家寻找图中每个波段的最低点，图中7个低点都在抬高，充分体现了“低点不低、必然上去”的运行规律。

第三节

“波势”的特点及其规律

所谓“波势”，就是同一波向的连续运动轨迹所形成的趋势，简言之，波势就是量波在同一方向连续运动的趋势。趋势有“主趋势”和“次趋势”之分，我们在研判趋势的时候，也应该抓大放小，以“主趋势”来确定当前趋势。

例一，请看图2-7“上证指数2016年6月23日量波留影”：

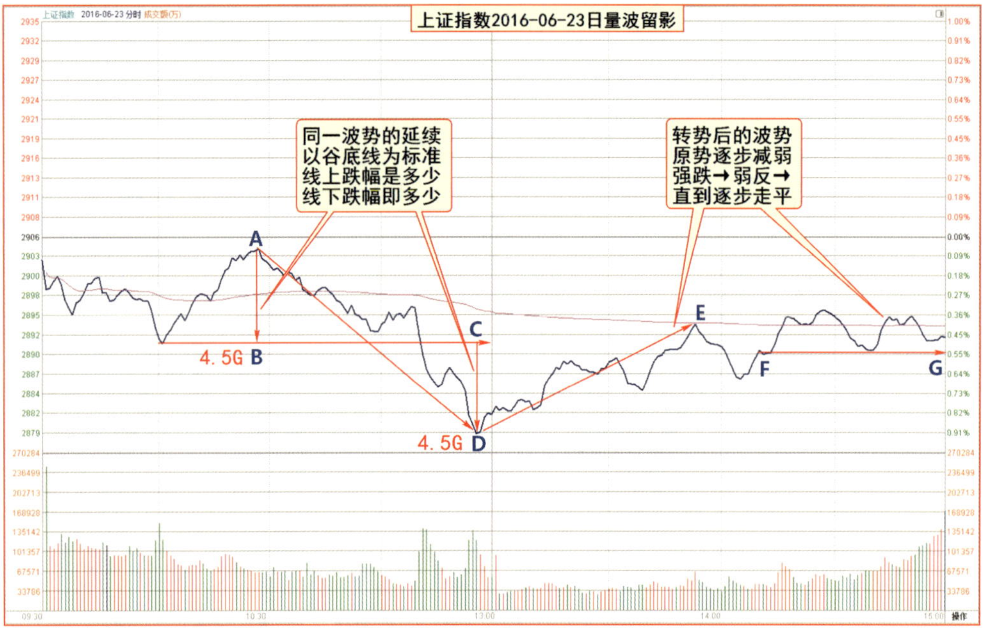
上证指数2016-06-23日量波留影
同一波势的延续
以谷底线为标准
线上跌幅是多少
线下跌幅即多少
转势后的波势
原势逐步减弱
强跌→弱反→
直到逐步走平
A
B
C
D
E
F
G
4.5G
4.5G

图2-7

如图所示：这是英国进行全民脱欧公投的前一日，受此消息影响，大盘开盘先跌后涨，一小时后突然连续三波跳水，午时收盘前止跌微升。其波势分解如下：

从A至D，从D到E，是同一波势的延续，其延续的规律是：

第一阶段：下跌波势的延续，从C到D的跌幅=从A到B的跌幅。

第二阶段：反弹波势的延续，从D到E的反弹，回到A至D段二一位。

第三阶段：从E到F的回落，类似钟摆一样，逐步减弱直到平稳。

波势的基本规律是：

一旦趋势的起点确立，则起点延势；一旦趋势的终点确立，则终点转势。我们的主要任务就是找到它的起点和终点。

例二，请看图2-8“上证指数2021年4月2日分时留影”：

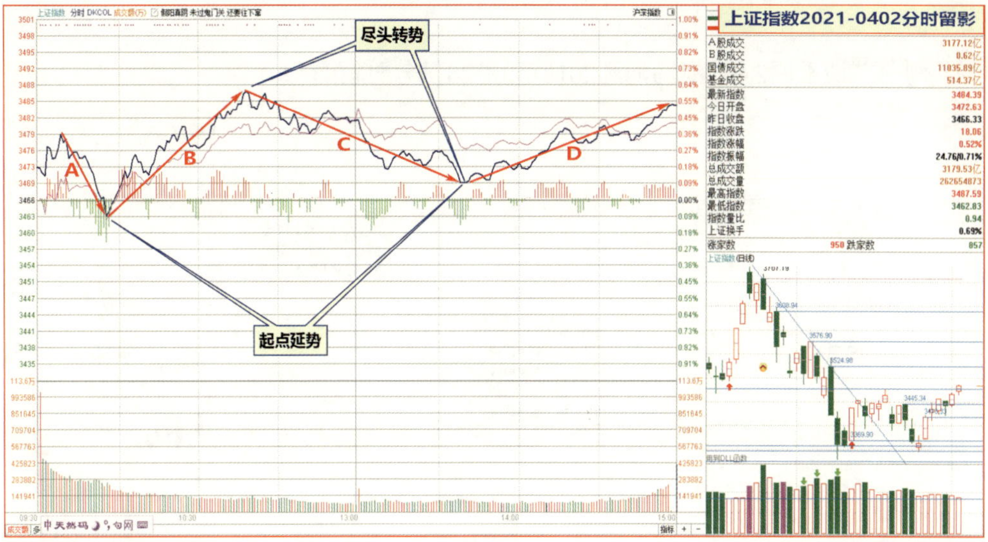

图2-8

如图所示：图中有ABCD四段“主趋势”，每段“主趋势”里包含许多“次趋势”，我们就要抓大放小，以“主趋势”来确认当前趋势。

趋势的起点和终点的研判：

A. 段急速下跌，下方尖角形成V波，这就是B段的起点；

B. 段顺利拉升，上方拐点形成双峰，这就是B段的终点；

C. 段急速下跌，下方拐点形成双底，这就是D段的起点。

第四节

“波幅”的特点及其规律

所谓“波幅”，就是量波朝同一个方向运行的幅度。波幅有高有低、有急有缓、有疏有密，看似没有规律，其实很有规律。只要我们根据“抓大放小”的原则，抓住当下的“主要矛盾”，放弃那些“细枝末节”，就能准确或比较准确地把握波幅了。

一、波幅的3121法则

例一，请看图2-9“海南海药2018年9月28日分时留影”：

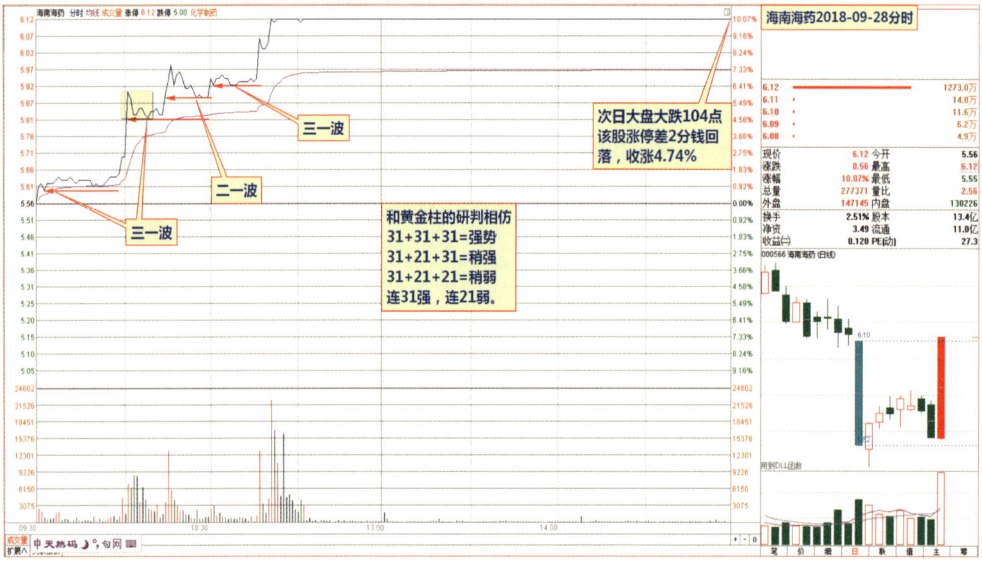
海南海药2018-09-28分时
三一波
二一波
三一波
次日大盘大跌104点
该股涨停差2分钱回落，收涨4.74%
和黄金柱的研判相仿
31+31+31=强势
31+21+31=稍强
31+21+21=稍弱
连31强，连21弱。

图2-9

图中可见：“波幅”有“主波”和“次波”之分。凡是一段主波拉上去之后，从波峰回落到其波幅上部三分之一左右打住的，称之为“三一波”（次波位于主波的三一位）；凡是一段主波拉上去之后，从波峰回落到其波幅上部二分之一左右打住的，称之为“二一波”（次波位于主波的二一位）。

“3121波”是区分强弱走势的重要标准。凡是从波峰回落到上部三一位打住的，为强势；凡是从波峰回落到中部二一位打住的，为均势；凡是从波峰回落到下部三一位打住的，为弱势。

关于“3121法则”，清华大学出版社出版的《伏击涨停》和《涨停密码》两本书中都有详细讲解。

像图2-9中的这种“大幅拉升”加“小幅回调”的状况，类似于量柱状态的黄金柱建构，其后势的研判规律是：

31+31+31=很强；

31+21+31=较强；

31+21+21=较弱。

还有：

31+31+21=先强后弱；

21+31+21=先弱后强转弱。

图2-9中，海南海药的量波是“小31+大31+中21+小31” = 涨停。

例二，再看图2-10“金明精机2018年9月28日分时留影”：

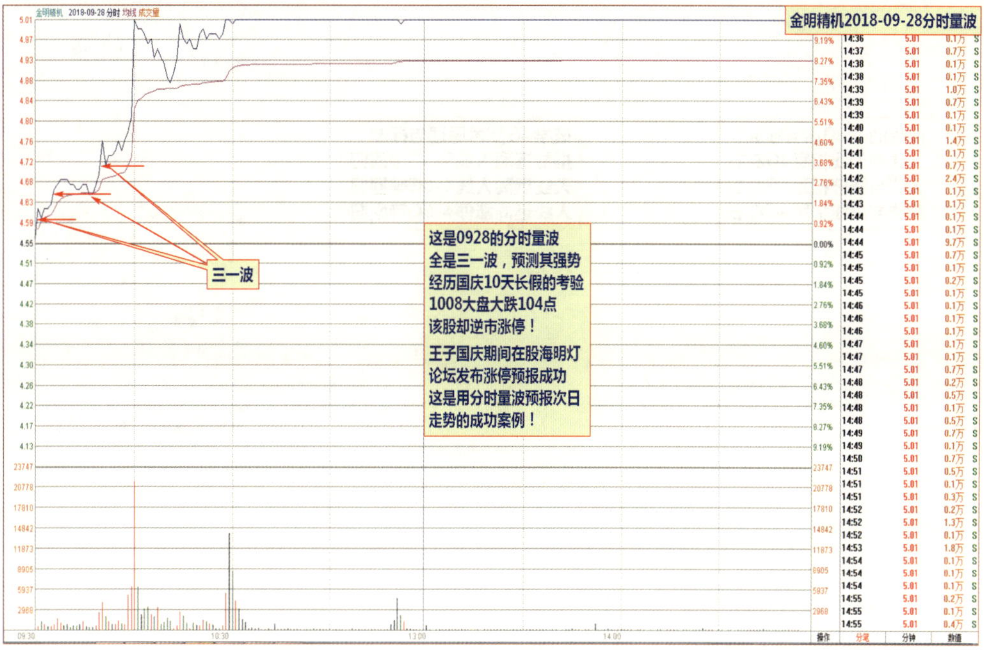
金明精机2018-09-28分时量波
三一波
这是0928的分时量波
全是三一波，预测其强势
经历国庆10天长假的考验
1008大盘大跌104点
该股却逆市涨停！
王子国庆期间在股海明灯
论坛发布涨停预报成功
这是用分时量波预报次日
走势的成功案例！

图2-10

图中可见，金明精机早盘拉升时，连续三个三一波，明显属于强势，开盘后半小时即涨停。面对这种量波形态，只要第一、第二波回落形成三一波，就已经说明它是强势股，我们可以在其回落的“第二凹”不破人线时介入，成功涨停。

二、波幅的“4G定律”（人线为王、4G为皇）

例一，请看图2-11“富奥股份2015年3月25日量波留影”及图中标注：

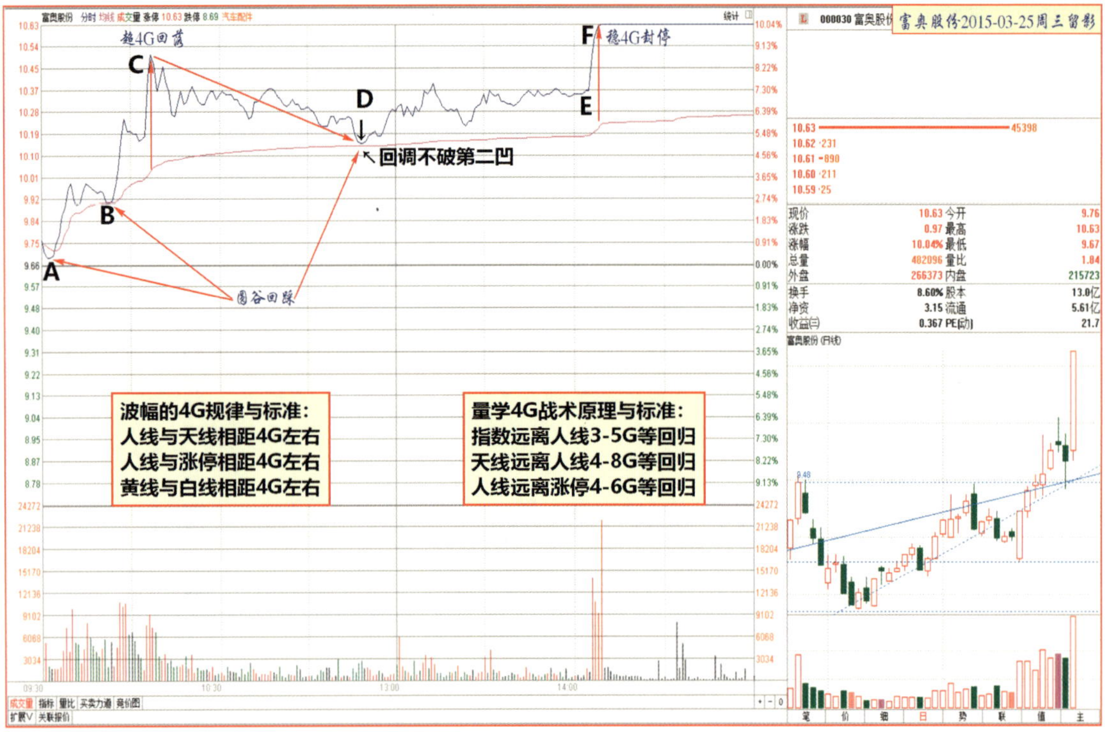

赵4G回落
稳4G封停
回调不破第二凹
圆谷回踩
波幅的4G规律与标准：
人线与天线相距4G左右
人线与涨停相距4G左右
黄线与白线相距4G左右
量学4G战术原理与标准：
指数远离人线3-5G等回归
天线远离人线4-8G等回归
人线远离涨停4-6G等回归
富奥股份2015-03-25周三留影

图2-11

图2-11中有A、B、C、D、E、F六个节点，规律性非常强。

A点：凹形圆角波穿过人线，大幅拉升4G，开始回落至B点；

B点：凹形圆角波回踩人线，大幅拉升4G，稍有回落即拉升至C点；

C点：尖角波远离人线达5G，逶迤回落4G，直到D点回踩人线止跌；

D点：开始小幅震荡盘升，浮于人线上方2G左右，直到E点；

E点：距离F点只剩3G空间，下方量柱凸起，推升至F点涨停；

F点：人线与涨停板的距离为4G。

这个案例体现了一个规律：就是“以人线为支撑、以4G为标准”来进行上下波动。这是不是一个普遍规律呢？

例二，再看图2-12“科融环境2021年1月15日量波留影”及图中标注：

图2-12

图中有A、B、C、D、E、F、G、H八个节点。

A-B：天线与人线不即不离，平稳运行；

C点：远离人线4G，逶迤回落至D，此后三次精准回踩人线至E拉升；

F点：远离人线4G，向下回落3G，在二一位企稳盘升至H点；

H点：距涨停价2G，距离人线3G，瞬间封板，人线与涨停板距4.5G。

以上两个案例的共同特征都是“以人线为支撑、以4G为标准来运行”。为什么要“以人线为支撑、以4G为标准来运行”呢？

因为，按照量学设置的11G看盘软件，每1格（G）相当于1个点，如果上下波动4G，就相当于涨跌达到了4个点。这“4个点”，非常接近“日涨幅限定标准10个点的二一位”。所以，量学以“4G”为标准来衡量和规范我们的分时操作，是相当科学而严谨的。一般常态下，一只股票一整天也难有4个点的涨幅，现在3—5分钟左右其涨跌幅度就达到或超过了4个点，这显然是超标，超标就是异动。除非它一鼓作气抓到了“涨停杠杆”，否则，它必将回归。

根据上述规律，我们研判波幅的基本规则是：

人线与天线相距4G左右为宜；

人线与涨停相距4G左右为宜；

黄线与白线相距4G左右为宜。

根据上述规则，“4G战法”应运而生：

当指数远离人线3—5G时，宜出货或等其回归；

当个股远离人线4—8G时，宜出货或等其回归；

当价格远离涨停4—6G时，宜出货或等其回归。

以上只是基本规则，主要运用于对付常态下的波幅走势。“4G战法”的用途非常广，前面已经讲过的“恐龙战法”就是“4G战法”的扩展，后面将要讲到的“替领战法”就是以“4G战法”为核心的超短技法。

三、波幅的双向预测

波幅是可以预测的。具体的预测方法和量化标准，详见第13章。

第五节

“波段”的特点及其规律

所谓“波段”，就是两个相邻低点之间的一个段落。“波段”也有“主波段”和“次波段”之分。我们在研判当前波段时，也应该抓大放小，以当前的“主波段”来确认当前的波段性质。

例一，请看图2-13“中岩大地2021年4月2日量波留影”：

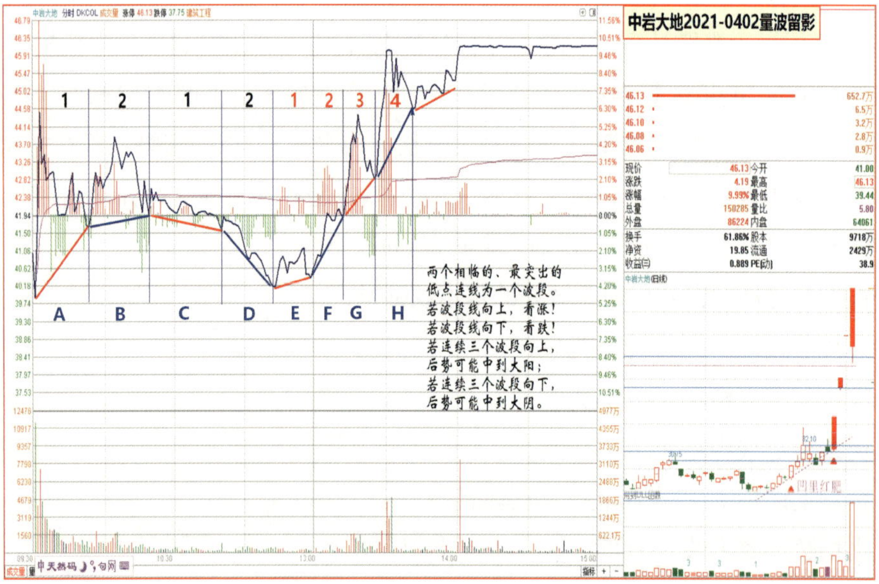
中岩大地2021-0402量波留影
1 2 1 2 1 2 3 4
A B C D E F G H
两个相临的、最突出的
低点连线为一个波段。
若波段线向上，看涨！
若波段线向下，看跌！
若连续三个波段向上，
后势可能中到大阳；
若连续三个波段向下，
后势可能中到大阴。

图2-13

我们对图中“主波段”的两个相邻的低点连线，就形成了A、B、C、D、E、F、G、H这8个波段，其中，AB段是上升的，CD段是下降的，E、F、G、H段是连续4个波段上升。

这就告诉我们一个规律：

若波段低点的连线向上，则后势看涨；

若波段低点的连线向下，则后势看跌；

若连续三个波段向上，其后势可能中到大阳；

若连续三个波段向下，其后势可能中到大阴。

例二，再看图2-14“览海医疗2021年4月8日分时留影”：

图2-14

图中以“主波段”相邻的两个低点连线，即形成5个波段。其中，1、2、3这三个波段是连续向上的，我们预判该股后势或有中到大阳，并在第4段的末端低点不低时介入。该股第4波段是横盘，只要其不跌破第4段的起点，后势必然向上。此后该股逆市涨停。

第六节
“波距”的特点及其规律

所谓“波距”，特指黄白二线（或天人二线）之间的距离。

例一，请看图2-15“上证指数2016年6月23日黄白二线分时留影”：

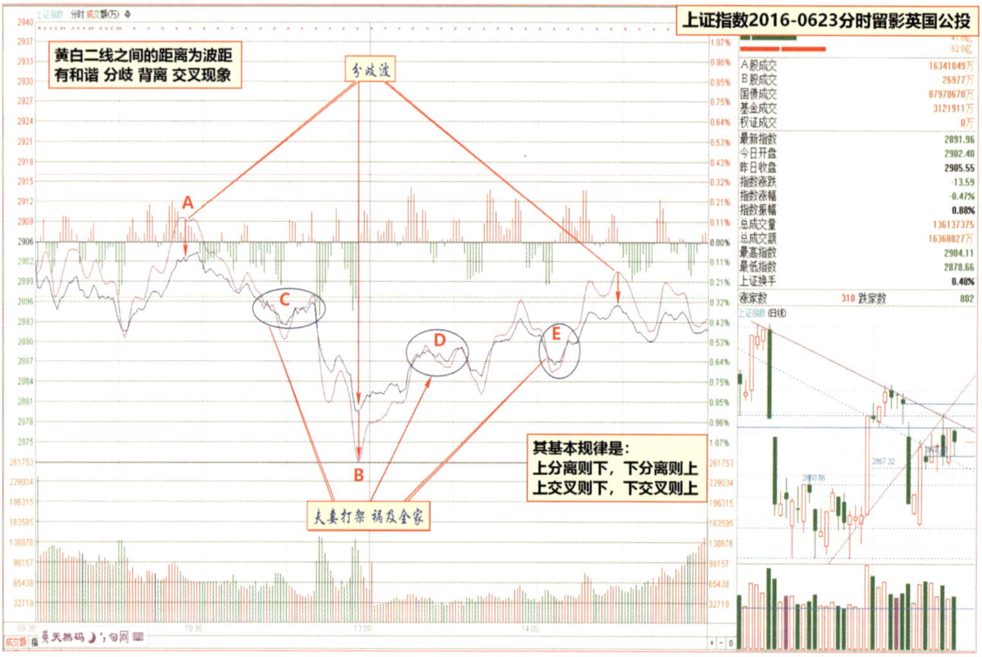
上证指数2016-0623分时留影英国公投
黄白二线之间的距离为波距
有和谐 分歧 背离 交叉现象
分歧波
A
B
C
D
E
夫妻打架 祸及全家
其基本规律是：
上分离则下，下分离则上
上交叉则下，下交叉则上

图2-15

图中可见：

A点：在上方，黄白二线发生分离，间距加大，于是下跌；

B点：在下方，黄白二线发生分离，间距加大，于是上涨；

C点：在上方，黄白二线发生交叉，夫妻打架，祸害全家；

D点：在上方，黄白二线发生交叉，夫妻不和，后势必落；

E点：在下方，黄白二线发生交叉，二线交叉，在下必上。

波距的重点是看黄白二线（或天人二线）之间是否和谐，若二线和谐平行地运行，原趋势将延续；若二者发生分歧或打架，原趋势将扭转。

其运行规律是：

在上方分歧则向下，在下方分歧则向上；

在上方交叉则向下，在下方交叉则向上。

例二，请看图2-16“上证指数2021年4月8日天人二线量波留影”：

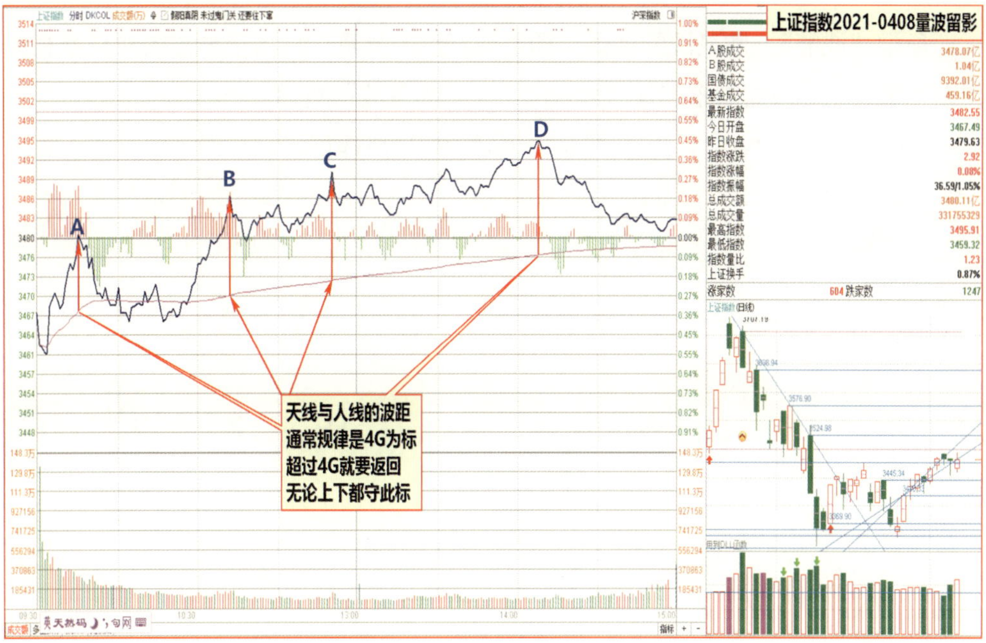

图2-16

这是一个非常经典的案例。如果按照“波段”的标准和规律来看，其A段、B段、C段是连续三个波段向上，其后市理应出现中到大阳。但是，为什么该股在D点却要大跌呢？因为，A、B、C、D这四处都是因为天人二线之间的距离严重分歧造成的下跌，D段的高峰远离人线超过4G，达到6G，所以必然下跌。

波距的标准和规律：“人线为王、4G为皇”。

无论天人二线，还是黄白二线，其波距的通常标准是“4G”。一旦天人二线的分离超过4G，就要向人线回归。这就是分时量波“人线为王”的原因。一旦黄白二线的分离超过4G，也要向4G回归。这就是分时量波“4G为皇”的内在原因。

正是基于这个标准和这个规律，量学的“替领战法”在股市非常管用，详见后面的相关章节。

第七节
“波能”的特点及其规律

所谓“波能”，即量波的动能，即量波背后的能量，特指量波与其对应量柱的量价能量关系。波能的重点是“增量波”与“缩量波”两种。

例一，请看图2-17“三川智慧2016年6月24日分时留影”：

图2-17

A点：急升尖角波，对应量柱增量，为增量尖角波，超标回落；

B点：回落圆角波，对应量柱缩量，为缩量圆角波，企稳回升；

C点：急跌尖角波，对应量柱微增，为增量尖角波，迅速回升；

D点：微跌圆角波，对应量柱缩量，为缩量圆角波，此后回升；

E点：微跌圆角波，对应量柱缩量，为缩量圆角波，此后封板。

人们一般的思维定式是：量能越大越好；但是，量学的“三先规律”告诉我们，“卖在买先”，量能越大，说明卖盘越大，一旦买盘跟不上，量波必然向下，图中A点的回落，就是买盘不济造成的。与之相反，图中B、D、E三处的回升，都是下跌缩量或无量造成的。

这里揭示了量波的一个特殊规律。

波能的基本规律：

下跌无量 必然上涨。

例二，请看图2-18“中岩大地2021年4月2日分时留影”：

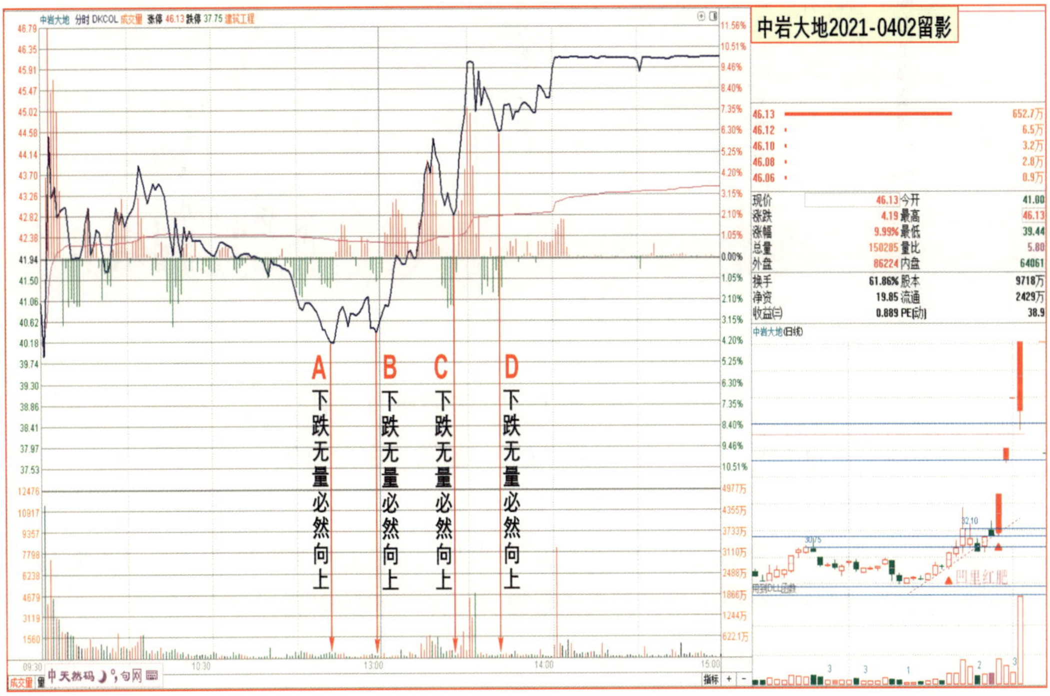

图2-18

图中A、B、C、D四处下跌的最低点，其对应的量柱都是极度缩量或无量，然其对应的后势都是上涨。这种无量下跌的“形态”，其“形”是跌，但其“态”却折射出主力高度控盘的实力和雄心，所以该股能在大跌5个点的情况下逆市封板。

例三，再看图2-19“创业板指2021年4月2日分时留影”：

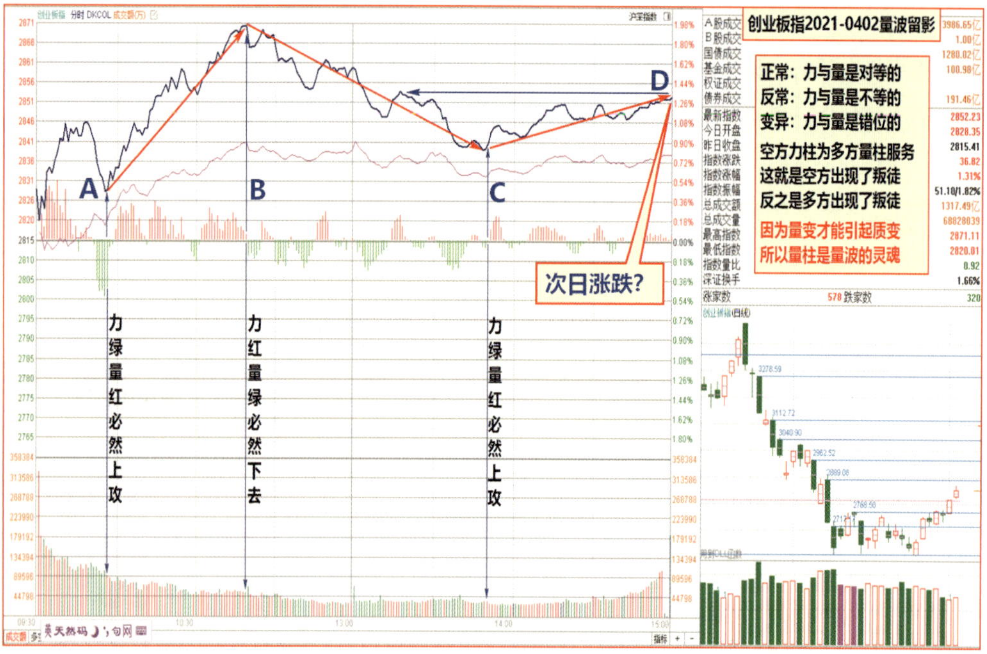
创业板指2021-0402量波留影
正常：力与量是对等的
反常：力与量是不等的
变异：力与量是错位的
空方力柱为多方量柱服务
这就是空方出现了叛徒
反之是多方出现了叛徒
因为量变才能引起质变
所以量柱是量波的灵魂
次日涨跌?
A
B
C
D
力绿量红必然上攻
力红量绿必然下去
力绿量红必然上攻

图2-19

请看图中的“力柱”和“量柱”的对比，越看越有意思。咱们中国的“力量”一词非常精彩。通常情况下，有“力”才有“量”，用多大的力，才能产生多大的量。但是，无论是日常生活中还是股市中，常常有力与量相悖或相反的情况。

例如，你在高速路口看见一个很大的“水马”，你预测需要用很大的力才能搬动它，结果，那是一个空水马，你用力过度，一不小心闪了腰。

还有打乒乓球，你使了很大的劲，想把球扣到对方的桌面上，结果，你一不小心，把球扣到自己的桌面上，你就帮助对方得分了。

请看图中的A处，空方“绿力柱”的下方，对应的却是“红量柱”，这就是量能背叛，空方出了叛徒，用空方的力量帮助了多方，所以A处大涨。

再看图中的B处，多方“红力柱”的下方，对应的却是“绿量柱”，这就是量能背叛，多方出了叛徒，将多方的力量帮助了空方，所以B处大跌。

再看图中的C处，空方“绿力柱”的下方，对应的却是“红量柱”，这就是量能反叛，空方出了叛军，是空方的队伍帮助了红方，所以C处上涨。

这个案例告诉我们如下规律：

正常情况下，力与量是对等的；

反常情况下，力与量是不等的；

在变态情况下，力与量是错位的。

一旦绿方的力柱为红方服务了，这就是绿方出了叛徒；

一旦红方的力柱为绿方服务了，这就是红方出了叛徒。

因为量变才能产生质变，最终决定胜负的，就是量柱！

小结

本章就量波生成系统的“七大基元”做了简要介绍，这是基础知识，也是量波分析中最重要的抓手。从这“七大基元”入手，我们的量波分析和运用将非常精彩，请看后面的相关章节。

最后，送给大家一段顺口溜：

量波建构七基元，
形向势幅段距能；
量波运行有规律，
波能量化是灵魂！

股市天经

第3章

量波研判的“八大要素”

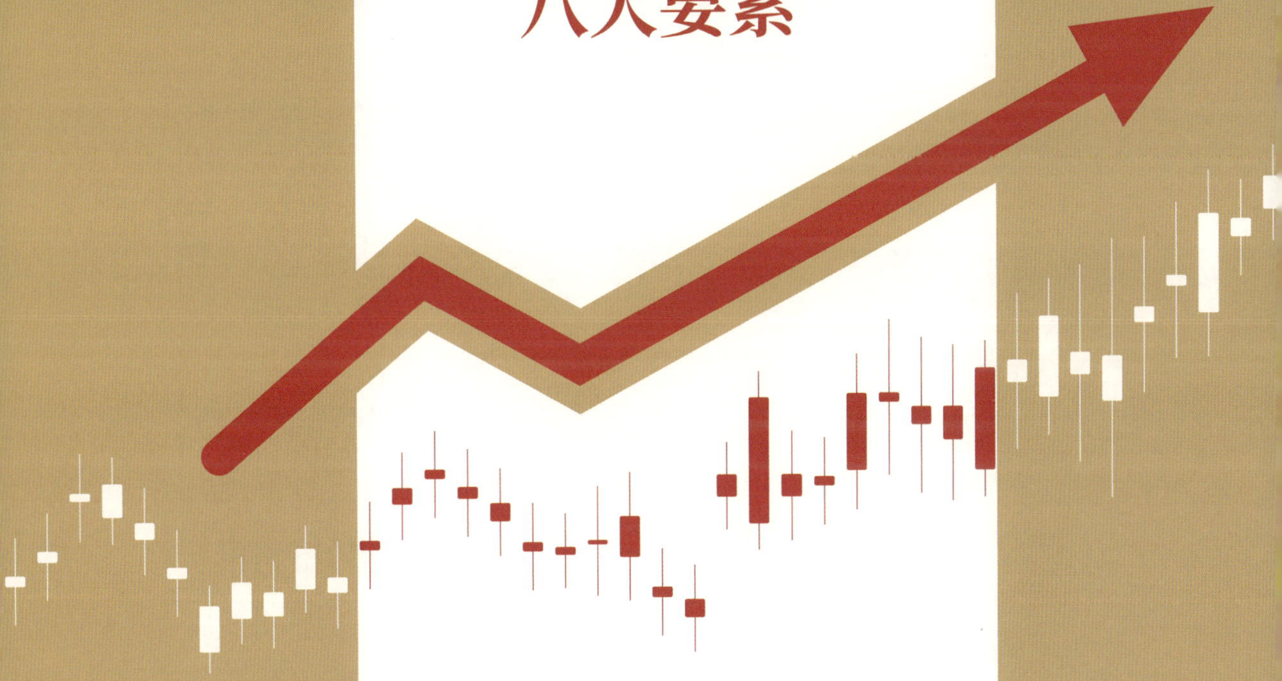

量波的“研判系统”，由“黄线、白线、力柱、量柱”和“天线、地线、人线、警线”这“八大要素”组合而成，简称“八要素”。

量波的这“八大要素”：既独立，又关联；既依存，又干扰；既互相促进，又互相拖累；有时候，某几个要素是主要矛盾，某几个要素是次要矛盾；有时候，它们却倒过来，形成新的主要矛盾和次要矛盾。

所以，我们在对量波进行研判时，必须将这“八大要素”进行综合研判，抓住当下的主要矛盾，剔除当下的次要矛盾，才能形成切合实际的、进退守标的、临盘决策的“研判系统”。

第一节

“黄线”与“白线”的运行规律

请看图3-1“上证指数2016年3月4日分时图”：

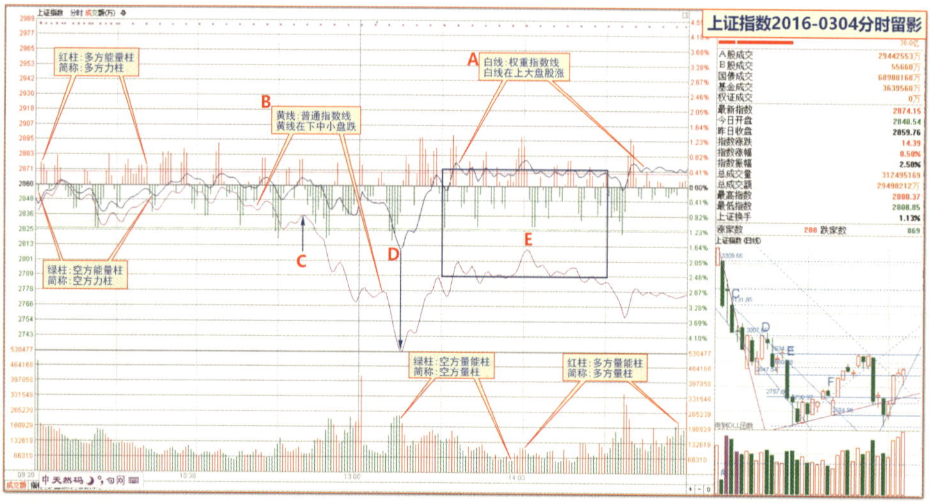

图3-1

先看图中的两条波浪线：

A处所示是“白线”（白底图显示为蓝线），即权重股的指数线；

B处所示是“黄线”（白底图显示为红线），即普通股的指数线。

“黄线”和“白线”，是量波系统中的一对姊妹，它们的运行规律如下：

规律一：位置决定性质。

黄白二线，谁在上，谁在下，一眼就能看出行情好坏。若黄线在白线之上，肯定是“中小盘”强于“主板”，因为中小股民喜欢“中小盘股”。图中白线在上，黄线在下，所以行情大幅向下。

对此，量学箴言曰：“上线黄，银子涨！”反之，“上线白，银子埋！”

规律二：距离决定方向。

黄白二线的可容波距是4G，若超过此标准，行情将发生逆转。

若黄白二线分道扬镳、形成敞口，行情将背离原行情，反向运行，图中C处二线逐步分离，所以午后急速下跌，就是黄白二线的距离越来越大所导致。

若黄白二线的波距超过4G，行情又会反转，如图中D处二线间距达到7G，所以此后迅速反弹。

若黄白二线若即若离、平行不悖，则行情将沿着原方向继续运行，图中E框内的横盘，波距超过4G，但因为黄白二线平行不悖，所以行情延续原势。

规律三：背离决定背驰。

背离就是不和谐，若黄白二线分离（或交叉）就会导致行情“背驰”，背驰就是向着相反的方向奔驰。

若黄白二线相交，则行情将会发生反转：原来是上涨行情，二线相交之后，将会是下跌行情；原来是下跌行情，二线相交之后，将会出现上涨行情。

若二线平行不悖，表示权重股和普通股同心协力，将加速原有趋势。

请看图3-2“上证指数2014年10月16日量波留影”：

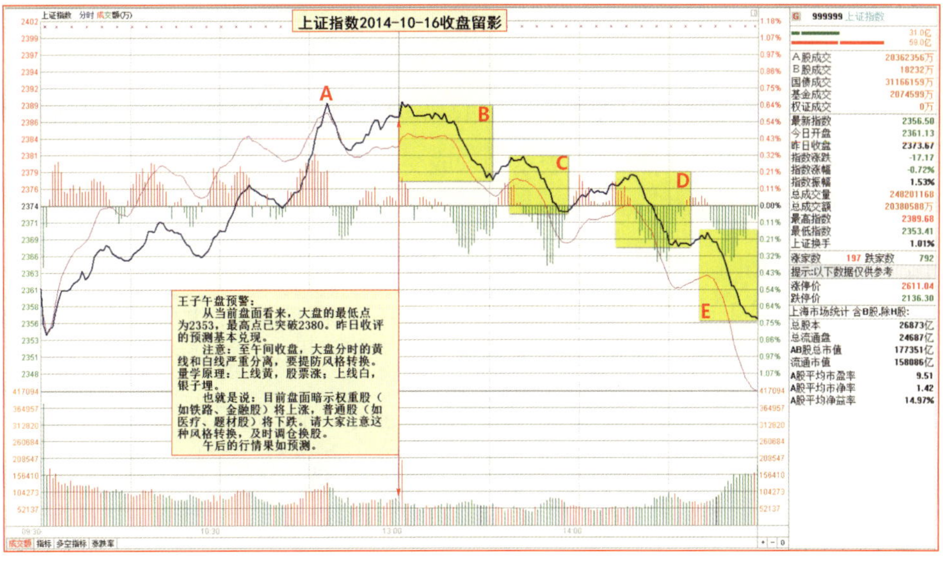
上证指数2014-10-16收盘留影
A
B
C
D
E
王子午盘预警：
从当前盘面看来，大盘的最低点为2353，最高点已突破2380。昨日收评的预测基本兑现。
注意：至午间收盘，大盘分时的黄线和白线严重分离，要提防风格转换。量学原理：上线黄，股票涨；上线白，银子埋。
也就是说：目前盘面暗示权重股（如铁路、金融股）将上涨，普通股（如医疗、题材股）将下跌。请大家注意这种风格转换，及时调仓换股。
午后的行情果如预测。

图3-2

开盘时，二线并行向上，此后平行不悖，所以行情沿着原趋势向上发展。

A点：白线突然向上异动，穿过黄线，二线相交（或称交叉），量学称之为“夫妻打架、祸害全家”，导致午后大跌；

B框：午后的下跌，二线间距基本相等，平行不悖，不即不离，行情沿着原有方向，继续向下运行；

C框：二线波距平行，向下运行，波幅3.5G；

D框：二线波距平行，继续向下，波幅4.5G；

E框：二线波距平行，大幅向下，波幅5.5G；

C、D、E三个黄框，三级向下，框中黄白二线平行不悖，行情呈逐级加速下跌态势，预示跌势将会延续。

果然，此后大盘连续大跌8天。大家可以在电脑上查看其惊人的走势。

风暴起于青蘋之末，行情始于量波之端。

黄白二线的和谐与背离、背离与回归、回归与和谐，是一个自循环系统的有机运动，它们充分揭示了股市内在的运行轨迹与运行规律。掌握了它们的运行规律，我们再看盘操盘，自然会更理性、更科学。

第二节

“力柱”与“量柱”的运行规律

所谓“力柱”，就是分时图零轴上下的那些红绿柱，它们是已经下单但尚未成交的买卖盘，行话叫“能量柱”，表示尚未成交的能量。

所谓“量柱”，就是分时图中最下方的那些红绿柱，它们是已经成交的实实在在的买卖盘，行话叫“量能柱”，表示已经成交的筹码。

由于“能量柱”和“量能柱”读起来有点别扭，容易混淆，所以量学根据它们各自的本质属性和作用，将“能量柱”称为“力柱”，将“量能柱”称为“量柱”。读者反映，“力柱”和“量柱”具有中国特色，通俗易懂、好记好用。

中文中“力量”一词，非常科学，“力”在先，“量”在后，充分表达了“先有力，后有量”的科学内涵。这种“力在量先”的科学规律，就成为量波预测后市的重要工具，只要从力柱入手，往往可以提前作出非常准确的预判。

“力”和“量”的关系非常奇妙，有时可能是对应的，有时可能是错位的，有时又可能是背反的。

例如，搬石头。那是一块被污染成石头模样的泡沫，你用搬石头的力气去搬泡沫，必然用力过大。摔得四脚朝天；相反，你用搬泡沫的力气去搬石头，必然闪腰。这就是“力量错位，前力白费”。

再如，打乒乓球，你使出了全力想把球扣到对方桌面上去，可是一不小心却把球扣到自己的桌面上，这就是把己方的力量贡献给了对方，形成了力量背叛。这就是“力量背叛，结果必反”。

请看图3-3“上证指数2021年4月30日量波留影”：

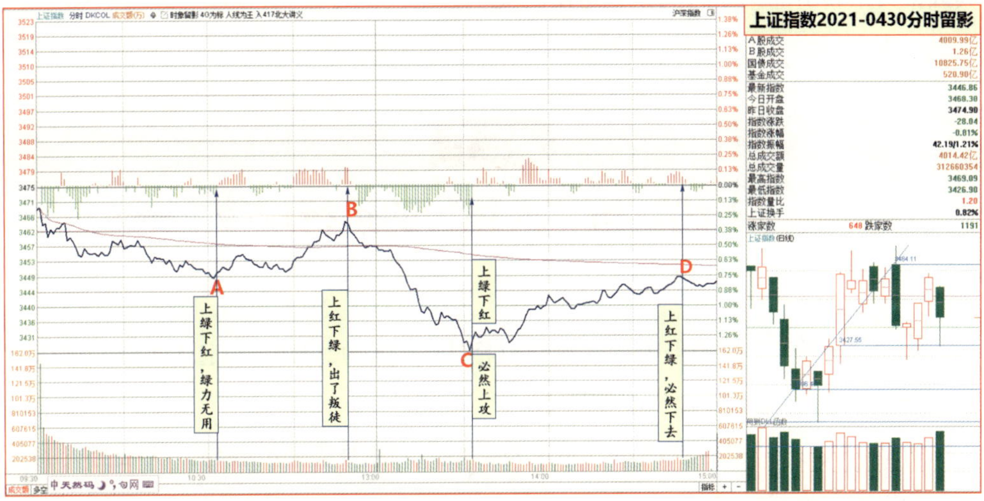
上证指数2021-0430分时留影
A
B
C
D
上绿下红，绿力无用
上红下绿，出了叛徒
上绿下红
必然上攻
上红下绿，必然下去

图3-3

请看图中箭头所指的A、B、C、D四处极点：

A处：绿方力柱对应的量柱却是红的，显然绿方力柱对己无功，反而给红方加分，此后行情上涨。

B处：红方力柱对应的量柱却是绿的，显然红方力柱对己无功，反而给绿方加分，此后行情必跌。

C处：绿方力柱对应的量柱却是红的，显然绿方力柱对己无功，反而给红方加分，此后行情上涨。

D处：红方力柱对应的量柱却是绿的，显然红方力柱对己无功，反而给绿方加分，此后行情下跌。

上述案例揭示了如下四个规律：

规律一：正常情况下，力与量是对等的——有力才有量，力在量之先。

规律二：反常情况下，力与量是不等的——有力并无量，力在量不在。

规律三：变态情况下，力与量是错位的——力量若错位，努力全白费。

规律四：特殊情况下，力与量是背反的——力量相背叛，结果必相反。

一旦绿方的力柱为红方服务了，这就是绿方出了叛徒；一旦红方的力柱为绿方服务了，这就是红方出了叛徒。它们二者相辅相成，天生一对；但有时却互相背反，天生作对。

我们必须认清“力”在“量”之先，“量”是“力”之“果”的因果关系。在其因果关系转折的第一时间找到进出的契机。

第三节
“天线”与“人线”的运行规律

所谓“天线”，就是当天的“成交价格线”，因为其飘忽不定，像浮云那么动荡，所以称之为“天线”。

所谓“人线”，就是当天的“成交均价线”，因为是全员参与，代表当天的人气，所以称之为“人线”。

一、天人关系如下：

第一，“天线”是靠“人线”支撑的，因为人气支撑着价格；

第二，“天线”是受“人线”管控的，因为人气管控着价格；

第三，“天线”是被“人线”牵制的，因为人气牵制着价格。

它们活像一对夫妻，和气则生财，吵闹则破财，分离必回归。

如何研判天线和人线这一对活宝呢？

二、研判标准如下：

第一，人线为王。因为人线处于支配、管控的地位，天线必然受人线管控。

第二，4G为皇。天线可以离开人线，但是，一旦超过4G左右，必然回归。

第三，和谐为上。天线和人线和谐相处，就如夫妻同心协力，必可创造奇迹。

请看图3-4“全新好2021年4月2日量波留影”：

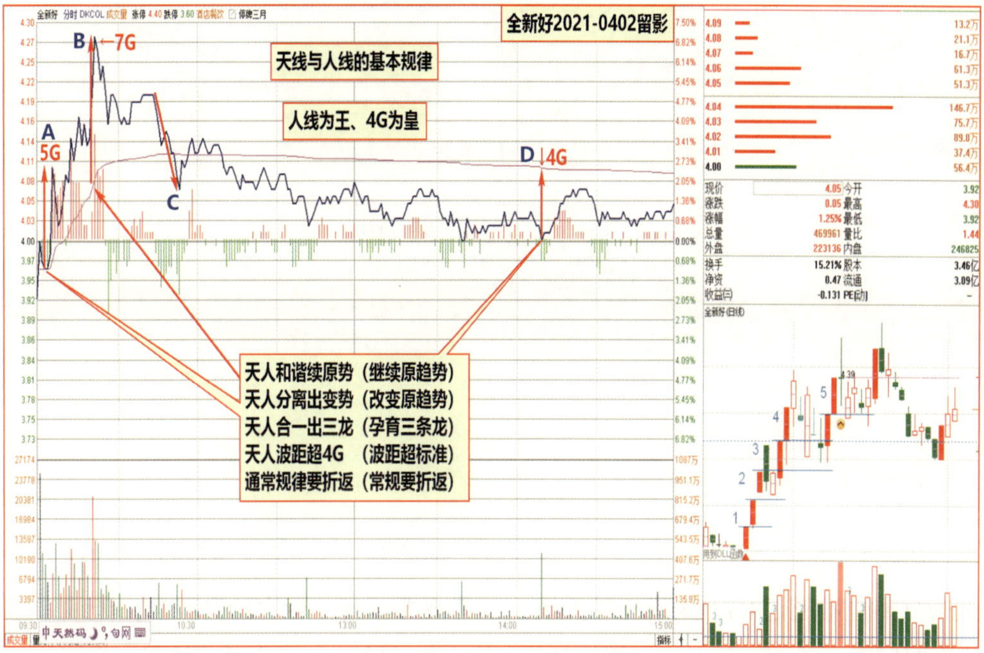
全新好2021-0402留影
天线与人线的基本规律
人线为王、4G为皇
B ←7G
A
5G
C
D 4G
天人和谐续原势（继续原趋势）
天人分离出变势（改变原趋势）
天人合一出三龙（孕育三条龙）
天人波距超4G （波距超标准）
通常规律要折返（常规要折返）

图3-4

如图所示：该股低开高走，连续三波拉升，非常强劲，为什么在B处大幅回落呢？请看图中箭头所示：

A点：天线远离人线5G，超过了4G的标准，所以必向人线回落。

B点：天线远离人线7G，超过了4G的标准，所以再向人线回落。

C点：天线跌幅达到5G，超过了4G的标准，所以再向人线回升。其后面的走势都在人线的4G标准之内，随着人线横盘。

D点：是C后横盘的最低点，有超过4G的苗头，又被人线吸引向上。

以上情况，充分遵循着“人线为王，4G为皇，和谐为上”的标准。

三、基本规律如下：

规律一：天人和谐，趋势不歇。

请看图3-5“老白干酒2020年10月20日量波留影”：

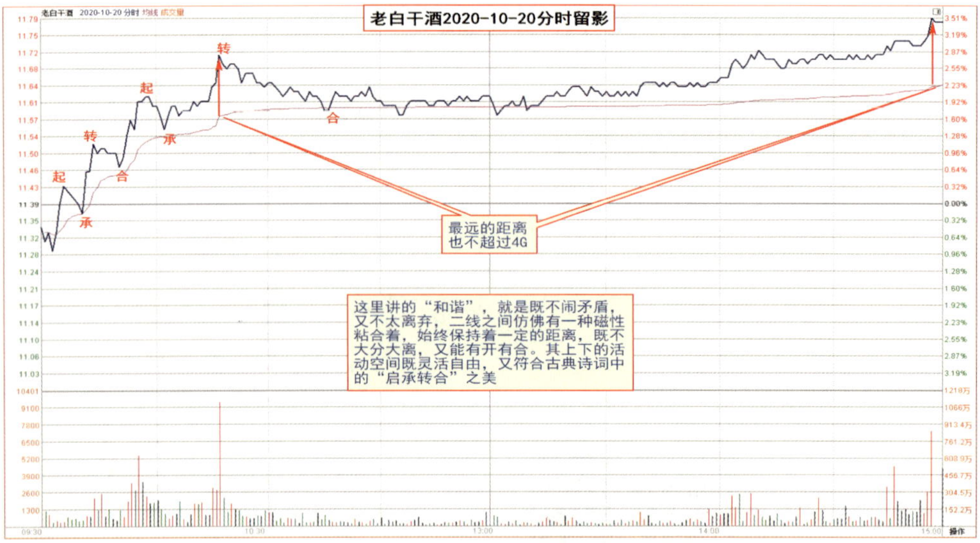
老白干酒2020-10-20分时留影
起
承
转
合
起
承
转
合
最远的距离
也不超过4G
这里讲的“和谐”，就是既不闹矛盾，又不太离弃，二线之间仿佛有一种磁性粘合着，始终保持着一定的距离，既不大分大离，又能有开有合。其上下的活动空间既灵活自由，又符合古典诗词中的“启承转合”之美

图3-5

如图3-5所示：该股的天线与人线之间，保持着一定距离，相处非常和谐，最远的分离也不超过4G，人线托着天线，二者不即不离，合力抬升股价；天线在盘中有时回踩人线而不破人线，即使踩破人线也迅速收起；天线最高处离人线不超过4G（四格的首音字母），整体走势平稳坚毅，所以股价的趋势盘升不歇。充分体现了“天人和谐，趋势不歇”的规律。

这里的“和谐”，就是既不闹矛盾，又不太离弃，二线之间仿佛有一种磁性黏合着，始终保持着一定的距离，既不大分大离，又能有开有合，其上下的活动空间既灵活自由，又具有古典诗词中的“启承转合”之美！

这种平稳坚毅的走势，一方面暴露了主力控盘后不急不躁的心态，另一方面暴露了主力胸有成竹的自信。老白干酒2020年10月20日是该股从底部盘升后的第三个小倍阳，按照《伏击涨停》和《量柱擒涨停》两本书讲的规律，该股应该逐步进入主升浪。

请看图3-6“老白干酒2020年12月11日日象留影”：

图3-6

如图3-6所示，图中A点是上图留影处，我们重点讲解了该股“天人和谐，原势不歇”的规律。该股从底部盘升后，A柱是第三个小倍阳，趋势向上，按照《伏击涨停》和《量柱擒涨停》讲解的量学规律，该股应该逐步进入主升浪。图3-6正好验证了上述预判。

规律二：天人背离，必然回去。

这里讲的“背离”，就是“天线”与“人线”的走向极度不一致，一般情况下都是“天线”远离“人线”，忽上忽下、上窜下跳，给人慌头慌脑、毫无章法的感觉。

请看图3-7“朗姿股份2020年12月11日量波留影”：

朗姿股份2020-12-11量波留影
A
B
C
D
跌离人线，超过4G，必然向上，回归人线
涨离人线，超过4G，必然向下，回归人线
尾盘拉升5G抓住了涨停板的杠杆！

图3-7

如图所示：天人二线，背离三次，回归三次。最后半小时突然拉升8G，封板8G，远离人线，有尾盘偷袭之嫌，应该看跌。截图在此，有待验证。

A处：天线急速下跌7G，必向人线回归；

B处：天线远离人线7G，再向人线回归；

C处：天线远离人线5G，又向人线回归；

D处：天线急速下跌7G，再向人线回归。

完美演绎了“天人背离，必然回去”的规律。

规律三：天人合一，必然崛起

所谓“天人合一”，就是“天线”和“人线”几乎合为一体，二者不分你我，互为依托。量学所讲的“股海三龙”就是这种“天人合一”的杰作。

“股海三龙”的核心机密就是“以人线为依托，迅速托举天线，形成中到大阳乃至涨停建构”。

“股海三龙”有三种“天人合一”建构：

长时间躺在人线上方横盘的，为卧龙；

长时间躲在人线下方横盘的，为潜龙；

长时间缠着人线上下横盘的，为蛟龙。

请看图3-8“云南能投2021年4月7日量波留影”：

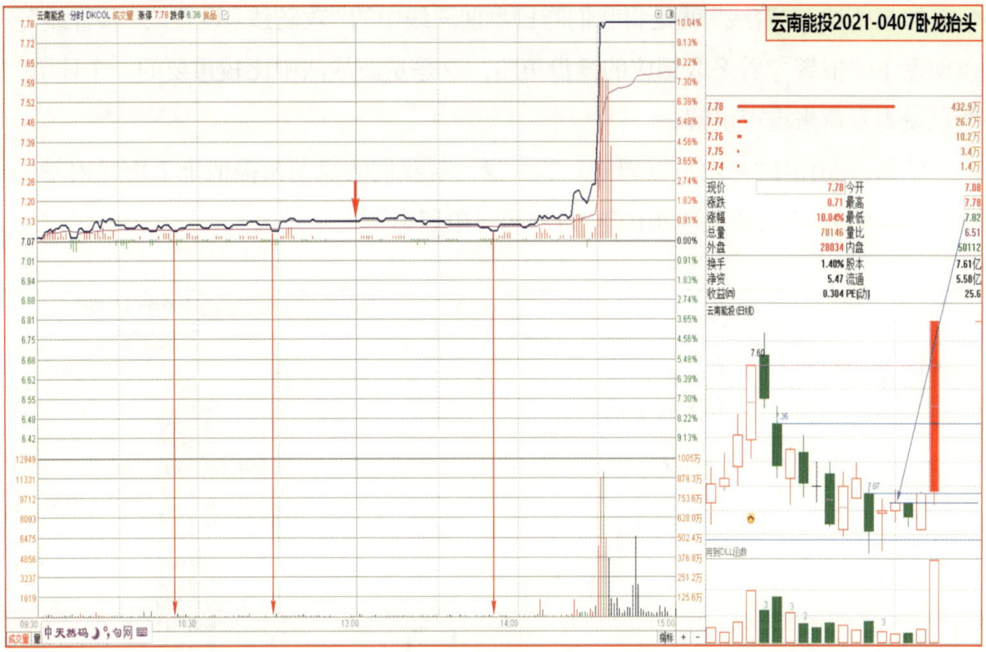

图3-8

如图所示，“天人合一”比“天人和谐”更好！

该股的天线和人线不离不弃、不张不扬、不高不低，达到了你中有我，我中有你，几乎合为一体的境界，量学称之为“天人合一”。只要找到了“天人合一”的股票，十有八九会有中到大阳，一不小心就是涨停。该股就是“天人合一，卧龙崛起”的典型案例。

“天人合一，三龙崛起”的精彩内容，详见本书《股海三龙模型》。

第四节

“地线”与“警线”的运用常识

“地线”就是“零轴线”，因为其既定不变，所以称之为“地线”。

“警线”就是“预警线”，也是盘前三线移植到分时之后的攻防线。

“地线”的作用非常重要，是量学“开盘定势”的基准线。由于篇幅所限，把它放到“天地人三维建构”去专门讲解，这里重点讲解“警线”。

如上所述，“警线”就是将我们昨日盘前三线中的“攻防线”设置成“预警线”，以便盘中“报警”后采取相应的操盘策略，这是量波战法中比较重要的一个环节，所以设为专章来重点讲解。

例如，2010年7月23日（周五）的大盘，与我们的盘前预报值上下均只相差1个点。详见图3-9“上证指数2010年7月23日日象留影”：

图3-9

请看图中右下角分时图：

A处：盘前预设的最低点是2550点，实际最低点2549点，相差1个点；

B处：盘前预报的最高点是2578点，实际最高点2579点，相差1个点。

如此精准神奇的盘前预报，对于王子的盘前预报来讲已经不新鲜了。有点新鲜的是，这天的大盘是在长期走熊之后出现“五连阳”的关键时刻，在全国一片“防空警报声”中，我们却大胆提出了“收红”的预报，最高点和最低点仅仅相差1个点。如果没有科学的依据和十足的把握，是不敢如此弄险的。大盘如期“六连阳”，就是对我们盘前预报的最高奖赏。

许多读者对今天的盘前预报非常好奇，都想知道其中的奥秘，下面就以此为例，讲讲“警线”的设置与运用“三部曲”。

第一部：找准日象攻防线。

找准日象攻防线，其实非常简单，简单得让你不敢相信。凡是读过《股市天经之二——量线捉涨停》的读者，都知道这个窍门，这就是“找到距当前最近的、下降途中的、水平方向的、相对突出的大阴价柱实体顶部”，画出上下两条“自然平衡线”即“攻防线”。如果再加上昨日收盘线，即今日零轴线（地线），就是“盘前三线”。

请看图3-10“上证指数2010年7月22日留影”：

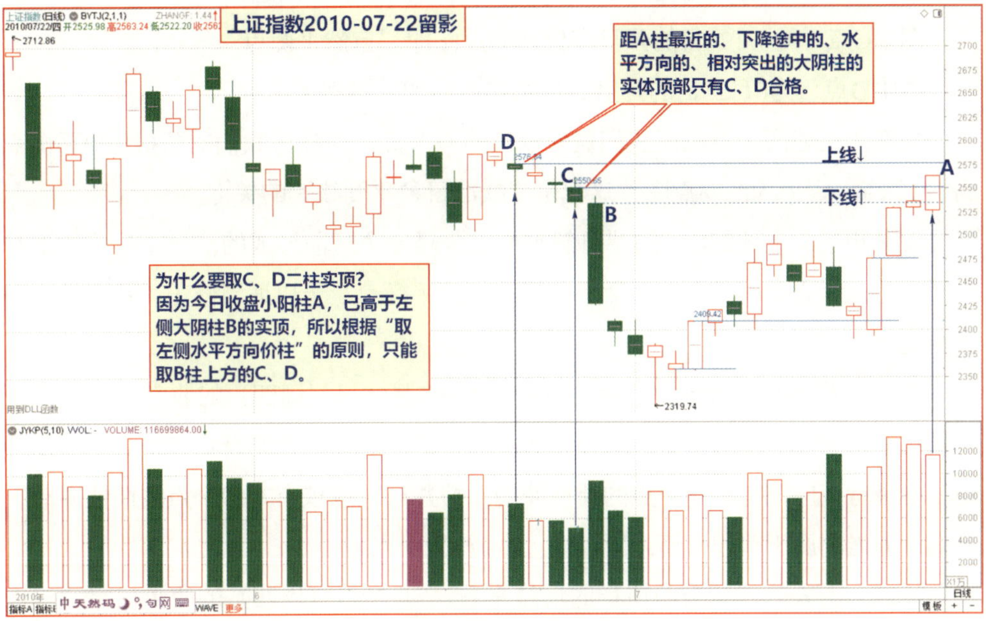
上证指数2010-07-22留影
距A柱最近的、下降途中的、水平方向的、相对突出的大阴柱的实体顶部只有C、D合格。
为什么要取C、D二柱实顶？
因为今日收盘小阳柱A，已高于左侧大阴柱B的实顶，所以根据“取左侧水平方向价柱”的原则，只能取B柱上方的C、D。
上线↓
下线↑
A
B
C
D
2712.86
2319.74

图3-10

有一个最容易误解的概念，就是“相对的大阴价柱实顶”，这里特指“距今最近的、左侧水平方向的、最突出的那根阴价柱”，从质量上看，它不一定是全局最大的，但它一定是局部最大的。

例如，图3-10中取D价柱的实顶为上线，取C价柱的实顶为下线，就构成了次日的攻防线。为什么要取C、D二柱？因为，当日收盘的小阳柱A，已高于左侧大阴柱B的实顶，B柱被攻克，就不能再取B柱了，根据“取左侧水平方向价柱”的原则，只能取B柱上方的C和D。

不要看到C、D二柱很小，就以为此二柱不是“大阴柱”，根据量学标准来看，以A柱为研判点，那么“距A柱最近的、下降途中的、水平方向的、相对突出的大阴柱”只有C、D合格。由此可见，量学中的大小量柱和价柱，都是与其左侧量柱和价柱就近对比而确定的，不是人为的某个数值可以表达的。

我们以C柱实顶2550为下线，次日最低点是2549，精准兑现；我们以D柱实顶2578为上线，次日最高点是2579，精准兑现。

第二部：调整日象攻防线

细心的读者可能会发现，图3-10中的数值有如下一个问题：

图中C点：为6月28日的开盘点位2550点，即“自然平衡点”。

图中D点：为6月23日的开盘点位2576点，即“自然平衡点”。

显然，上述两个点位即我们盘前预报的参考点，为什么我们的预报比D平衡点高出2个点，预报为2578点呢？这就是“找准日象平衡线”的关键。

大家知道，上述的D点的“自然平衡点”是一个月前形成的，一个月后的形势有所变化，有必要以“人工平衡点”对“自然平衡点”予以适当修正。我们的修正思路是：

第一，看天时，从当前行情的定级来看。7月22日（周四）的收盘比前一日价升量缩，有强烈的上行欲望。按照趋势的上行惯性，普通行情有1～3个点的惯性冲动，中级行情应该有4～6个点的惯性冲动，特殊行情应该有7～9个点的惯性冲动。我们认为当前属于普通行情，所以向上微调了2个点。

第二，看人气，从当前市场的情绪来看。7月22日（周四）的收盘已呈“五连阳”，全国一片“看空警报声”，这无疑影响了投资者的情绪，继而造成指数上攻的幅度，所以我们认为这里应该定为普通行情的1～3个点的上攻。

第三，看地利，从当前技术的参照来看。这一点最重要，图中左上方“2月25日灯塔线”的射线，刚好指向2578点的位置，比“自然平衡点”2576高2个点，所以取“普通行情1～3个点”的中间值。

事实说明，我们上述的“微调”是正确的。这就是量线技术以点定线，以线测点，简单神奇，科学实用。

第三部：移植日象攻防线

将日前预设好的日象攻防线，如何移植到分时量波状态呢？方法非常简单。就是打开“通达信看盘软件”后，按下键盘上的Ctrl键，再按Y，系统就会自动弹出“修改价量条件预警框”。

见下图3-11“上证指数2010年7月22日日象留影”：

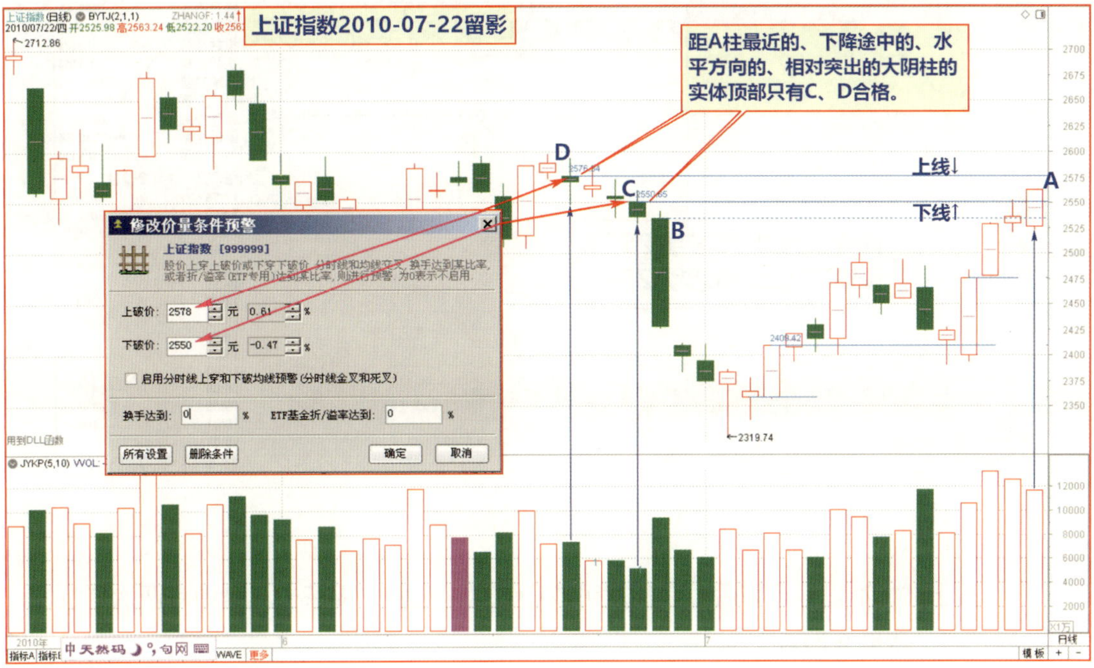

图3-11

图中左侧的矩形框里就是“修改价量条件预警框”。将日前计划好的上下两条攻防线的数值，按提示填入：

在“上破价”的空白处，填入“上线数值”2578，

在“下破价”的空白处，填入“下线数值”2550；

其它不用填写，点击“确定”键，我们需要的“上下预警线”，就自动移植到分时图中了。请看图3-12“日象预警线移植到分时图中的效果图”：

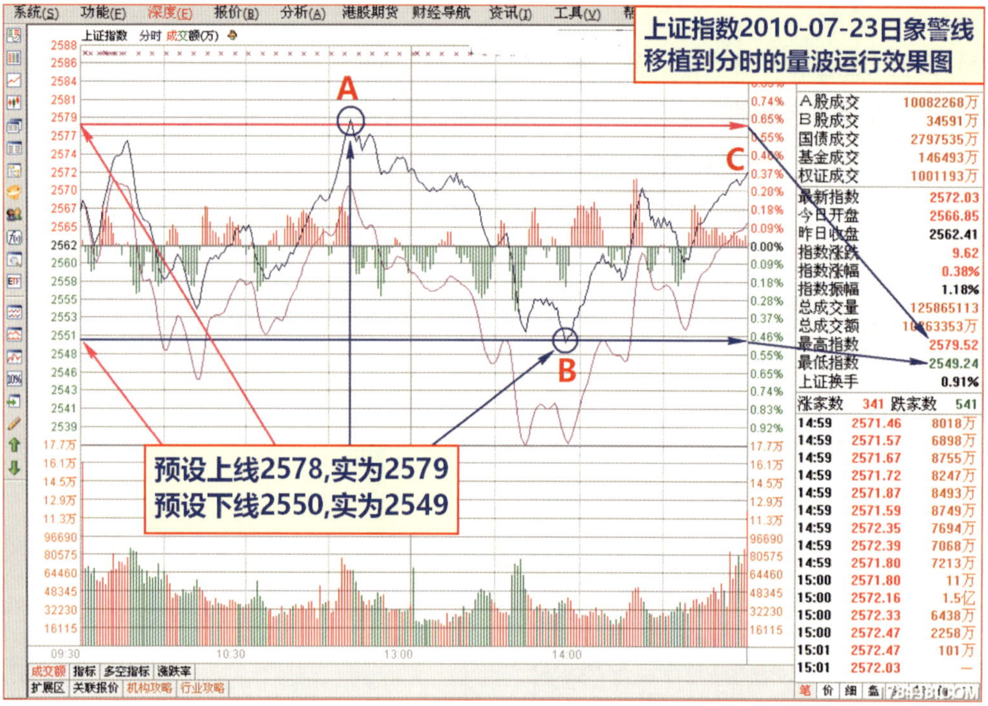

图3-12

按上述标准设好预警后，我们就可放心看盘、选股、喝茶去。盘中有两次“响铃报警”，提醒我们看大盘。

A点：上午报警是稍稍突破上线回落，持股可以逢高卖出；

B点：下午报警是刚刚回踩下线回升，持币可以逢低买入；

C点：收盘，用量波技术做了一轮漂亮的量学替领操作。

实战案例：量波抓涨停　简单又轻灵

在2010年11月9日盘中交流时，王子点评了一只股票“中新药业”，我两次强调“可在16.60元大胆介入”。随后，该股逆市涨停。许多同学问这是根据什么原理。现将王子的看盘思路公布如下，若有不当之处，望大家批评指正。

王子说过：量柱选股、量线选价、量波选时，三者融会贯通，才能得心应手。对“中新药业”的研判，首先应该从量柱说起。

王子在2010年11月8日收盘后写的《躲在左峰下，甩你就开拉》，是该股的量柱量线特征。我们以15.84元画一条水平线，此线切合三个精准点，此线即为“次高峰顶线”，“中新药业”正好是“躲在左峰下”，并且有“回踩十字架”的动作，据此可断定主力有拉升的欲望。

什么时候拉？怎么拉？这就是量波来解决的问题了。

请看图3-13“中新药业2010年11月9日日象留影”：

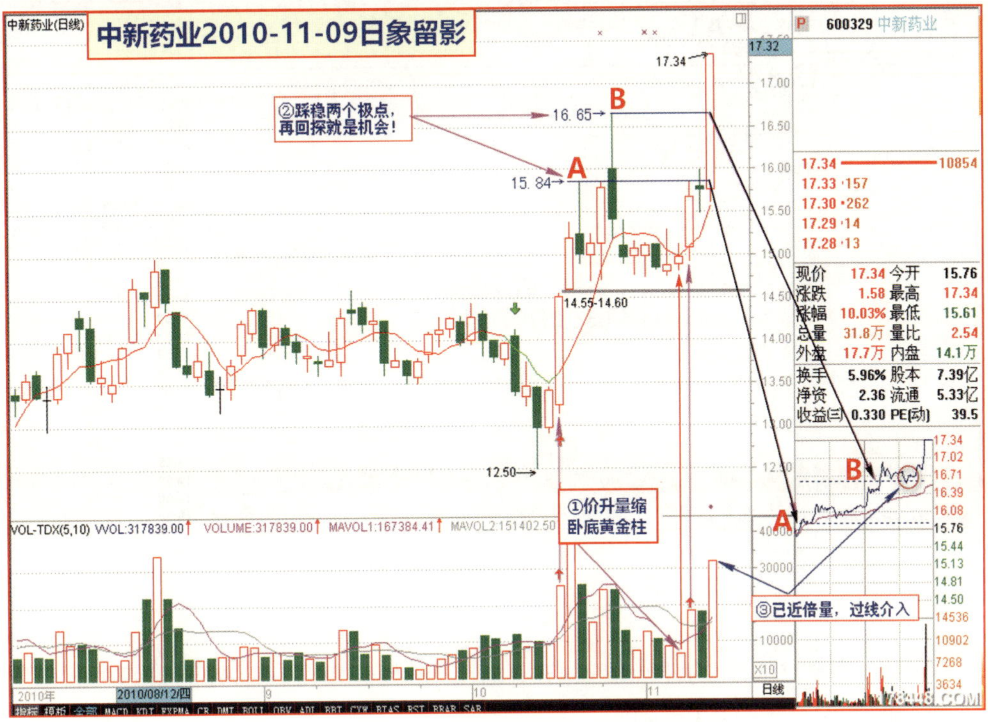

图3-13

开拉与否，涉及量波的问题，重点要看图中右下角的分时图。

A处：第一道预警线是15.84元，开盘半小时后，该股就过了15.84元，激进型投资人可以在首次突破15.84元时介入；保守型投资人，可以关注15.84元的左上方，压着一根“长臂大阴柱”，担心主力诱多，可不轻易介入。

B处：第二道预警线是16.65元，即B柱的大阴虚顶，量学素质较高的投资人可以将这根“长臂大阴柱”视为“长臂侦察兵”，凡是侦察兵到过的地方，往往就是主力将要攻击的地方，所以突破第一预警线后的任何位置均可介入。

若是保守型投资人，我们可以根据分时量波的发展变化，以分时图中左侧的峰顶16.48元为水平线，在分时图上画A、B两个“十字架”。

请看图3-14“中新药业2010年11月9日分时量波”图示：

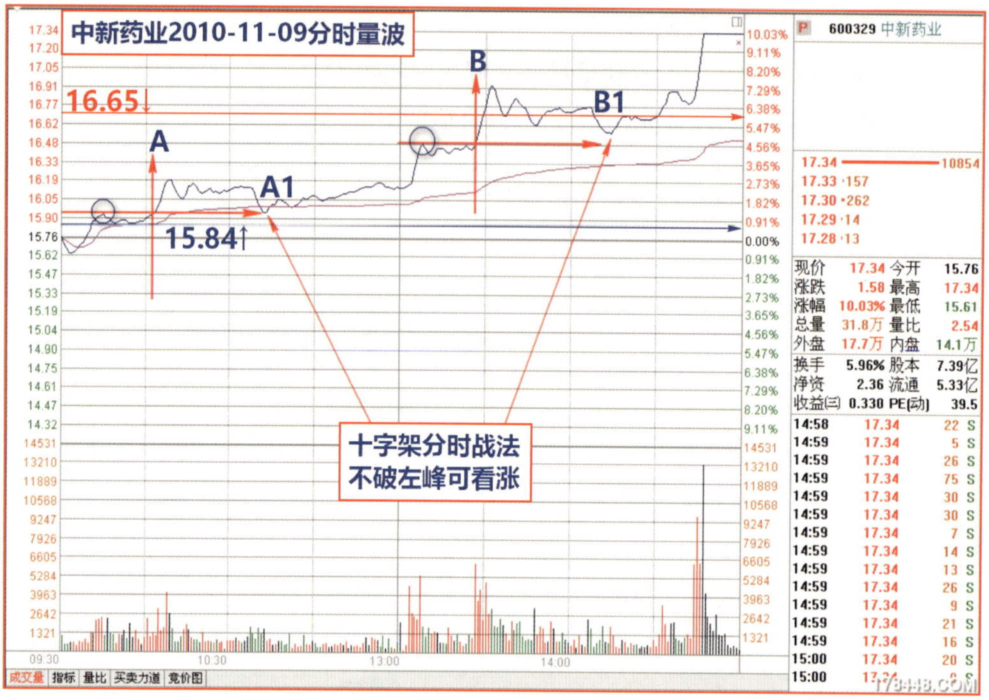

图3-14

A处：突破15.84元的任一位置均可伏击，最佳位置是在A1处的第二个凹口形成处，即量学的“二凹伏击圈”；

B处：13:27时，该股冲过16.65元预警线，但随即回落，击穿预警线；这时，我们就要看这条平衡线的支撑力度，13:47时撑住，可以信赖，准备伏击；

B1处：14:13时，该股再次回落击穿16.65元预警线，三分钟后在16.57元拐头向上，形成“二凹伏击圈”，而这时的日象虚拟量柱已经显示出“倍量柱”，所以王子在此发出了“大胆介入”的指令。

盘后验证，在16.60元介入是正确的。那么，第二天的走势会如何呢？谁也不能提前预知主力的行为，我们只能看势做势，第二天关注16.65元左右会否再做一个“十字架”。（验证：该股次日涨停回落，收盘仍大涨8.71%）

股市天经

第 4 章

量波运行的“三导定律”

通过前面三章的讲授，大家已感受到了量波的神奇魅力。

量波为什么有如此神奇的魅力？

量波是主力心血来潮随意做出来的吗？

肯定不是！量波的生成、发展、演变，是有其内在规律的。

第一节

“量波”从哪里来——“日象传导律”

先看图4-1“上证指数2014年7月8日日象留影”：

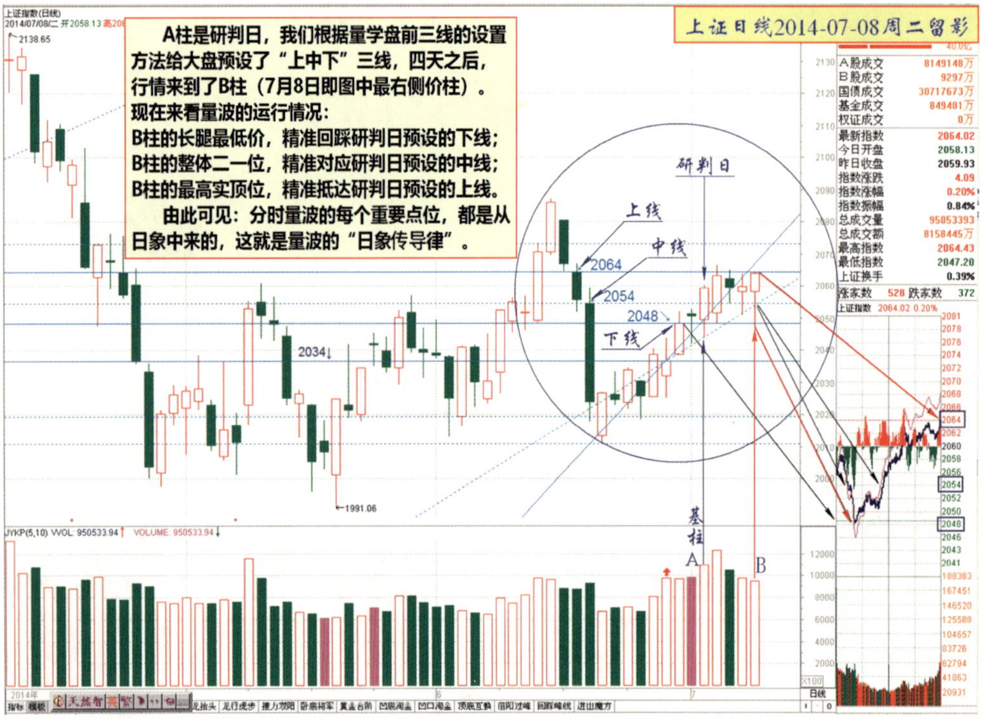
上证日线2014-07-08周二留影
A柱是研判日，我们根据量学盘前三线的设置方法给大盘预设了“上中下”三线，四天之后，行情来到了B柱（7月8日即图中最右侧价柱）。
现在来看量波的运行情况：
B柱的长腿最低价，精准回踩研判日预设的下线；
B柱的整体二一位，精准对应研判日预设的中线；
B柱的最高实顶位，精准抵达研判日预设的上线。
由此可见：分时量波的每个重要点位，都是从日象中来的，这就是量波的“日象传导律”。
研判日
上线
中线
下线
2064
2054
2048
2034
2138.65
1991.06
基柱
A
B

图4-1

如图所示：A柱这天是研判日，我们根据量学盘前三线的设置方法给大盘预设了“上线、中线、下线”，四天之后，行情来到了B柱（7月8日即图中最右这根红价柱）。现在来看量波的运行情况：

B柱的长腿最低价，精准回踩研判日预设的下线2048；

B柱的整体二一位，精准对应研判日预设的中线2054；

B柱的最高实顶位，精准抵达研判日预设的上线2064。

B柱的量波的拐点，都与日象的拐点息息相关。由此可见：分时量波的每个重要点位，都是从日象中传导过来的，这就是“日象传导律”。

再看图4-2“上证指数2014年7月8日量波留影”：

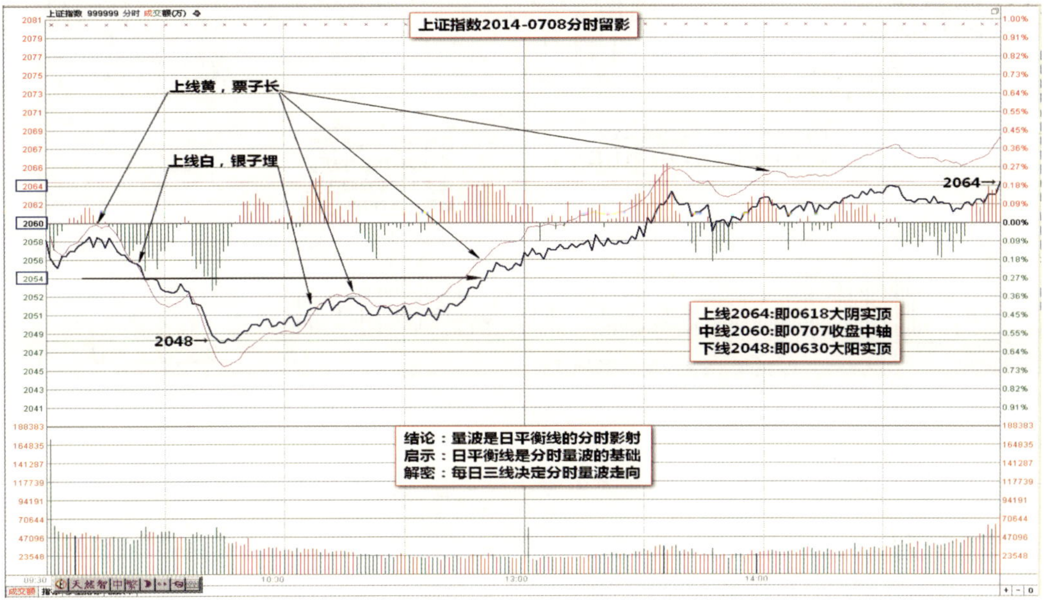
上证指数2014-0708分时留影
上线黄，票子长
上线白，银子埋
2048→
2064→
上线2064:即0618大阴实顶
中线2060:即0707收盘中轴
下线2048:即0630大阳实顶
结论：量波是日平衡线的分时影射
启示：日平衡线是分时量波的基础
解密：每日三线决定分时量波走向

图4-2

图4-2是图4-1全天的分时全图。图中的最低点和最高点，都与预判日预设的下线和上线精准对应，图中的2054平衡线，刚好就是盘前预设的中线值。

为什么日象三线与分时节点能这么精准对应呢？

这里体现了量波运行的第一个规律：量波的每个节点的波动，都来源于日象节点的撑阻，也就是说，量波是日象节点在时象中的投射和继承。这就是量波的“日象传导律”。

上面是上证指数的“日象传导”案例，下面请看个股的情况。

请看图4-3“广宇发展2011年3月25日分时与日象对比图”：

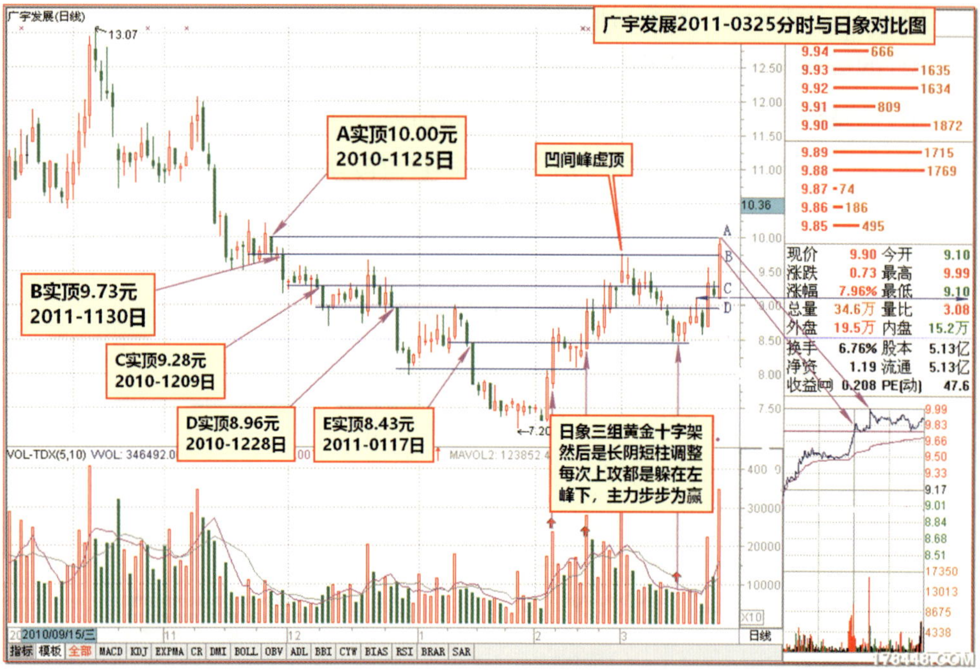

图4-3

如图4-3所示，该股主力实在太可爱了！它在分时图中的最高价刚好触及日象图中左侧大阴实顶A线！是什么神奇的力量让该股主力如此听话呢？有同学说是王子预报的神奇，其实这是主力的神奇，是“日象传导律”的神奇。

先看A线：这是以2010年11月26日的实顶10.00元画的线，王子只是根据量线的平衡律标出这里有阻力罢了。3月25日（周五）最高点是9.99元，也就是说，这个主力连一分钱都舍不得乱花。

精准的股价来源于精准的平衡，精准的平衡来源于精准的算计，精准的算计体现出精准的操盘。

再看B线：这是凹间峰虚顶对应的2010年11月30日的大阴实顶9.73元的画线，仅差2分钱与2011年3月1日的最高点9.75元重合，3月25日（周五）分时图中的红线，就是9.74元！

上图的午时收盘价也是9.74元，下午两次回踩，还是9.74元。上下仅1分钱的误差，超过了精确制导导弹的水平。

这就是“日象传导”的魅力！

第二节

“量波”到哪里去——“人线制导律”

请看图4-4“尔康制药2018年10月8日日象留影”：

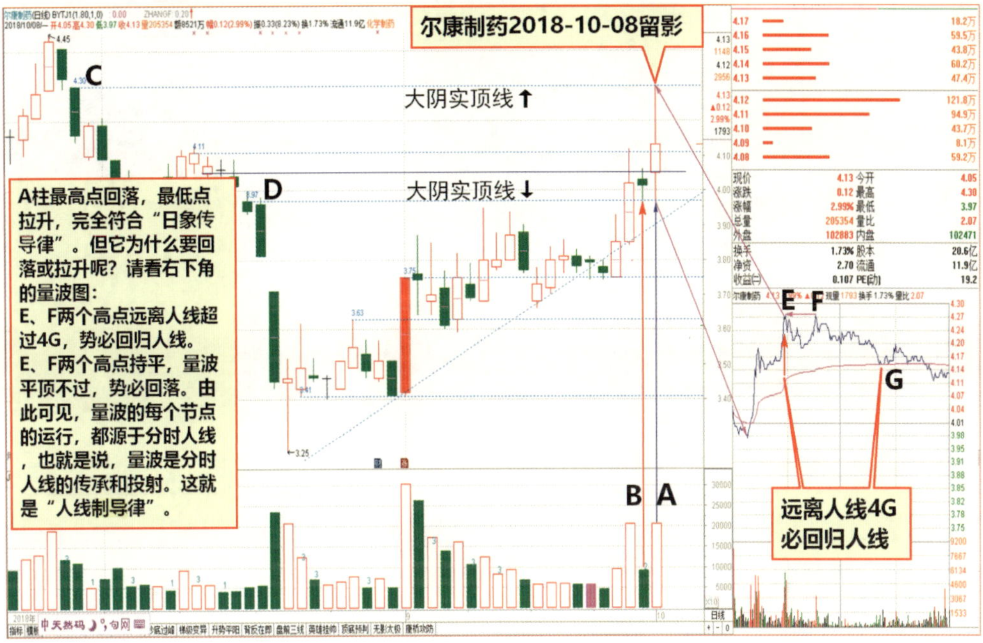
尔康制药2018-10-08留影
大阴实顶线↑
大阴实顶线↓
C
D
B
A
A柱最高点回落，最低点拉升，完全符合“日象传导律”。但它为什么要回落或拉升呢？请看右下角的量波图：
E、F两个高点远离人线超过4G，势必回归人线。
E、F两个高点持平，量波平顶不过，势必回落。由此可见，量波的每个节点的运行，都源于分时人线，也就是说，量波是分时人线的传承和投射。这就是“人线制导律”。
E
F
G
远离人线4G
必回归人线

图4-4

如图所示：

A柱最高点精准抵达左侧大阴实顶线C即回落；

A柱最低点精准回踩左侧大阴实顶线D即拉升；

以上完全符合“日象传导律”。

但是，它为什么会回落呢？请看右下方的量波图：

图中E、F两个高点持平，量波平顶不过，势必回落；

图中E、F两个高点远离人线超过4G，势必回归人线。

这里体现了量波运行的第二个规律：

量波的每个节点的运行，都来源于分时人线的撑阻和管控，也就是说，量波受分时人线的管控和制导。这就是量波的“人线制导律”。

“人线制导”有“三种模式”：

模式一：“背离与回归”遵循“动态平衡原理”

请看图4-5“科陆电子2016年6月29日量波留影”：

图4-5

图中可见：

A点：向下背离人线5G，向上回归；

B点：向上背离人线7G，向下回归；

C点：向下背离人线4G，向上回归；

D点：向上背离人线11G，向下回归；

E点：向下背离人线5G，向上回归；

F点：向上背离人线7G，向下回归；

G点之后：天线与人线的波距均在4G以内，走势逐步平静下来。

模式二：“守标与违标”遵循“纠偏纠错原理”

正常情况下，天线与人线的运行应该是相辅相成、平行不悖的，它们遵循着“4G为皇”的约束，但天线总是有野心，它有时守标，有时却违标；但它违标也是有度的，不会太过，一旦超标过度，其回归也会过度，这就形成了上蹿下跳的形态。不管它如何上蹿下跳，最终还是要回到人线的管控范围。

请看图4-6“兔宝宝2016年6月30日量波留影”：

图4-6

如图4-6中可见：

A—B段与C—D段的波幅基本相等；

E—F段与G—H段的波幅基本相等。

由于主力个性的不同，量波在守标时也有违标，但无论它怎么违标，人线总有纠偏纠错能力，最终还是要回到人线管控的范围之内。

模式三：“渐强与渐弱”遵循“乒乓落地原理”。

请再看图4-7“雪人股份2016年7月1日量波留影”：

图4-7

如图4-7中午盘前后可以分为两个部分。左侧在人线上方运行，右侧在人线下方运行。因为天线在左侧多次背离人线超标，人线便将其管控起来，让其在4G的标准之内去运行。

再看其波幅：左侧波幅较大，右侧波幅较小；

A—B段5G、C—D段6G、E—F段7G，逐步走强；

G—H段3.5G、I—J段4G、K—L段3G，逐步走弱。

它们就像高抛的乒乓球落地后，先强后弱的跳动。过去我们曾称之为"钟摆渐弱"，但许多读者说："钟摆一直是那个摆动幅度，没有渐弱呀！"于是，我们现在称之为"乒乓落地原理"，应该好理解了吧。许多量波的走势都符合这种渐强或渐弱的规律，有些个股一旦冲高抓不住涨停板杠杆，其后势必然逐步渐弱，一不小心，还可能大跌，我们一定要好好把握。

第三节

"量波"该怎么走——"力量反导律"

这里需要先复习一下前面讲过的内容。量波的"力柱"和"量柱"是一对双胞胎，其规律是：

"力在量先，量因力生，力是量根"；

"有时有力有量、有时有力无量"；

甚至可能出现"多方力量贡献给空方"或"空方力量贡献给多方"的情况。于是它们有时谐调，有时对立，有时错位，千变万化。"力"与"量"的这些特点，必然反映或投射到量波身上。

请看图4-8"华鑫股份2020年12月16日早盘量波留影"：

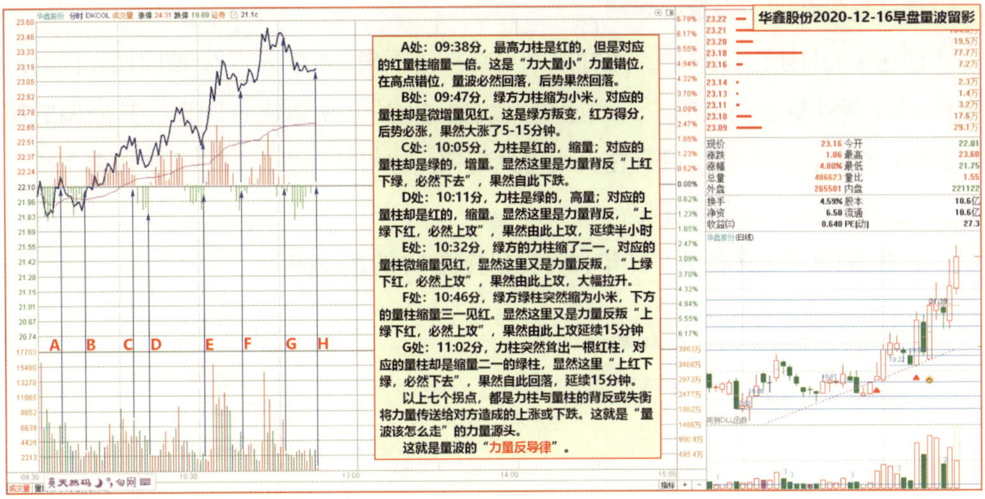

图4-8

如图所示：

A处：09:38分，最高力柱是红的，但是其对应的红量柱缩量一倍。这是力大量小，力量错位，在高点错位，量波必然回落，后势果然回落。

B处：09:47分，绿方力柱缩为小米，其对应的量柱却是微增量见红。这是绿方叛变，红方得分，后势必涨，果然大涨了5—15分钟。

C处：10:05分，力柱是红的，缩量；其对应的量柱却是绿的，增量。显然这里是力量背反“上红下绿，必然下去”，果然自此下跌。

D处：10:11分，力柱是绿的，高量；其对应的量柱却是红的，缩量。显然这里是力量背反，“上绿下红，必然上攻”，果然由此上攻，延续半小时。

E处：10:32分，绿方的力柱缩了二一，其对应的量柱微缩量见红，显然这里又是力量反叛，“上绿下红，必然上攻”，果然由此上攻，大幅拉升。

F处：10:46分，绿方绿柱突然缩为小米，其下方的量柱缩量三一见红。显然这里又是力量反叛“上绿下红，必然上攻”，果然由此上攻延续15分钟。

G处：11:02分，力柱突然耸出一根红柱，对应的量柱却是缩量二一的绿柱，显然这里“上红下绿，必然下去”，果然自此回落，延续15分钟。

以上七个拐点，都是力柱与量柱的背反或失衡将力量传送给对方造成的上涨或下跌。这就是“量波该怎么走”的力量源头。

这就是量波运行的第三个规律：量波的每个节点的起伏，都来源于当下力与量的异化，也就是说，量波是当下力与量转化的映射。

这就是量波的“力量反导律”。

现在来看H处：11:14分，力柱刚刚见红，接下来“该怎么走?”该回调！因为，左侧E和F两处量波高点的“天线远离人线超过4G”，所以应该回调。其回调的第一目标位就是回归人线。只有在人线得到支撑，才可能向上运行；否则还要下探。这个预判能否得到实盘验证呢?

请看图4-9“华鑫股份2020年12月16日接图4-8的量波图”：

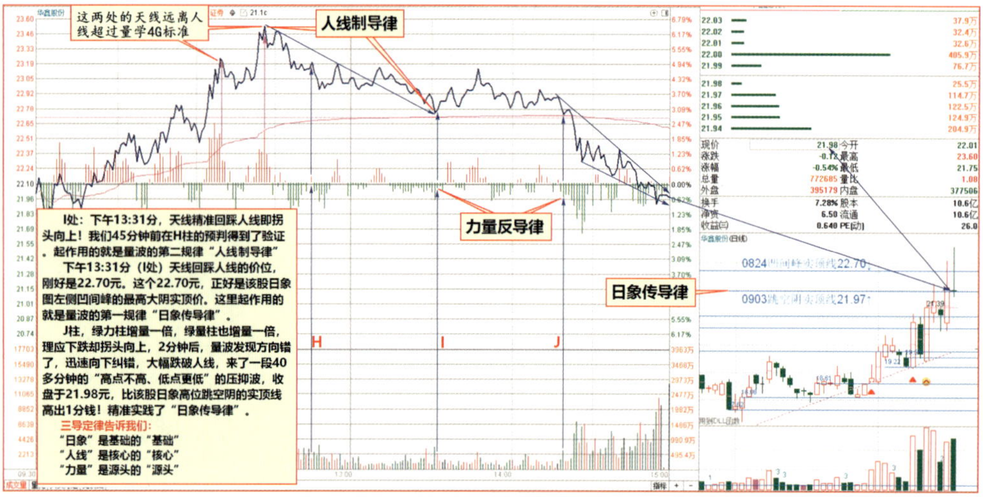
这两处的天线远离人线超过量学4G标准
人线制导律
力量反导律
日象传导律
H
I
J
I处：下午13:31分，天线精准回踩人线即拐头向上！我们45分钟前在H柱的预判得到了验证。起作用的就是量波的第二规律“人线制导律”
下午13:31分（I处）天线回踩人线的价位，刚好是22.70元。这个22.70元，正好是该股日象图左侧凹间峰的最高大阴实顶价。这里起作用的就是量波的第一规律“日象传导律”。
J柱，绿力柱增量一倍，绿量柱也增量一倍，理应下跌却拐头向上，2分钟后，量波发现方向错了，迅速向下纠错，大幅跌破人线，来了一段40多分钟的“高点不高、低点更低”的压抑波，收盘于21.98元，比该股日象高位跳空阴的实顶线高出1分钱！精准实践了“日象传导律”。
三导定律告诉我们：
“日象”是基础的“基础”
“人线”是核心的“核心”
“力量”是源头的“源头”

图4-9

如图所示：

I处：下午13:31分，天线精准回踩人线即拐头向上！我们45分钟前在H柱的第一个预判得到了验证。起作用的就是量波的第二规律“人线制导律”。

更神奇的是：下午13:31分（I处）天线回踩人线的价位，刚好是22.70元。这个22.70元，正好是该股日象图左侧凹间峰的最高大阴实顶价22.70元。这里起作用的，就是量波的第一规律“日象传导律”。

再往后，J柱，绿力柱增量一倍，绿量柱也增量一倍，理应下跌却拐头向上，仅仅2分钟后，量波发现方向错了，迅速向下纠错，大幅跌破人线，来了一段40多分钟的“高点不高、低点更低”的压抑波，收盘于21.98元，比该股日象高位跳空阴的实顶线高出1分钱！精准实践了“日象传导律”。至此，我们在H柱约两个半小时前的第二个预判又得到了验证。

量波的“三导定律”告诉我们：

“日象”是基础的“基础”；

“人线”是核心的“核心”；

“力量”是源头的“源头”。

于是，量波看盘的“三王定律”就出来了：

一是“日象为王”，量波受“日象传导律”制约；

二是“人线为王”，量波受“人线制导律”管控；

三是“力量为王”，量波受“力量反导律”支配。

这是一个“从观察到研判到运用”的完整“闭环”。

请看图4-10“创业板指2021年4月30日量波留影”：

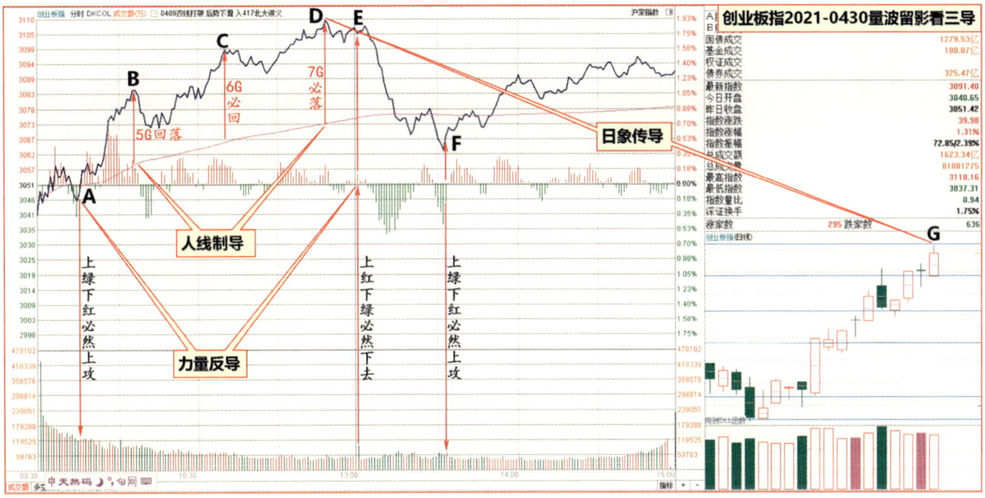

图4-10

A处：上绿下红，绿方将绿方的力变成了红方的量，必然上涨；

B处：天线远离人线5G，超过4G标准，受人线吸引，必然回落；

C处：天线远离人线6G，超过4G标准，受人线制导，必然回落；

D处：天线远离人线7G，超过4G标准，受人线制导，必然回落；

E处：上红下绿，红方将红方的力变成了绿方的量，必然下去；

F处：上绿下红，绿方将绿方的力变成了红方的量，必然上攻。

再看右下方日象图的G点，正好是分时图中的D点，可见日象传导律的作用非常巨大。

为了帮助大家理解和掌握量波的“三导定律”，送大家一段顺口溜：

三导定律记心上，
量波之根在日象；
盘中核心是人线，
力量转换定方向！

股市天经

第5章

量波判势的“三大法宝”

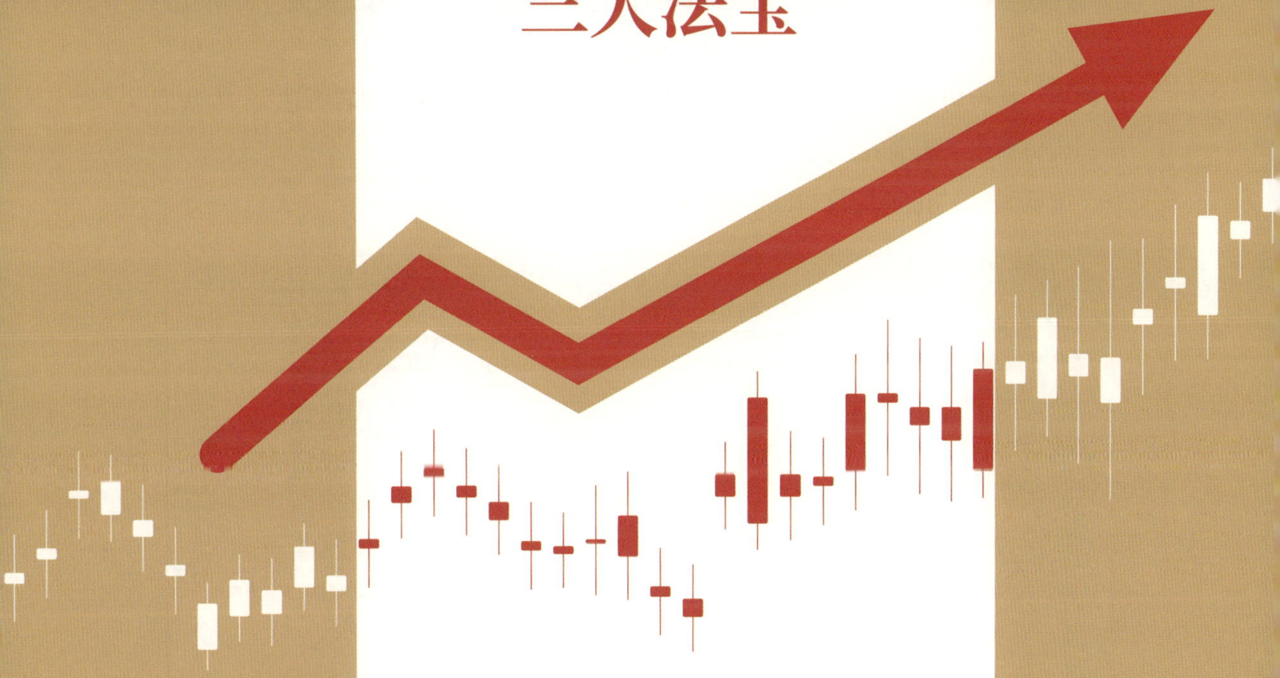

许多看过我在上海电视台实盘讲解的观众问我：王子老师的预判为什么这么神奇？你说大盘要怎么走，它就真的怎么走。你说哪只股票有戏，它就真的有戏！请问有什么绝招吗？

其实，我没有什么绝招，我只是根据量波特有的、与众不同的个性特征，实打实地作出预判而已。“量波特有的、与众不同的个性特征”就是量波的“三大特性”，量学特训班的同学们称之为“三大法宝”。

第一节

指明方向的法宝：波向的转折性

所谓“转折性”，就是当力柱或量柱突然增量一倍或缩量一倍的时候，其对应的力柱或量柱的颜色却出现了相反的情况，也就是某个阵营出现了叛徒，行情发生了“政变”，这往往是行情即将发生“转折”的“第一时机”。这个“第一时机”出现后，其后势将有5—15分钟的反向延续。所以，波向的这个“转折性”，为我们预判后势指出了明确的方向。

请看图5-1“上证指数2011年3月18日早盘量波图”：

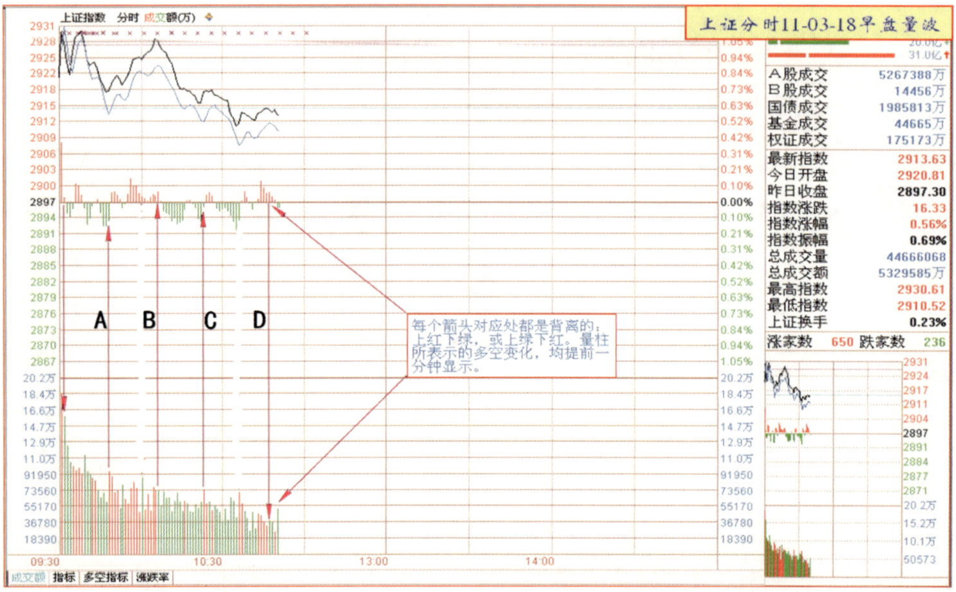

图5-1

如图所示：图中的每个箭头所指处，力柱与量柱的关系都是背离的。也就是说，箭头对应的阵营内出现了叛徒，行情无疑将向叛变的方向运行。

先看A处：上绿下红，必然上攻。因为力柱是绿的，量柱却是红的，说明空方的力气用到多方量柱上了（把球踢错了球门），所以此后行情急转而上。

再看B处：上红下绿，必然下去。因为力柱是红的，量柱却是绿的，说明多方的力气用到空方量柱上了（石头变成了泡沫），所以此后行情急转而下。

再看C处：先是上绿下红，必然上攻，但第二分钟的绿色量柱就盖过了红色量柱（时间不够）形成了“上红下绿，必然下去”建构，行情急转直下。

再看D处：这是当前行情的高点，根据力柱和量柱的对比，这里“上红下绿，必然下去”，并且应该有5—15分钟的回落。

D处已是图中的相对低位，量波却告诉我们这里还要下跌，这个预判能否兑现？

且看图5-2“上证指数2011年3月18日全天量波留影”：

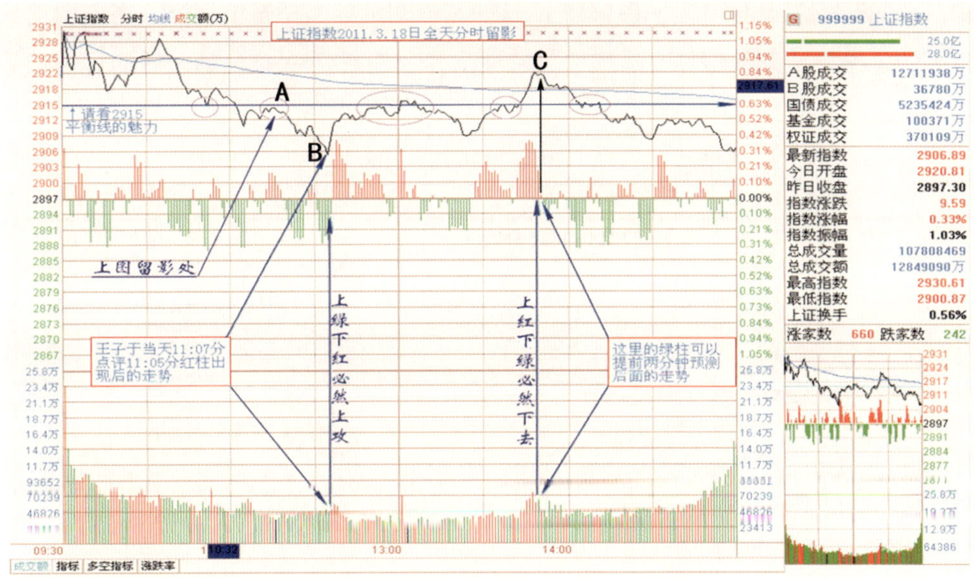

图5-2

图5-2是图5-1的行情延续，图中可见：

A处：是图5-1的预判处，当时的量波已是相对低位，力柱和量柱的对比是“上红下绿，必然下去”，预示此后的量波将会下跌，此后果然下跌，并且符合下跌5—15分钟的延续性预判。实际这里下跌延续了20分钟。

B处：出现“上绿下红”的建构，所以“必然上攻”，延续约半小时。在我们盘前预设的警线处横盘之后，再度下跌。

C处：是午后最高点，红色力柱突然缩小为芝麻粒，呈现出“上红下绿”的建构，所以“必然下去”，随后的下跌延续了一个多小时，直到收盘。

用力柱和量柱的背离规律预测后市，拐点明确，方向直观，精确无误。王子在上海电视台做实盘讲解时，就是用的这个量波特性。只要看准了，用好了，人人可以在当地电视台做现场直播！因为，只要你遵循量学的规律，看到什么就说什么，肯定精准无误。

第二节
提供前瞻的法宝：波势的延续性

所谓“延续性”，就是当力柱的动力传达到量柱以后，一旦量波出现波向转势，由此开始，一般情况下将有5—15分钟左右的延续；特殊情况下，将出现更长时间的延续。波向的这种“延续性”特性，为我们研判5—15分钟之后的行情趋势提供了足够的前瞻性。

请看图5-3“上证指数2011年3月16日日分时留影”：

图5-3

先看B处，黄线穿过白线，“二线交叉，在上必下”，果然行情回落，直到O处结束，这段时间延续了“15分钟”以上。

再看O处，黄线穿过白线，“二线交叉，在下必上”，果然行情上涨，直到C处结束，这段时间又延续了“15分钟”以上。

再看图中右下角标注的O、B1、C1、A3等四处“力柱与量柱背离”后的量波走势，也都有这样的延续性。量波的“延时性”特性，为我们预测后市提供了足够的时间上的“前瞻性”。

2021年5月20日，大盘大跌低开低走，午盘冲高回落，收一根长腿长臂的“中”字星，在传统技术眼里它是阳的，但是量学眼光看来，它是阴的。王子在当日收评里指出：“今日（5月20日）是假阳，量学指出，‘假阳真阴，务必当心！’明天的行情可能先下后上，我们可将三线预设为3486-3506-3517，若下跌不是有效跌破3486可以买阴，若上行不是有效突破3517则可卖阳。”

次日行情请看图5-4“上证指数2021年5月21日量波留影”：

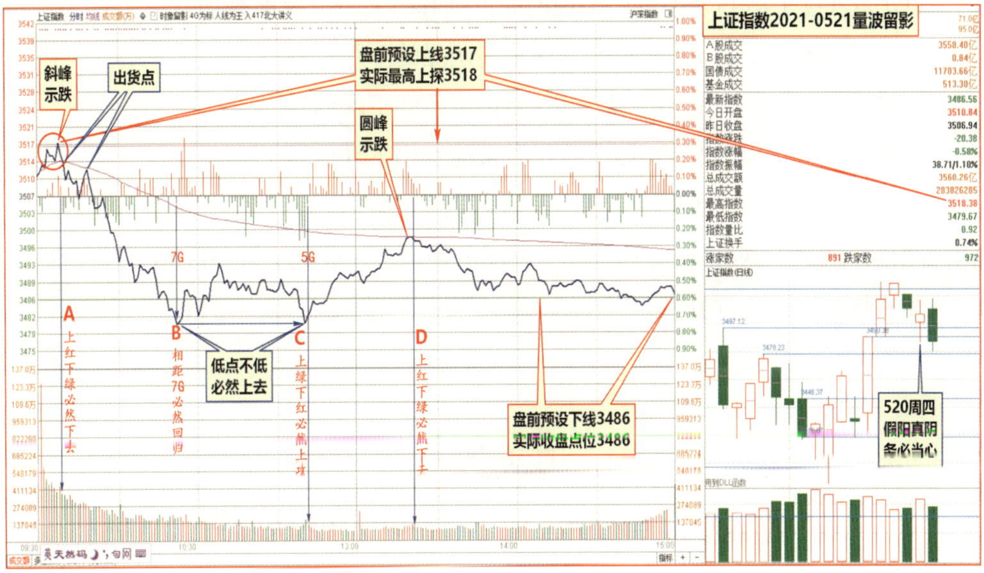

图5-4

图中最高点3518，比预设上线值3517高1个点；图中收盘点3486，与预设下线值3486精准兑现。最精彩的不是走势与预报值精准兑现，而是盘中走势步步符合量学标准。

先看A处，有三个示跌的信号：

一是这时的两个小尖角波抵达3518，天线呈标准的“斜峰”；

二是这时的人线呈现上圆形龟背波，暗示后市要大幅回落；

三是这时的力柱和量柱的关系是“上红下绿，必然下去”。

下跌信号强烈，那么下跌的持续时间应该是多少呢？量波单要素的持续时间应该是5—15分钟，这里增加了“人线龟背波”信号，是多要素叠加，所以此处延时应该加倍，就是下跌30分钟以上。实际上，从A处下跌至B处，延续了45分钟。显然，我们在天线跌破人线时卖阳，可以躲过35个点的大跌。

再看C处，有三个示涨信号：

一是远离人线5G，必然上去；

二是与B处形成低点不低，必然上去；

三是力柱与量柱对比，上绿下红，必然上攻。

上涨信号强烈，那么上涨的持续时间应该是多久呢？量波单要素的持续时间一般是5—15分钟，此处三要素叠加，特别是有了“低点不低”这个要素，所以此处延时应该加倍，就是上涨30分钟以上。实际上，从C处到D处，延续了45分钟。

D处是连续上涨45分钟之后出现的高位圆峰，又是三要素叠加：

一是“圆峰在上，高位追降”，这是最明显的下跌信号；

二是“人线阻挡，必然下降”，这是最可恶的下跌信号；

三是“上红下绿，必然下去”，红方叛徒发出下跌信号。

此处又是三要素叠加，所以在一般性下跌时间5—15分钟的基础上，延时性要再加两倍，就是下跌4个15分钟，即下跌60分钟以上。此处实际下跌90分钟以上。

前瞻性的法宝，好处多多！

第三节

确认节点的法宝：波能的瞬变性

所谓“瞬变性”，就是指量柱的颜色在瞬间发生变异。刚刚是红色的，却在一瞬间变成了绿色；明明是绿色的，却在一瞬间变成了红色。

这个“瞬间”，可能是一秒钟，也可能是半秒钟，有时甚至可能只有一毫秒钟。也就是古人常说的“眼睛一眨，母鸡变鸭”。

为什么会出现这种状况呢？因为分时图中力柱和量柱的颜色，都是按分钟计算的，而每分钟的颜色，取决于最后一秒钟。如果最后一秒钟是红方取胜，则用红色表示；如果最后一秒钟是绿方取胜，则用绿色表示；如果最后一秒钟却难分胜负，就用白色表示（白底图中显示为黑色）。量学将白色柱命名为“白热柱”，是多空双方搏斗进入白热化的标志，非常重要。

上述三种状况王子曾经多次试图留影备案，可是都失败了。因为它既是一个动态的过程，又是一个动态的结晶，其中奥秘只可意会，难以言传。大家可以在实盘中看到它，却不能抓住它，也就是不可能给它截图留影。

再看图5-5“上证指数2011年3月18日全天量波留影”：

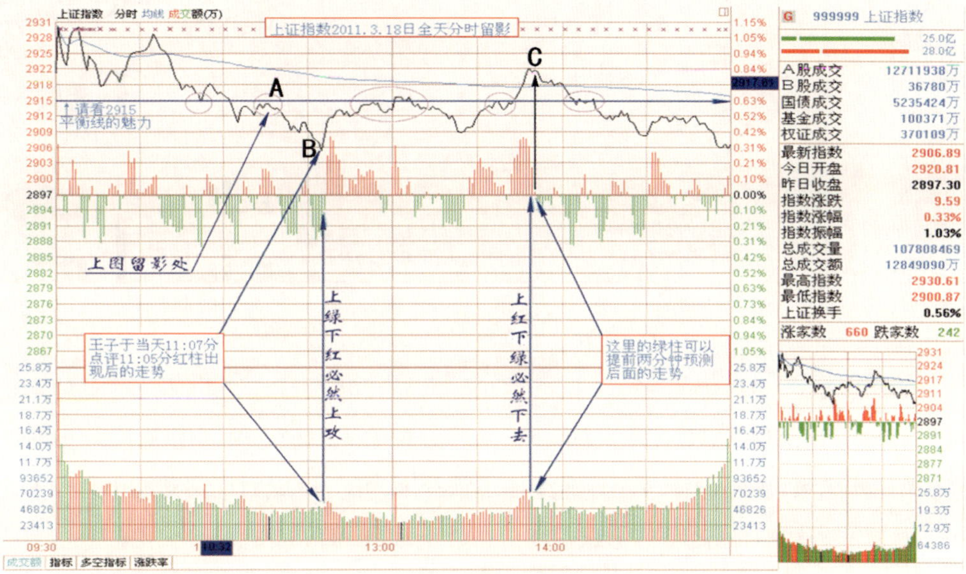

图5-5

图5-5就是图5-2的回头看。图中的C处，即午后13:48分的这根绿柱，就是由红柱瞬间变绿的，其后虽然有一根红柱（13:49分）拦截了一下，但是势单力薄，无法扭转跌势，这里又体现了一个规律，即“单阴不是阴，单阳不是阳”，这一根单阳成不了气候，于是，大盘大江东去，足足延续了45分钟的下降走势。这45分钟的下降走势，就是由这根“瞬变的绿柱”引起的。

事实说明，“瞬变柱”非常关键，它往往是行情转化的节点。若一旦出现“白柱”，说明多空双方的较量进入“白热化”，其较量的结果连计算机也无法判定，只好用“白色”来表示，量学称之为“白热柱”，名符其实。

大家想想，一旦出现了“白热柱”，行情将会向哪个方向运行？谁也不可能知道它会往哪个方向运行！因为，这时的计算机就已经举了“白旗”，我们应该怎么办？我们的最佳策略就是“等一分钟”，下一分钟的颜色自然会告诉我们哪方获胜。

请看图5-6“合金投资2021年5月21日量波留影”：

图5-6

如图所示：

A处：白柱（白底图上显示为黑柱），一分钟后是绿柱，所以连续下跌5分钟，直到B柱才结束下跌。为什么B处能止住下跌？因为B处的绿力柱突然缩小为三分之一，对应的量柱却是红色，“上绿下红，必然上攻”，直达C处。

C处：白柱，一分钟后是绿柱群，“上红下绿，必然下去”，直达D处。

D处：白柱，一分钟后是红柱群，“上绿下红，必然上攻”，直达E处。

E处：白柱，虽然此后一分钟是红柱，但这根红柱缩量为四分之一，并且连续一红一绿一红一绿，第五分钟红力柱突然消失，绿方完胜，所以此处大跌，持续30多分钟才止跌，横盘半小时后，在F处略有回升。

F柱：白柱，一分钟后是绿柱群，看跌。

这个“等一分钟”的策略非常重要！无论看盘或下单，有时候“等一分钟”比“抢一秒钟”更稳妥。图5-6中的5处“白热柱”，都是行情的“拐点”：

C处原势向上时出现“白柱+绿柱”，行情必下；

D处原势向下时出现“白柱+红柱”，行情必上；

E处原势向上时出现“白柱+绿柱”，行情必下。

《伏击涨停》和《量柱擒涨停》中反复强调，“左预判、右确认，等候确认是灵魂。”白柱出现后等一分钟，正是遵循了“等候确认”的规律，帮助许多读者成功逃顶或成功抄底。

为了适时发现或运用“瞬变柱”，建议大家按照下面的图示，从你的看盘软件中调出“红、绿、白”三种颜色。

详见图5-7“调出红、绿、白三种量柱颜色的方法”：

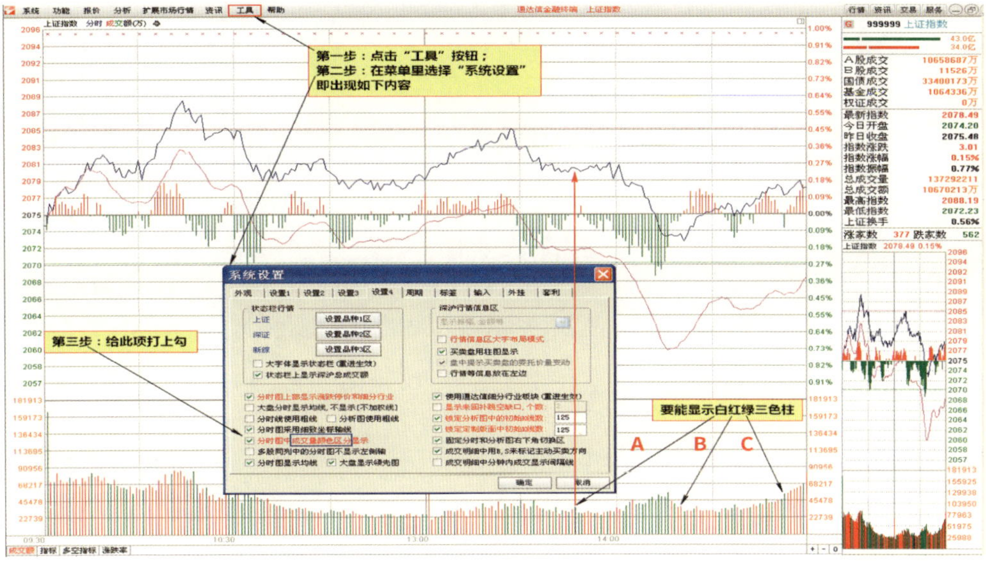
第一步：点击“工具”按钮；
第二步：在菜单里选择“系统设置”
即出现如下内容
系统设置
第三步：给此项打上勾
要能显示白红绿三色柱
A
B
C

图5-7

按照图中的步骤（以“通达信看盘软件”为例）：

第一步：点击“工具”按钮；

第二步：在菜单里点击“设置4”，即出现图中图“系统设置”框；

第三步：在菜单里给“分时图中成交量颜色区分提示”打上勾。

简简单单的三步，就能让我们掌握量波运行的“拐点”。

如图中右下方的提示：A为白量柱（白底图显示为黑色），B为红量柱，C为绿量柱。图中A柱对应的量波在低位，因为“白热柱”后连续两根绿柱，看跌！此后虽有红柱拦截，但是绿力柱越来越密集和增高，所以A柱后面下跌连着跳水。如果你看懂了“白热柱”，即可成功躲过A柱后面半个小时的大跌。

“量波三性”小结：

延时性帮我们提供前瞻，
背离性帮我们指明方向，
瞬变性帮我们确认节点，
力柱消失也是瞬变节点。

股市天经

第 6 章

量波运行的“三维互动”

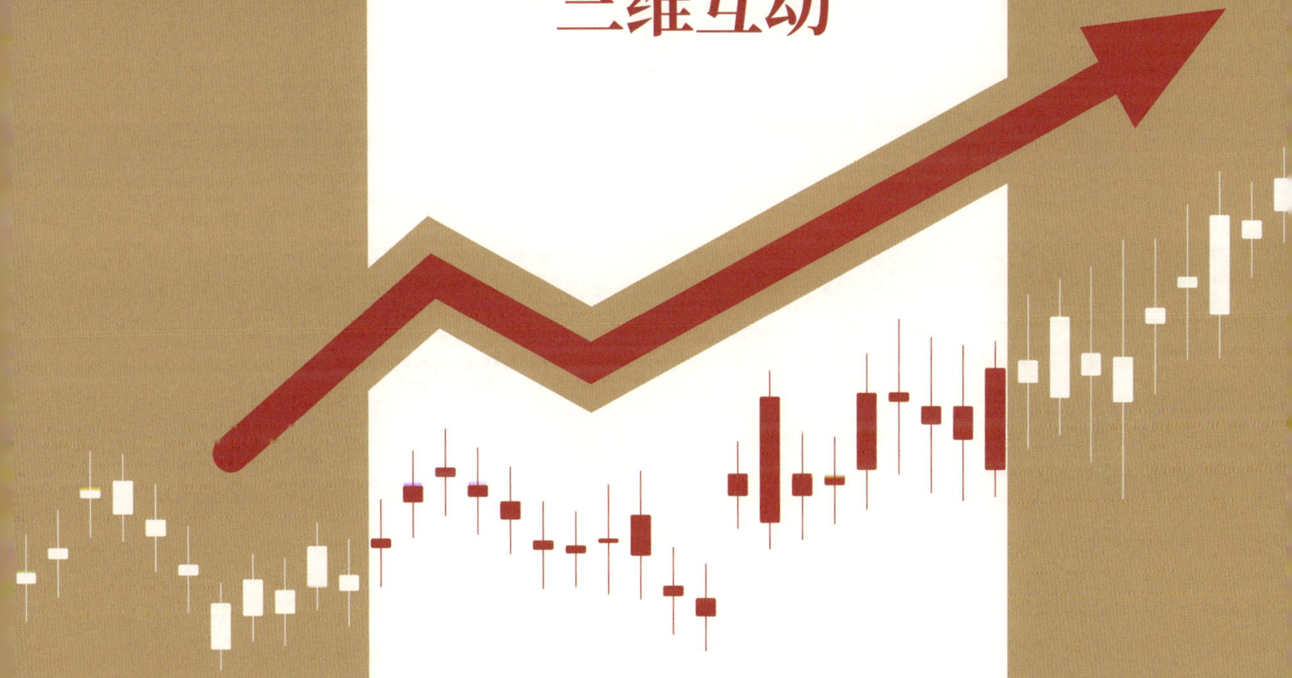

量波的运行，受“三导定律”支配，必然形成“柱、线、波”的“三维互动”。也就是说，量波的运行是“量柱、量线、量波”三个维度互相匹配、互相制约、互相促进的“三维互动”。

第一节

量柱、量线、量波的“三维互动”

请看图6-1“上证指数2015年3月25日量波留影”：

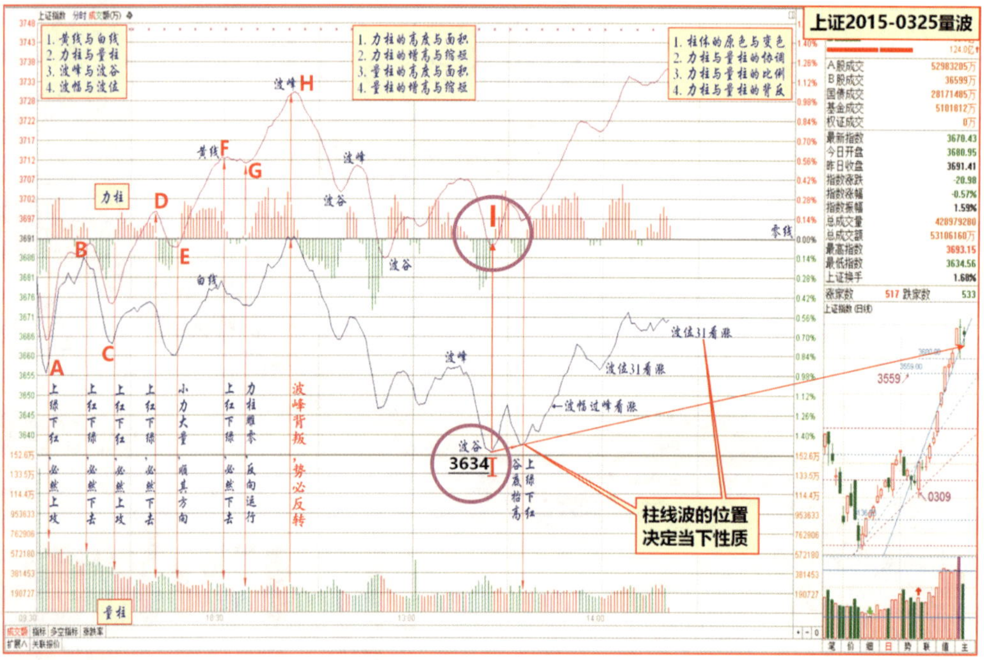

图6-1

如图所示，图中的每一个箭头处都是一个变向变势的节点，其中每个节点的变向变势，都符合量波的“三维互动”运行规律。

先看A处：

柱：绿方力柱是绿的，量柱却是红的，力与量背反，上绿下红，必然上攻；

线：精准回踩3655线，这是盘前预设的下线，即太极线今日当值，有撑力；

波：V型尖角波，急下必上，这是量波的运行规律。

“柱线波”三个维度指向同一个方向，所以此处必涨！

再看H处：

柱：红方力柱高峰处出现叛徒，上红下绿，必然下去；

线：精准抵达3693线，这是盘前预设的中线，即昨日收盘线，有阻力；

波：A型圆角波，上圆必下，市场合力示下，所以此处必跌。

“柱线波”三个维度指向同一个方向，所以此处必跌！

再看I处：

柱：绿方力柱最低处突然缩量五倍，显然绿方出现逃兵，看涨；

线：精准回踩备用下线3634点，即下方缺口实底，看涨；

波：V型尖角波，急下必上，这是量波的规律所决定的！

由此可见，我们看盘操盘，必须通过“柱线波”三维结合来看，千万不要用某一个维度的信号来仓促决定。

第二节

天线、地线、人线的“三维互动”

通常，股市传统理论讲的都是“结构”。“结构”是既定的、稳固的、静态的一种构架，例如房子，它的构架一经形成就是“结构”。但是，股市是动态的、变化的、互动的，“结构”一词则难以解读它的动态本质，股市的量波更加灵活多变，所以只能用“建构”一词来解读。

现在正规幼儿园都抛弃了传统的“游乐室”，建立了崭新的“建构室”，用来培养儿童的动态观察能力和动态建设能力。

由此可见，量波的“建构”，就是在已有的走势中，建立起一个分析理解系统，人们可以用量学的眼光，去拆解走势背后的因由，和由此引发的发展变化脉络，是一种从现状研判未来的动态系统。

量波运行的“三维互动建构”，完美符合上述要求的动态平衡系统。它们往往有如下三种基本“形态”，我们在看盘分析的时候，一定要透过“形”的表象，看懂“态”的内涵。

一、量波的“三维递升”与“正三维建构”

请看图6-2“上证指数2011年2月28日量波留影”：

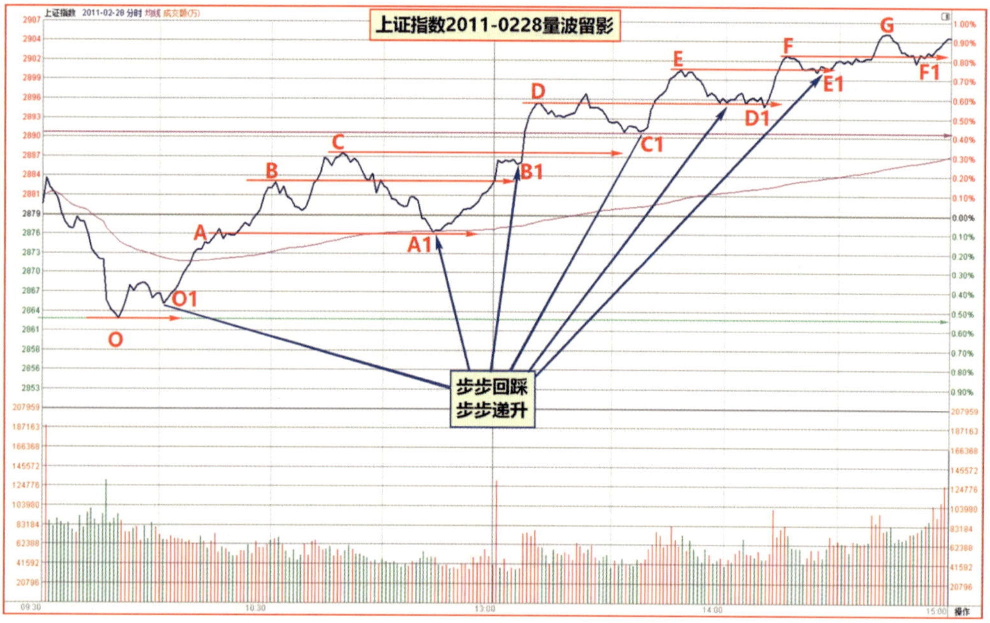

图6-2

如图所示，所谓“三维递升”，就像上台阶一样，是有节奏地逐步攀升。图中全天量波整体呈“三维递升”态势，但是，在量波还没有走出来的时候，怎样预判柱线波会有“三维递升”呢？

“三维递升”有如下几个条件：

第一，从量柱上看，必须分时量柱群红肥绿瘦才能递升（图中从O开始），这样才有支撑量波递升的后劲。这一点和日象的价升量缩有点差别，这里要求价升量跟，协调发展，特殊情况下，量价背离也是机会。

第二，从量线上看，必须回踩重要的平衡线（图中O1、A1、C1），我们将盘前三线移植到分时图上，才能在变幻莫测的走势中，准确把握其运行的方向和节奏。如何选点画线，如何移植平衡线，详见相关章节。

第三，从量波上看，必须要有回踩平衡线的拐点出现（图中O1、A1），回踩越精准，表明主力的运作越正常，不回踩的，或者不能形成十字架的，就有隐患，甚至可能是陷阱。

第四，从操作上看，人线为王，人线是我们操盘的行为中枢，也就是决定如何操盘的神经中枢。只有站稳人线后的拐点才是最好的介入机会(图中A1最好)，B1、C1、D1、E1、F1点，都是回踩介入的最佳时机。

再看图6-3“开开实业2014年5月21日量波留影”：

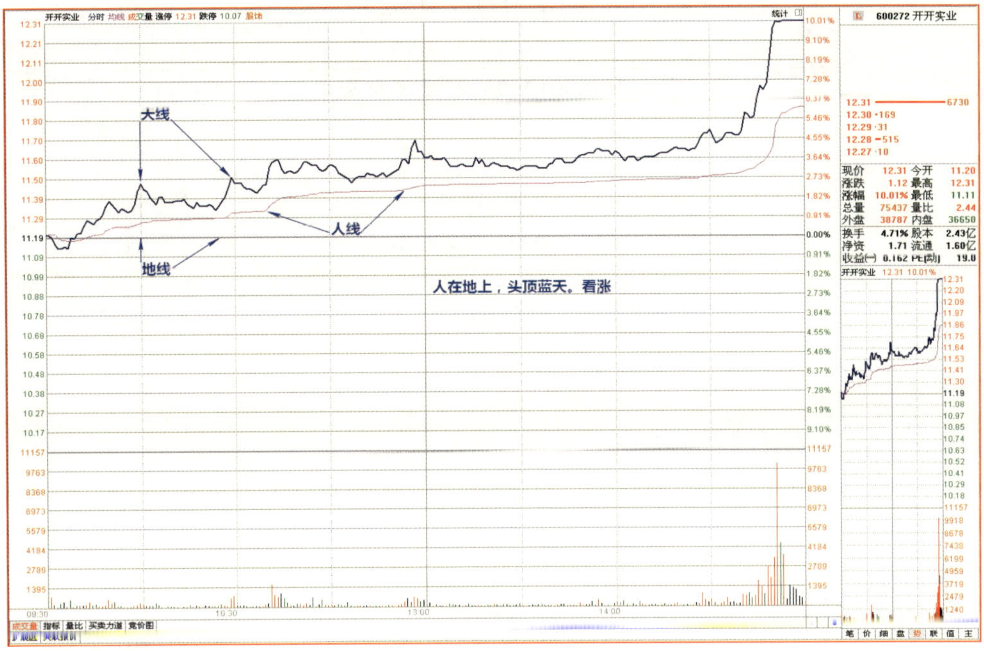

图6-3

如图所示：“天线”在上、“人线”居中、“地线”在下，形成了“天人地”组合的“正三维建构”。这种建构，就好比一个人，头顶蓝天，脚踩大地，顶天立地，正气昂扬，后势必然看涨。

“正三维建构”告诉我们：

你的股票如果开盘后的半小时左右出现“正三维建构”，只要中途不出叛徒，一般看涨；或者早盘不好，只要午后或尾盘出现“正三维建构”，一般也可看涨；一不小心，还可能出现涨停板。

“三维递升”与“正三维建构”是相辅相成的。我们用“正三维建构”的眼光来看图6-3，可以发现一个秘密：其量波表象是“正三维建构”，但其内部机制则是“三维递升型”。

二、量波的“三维递降”与“倒三维建构”

所谓“倒三维建构”，其天线、人线、地线的排列组合，正好与“正三维建构”相反，形成“地人天”的建构。

请看图6-4“昌红科技2014年5月21日量波留影”：

图6-4

如图所示：“地线”在上、“人线”居中、“天线”在下，形成了“地人天”的三维建构。这种建构，就好比一个人，倒头而立，四脚朝天，狼狈不堪，后势必然看跌。

“倒三维建构”告诉我们：

如果你的股票在开盘后半小时或一小时左右呈现倒三维建构，最好是择机出货，一不小心，可能有跌停板伺候。

“倒三维建构”的内部机制是“三维递降”。所谓“三维递降”，就是像下台阶一样，有节奏地逐步回落，形成“倒三维建构”。

请看图6-5“上证指数2011年3月10日量波留影”：

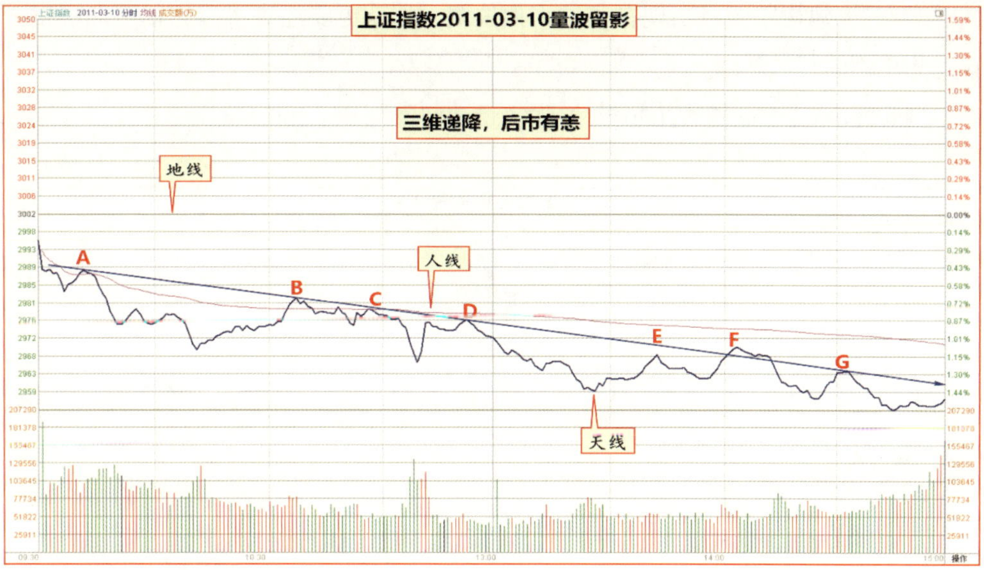

图6-5

如图所示：图中全天量波整体呈“三维递降”态势，但是，在量波还没有走出来的时候，怎样预判柱线波出现“三维递降”呢？

“三维递降”有如下几个条件：

1.从量柱上看，凡是分时量柱绿肥红瘦时，其后走势不容乐观；绿柱的面积总是大于红柱面积时，即使红柱稍有增长，也会被更大的绿柱拦截。

2.从量线上看，凡是重要的平衡线上，遇到两次以上受压回落的“低头点”，后势看跌。三线中尤以中线受压时最为明显。

3.从量波上看，凡是左侧量波的波谷，都是右侧量波的波顶时，后势看跌，即使有稍稍向上的突破，也不会改变其下跌的趋势。

4.从操作上看，中线依然是操作中枢，凡是第二次冲击中线而不过的“低头点”都是出货良机。而“三线递升”与之相反，凡是第二次（二号战法）回踩中线的“抬头点”都是进货良机。

再看图6-5中所示：每个高点都低于前高，高点不高，三维递降，肯定后市有差。此后上证指数连续下跌8天，稍稍拉起后，但4月22日、4月25日、4月26日又出现这种三维递降建构，引发了760点大跌。所以我们一定要防范“倒三维”的“三维递降”建构。

“倒三维建构”一旦出现在高位平顶位置，那就更要注意了，它很可能引发一场意想不到的狂风暴雨。

请看图6-6“上证指数2020年12月2日量波留影”：

图6-6

如图所示，开盘倒三维，接近午时有点反抽，但远离人线超过4G的标准，马上回落，至尾盘都是懒洋洋的走势。上图次日（12月3日），是“倒三维建构”；上图再次日（12月4日）又出现“假阳真阴”。

凡是连续两天或三天出现“倒三维建构”，我们就要高度注意大跌或将来临。为了帮助大家及时躲过大跌，王子特意在2020年12月4日收评时发布了“友情提示”，全文如下：

今天八只妖股集体跌停，给我们拉响了警报！当前的选股操盘一定要按照量学标准来。选股一定要回避“三高”，高位高量高价的妖股还会有大跌，我们量学提倡的“三低三有”是选股法宝，操盘一定要按照量学标准，该进就进，该出就出，不要抱有任何幻想。特别是将近年关的时候，许多庄家要兑现结账，我们千万不要做他们的接盘侠。

此后上证指数连续下跌8天，有些个股竟然连续8天跌停。

三、量波的“三维混合”与“混三维建构”

“混三维建构”是前面两种三维建构的排列组合。一般情况下，先是“倒三维”，然后逆转为“正三维”；也有先是“正三维”，然后逆转为“倒三维”；更多的则是三维混搭，排列紊乱。

请看图6-7“合纵科技2021年4月2日量波留影”：

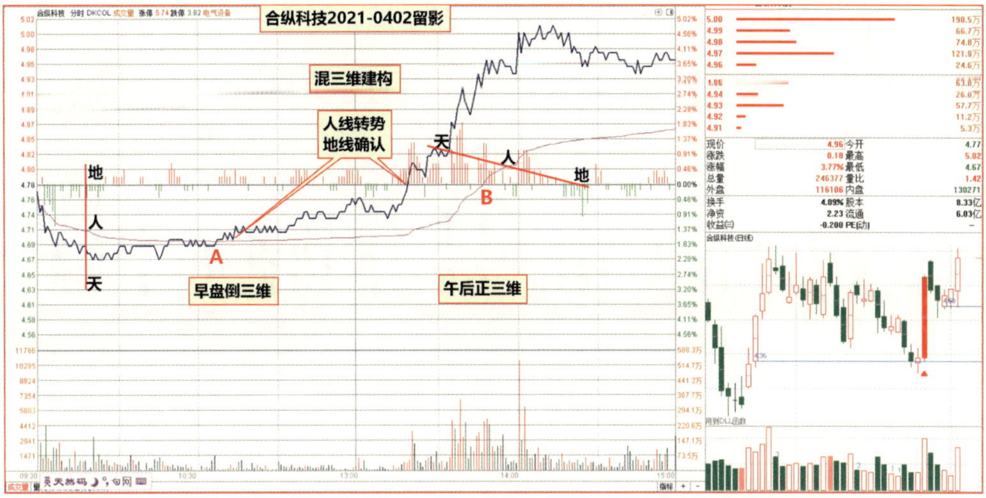

图6-7

如图6-7所示：该股的三线排列有两种顺序，早盘是倒三维，但在A处天线穿过人线之后，成功转势；午后人线在B点穿过地线，确认并形成正三维建构。

“混三维建构”告诉我们：

“先倒后正”的股票，主力一般较强，有扭转乾坤之力；

“先正后倒”的股票，主力一般软弱，有力不从心之状；

“三维紊乱”的股票，主力一般较弱，有控盘不够之态。

无论谁先谁后，人线是“混三维建构”的主心骨，只要人线能够抬头，一般可以扭转乾坤，甚至实现超级大逆转。

请看图6-8“上证指数2012年5月8日留影”：

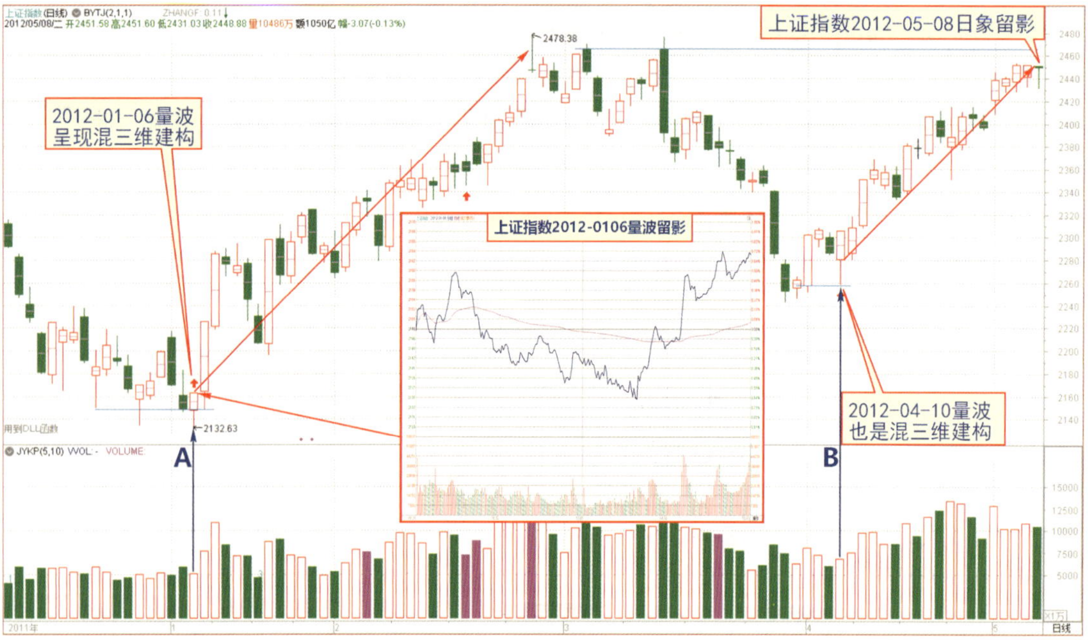

图6-8

图6-8是在上证指数2012年5月8日留影上叠加了2012年1月6日的量波图，详见图片正中间的量波小图。图中可见，两点之前是倒三维，两点之后逆转为正三维。

这里请注意一个要点：

凡是午后或两点左右发生逆转的混三维上行建构，主力是有实力的，我们一定要认真考察其位置，再来预判其后势。

例如图6-8中的A柱（2012年1月6日），是大跌后企稳日，A柱缩量盖全阴，是强势极阴次阳，呈现混三维逆转，日后大涨；

再如图6-8中的B柱（2012年4月10日），也是左侧大跌后企稳，B柱长腿精准回踩左侧大阳实底，呈混三维逆转，日后大涨。

再看一种情况，见图6-9“上证指数2011年3月11日量波留影”：

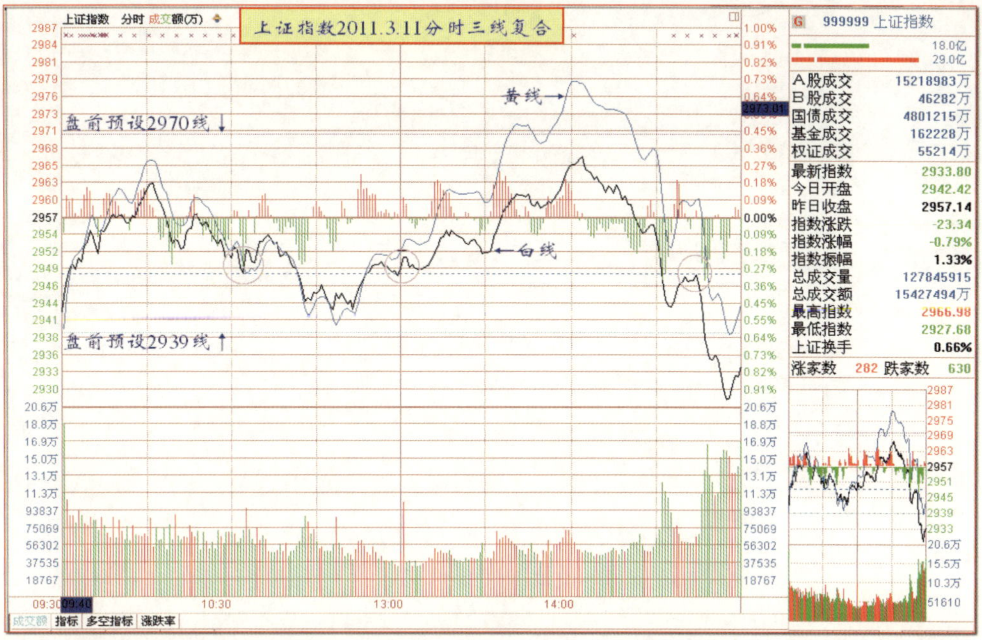

图6-9

该股以午盘为界，发生了两次“先上后下”的三维逆转，并且盘中创了新低。根据前面讲过的基本原理，该股午后两点刚过，黄白二线敞口加大，且波幅逐步加大，该股后市是看跌还是看涨？答案是后市看跌！

我们盘前预设的上线是2970，当时的指数高点是2967，我们应该怎么办？

不过上线，择机卖阳！

由此可见，量波可以在每日两点半的黄金时段，为我们提供次日走势预判。正因为如此，我们要求量学特训班的同学，要学会在每日两点半左右对次日行情作出提前预判，在关键位置，作出进出决策。

例如上图中，我们盘前预设的下线是2939，尾盘跌破此线，立刻出货就能躲过这场大跌。三维建构结合上下预警线，是判定“进出”的有力工具。

下面送给大家四句话：

穿过上线，持股待涨；

不过上线，择机卖阳；

跌破底线，拔腿就跑；

守住底线，择机建仓。

第7章

量波运行的“四步攻防”

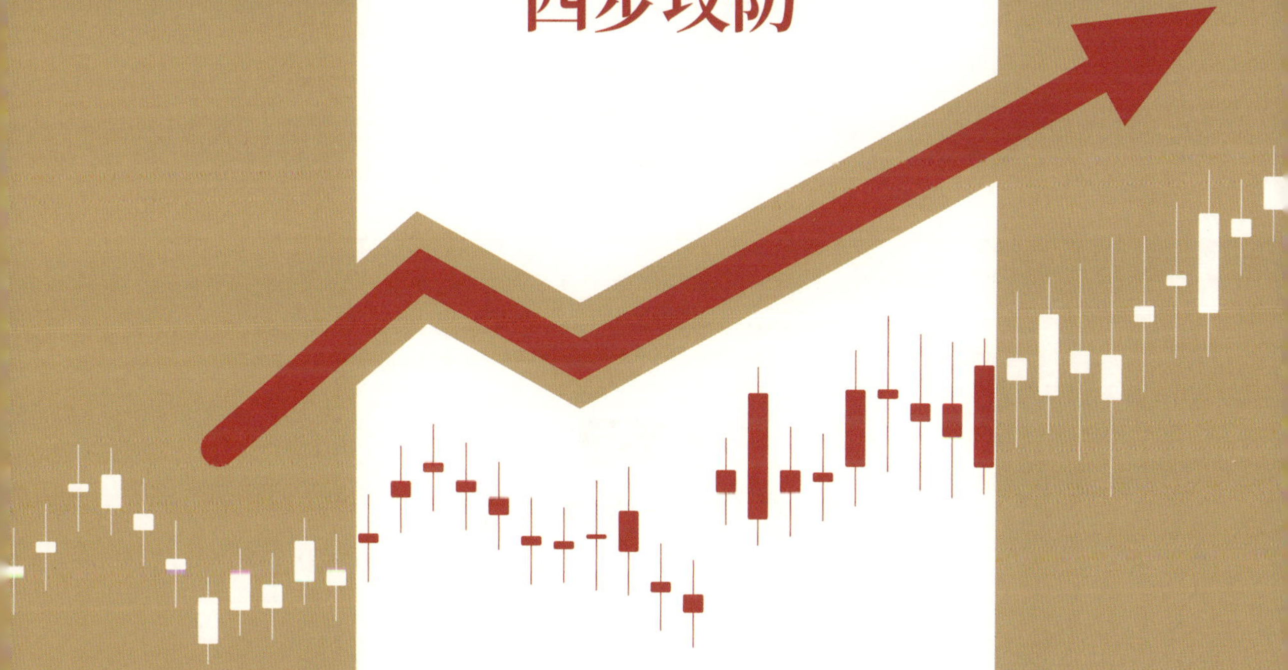

全球股市流行的“艾略特波浪理论”由五波上升和三浪下跌构成，造就了成千上万个“数浪专家”，但在实际使用中，这一千专家就有一千种波浪，这种“千人千浪”的情况正好验证了波浪理论不科学、不实用的问题。

而量学的“四步攻防”，借助量学“3121标尺”，一千个人画出的攻防建构图完全一样，避免了“千人千浪”的不良后果，为读者准确把握市场攻防节奏，提供了一套科学实用的工具。

请看图7-1“量波四步攻防示意图”：

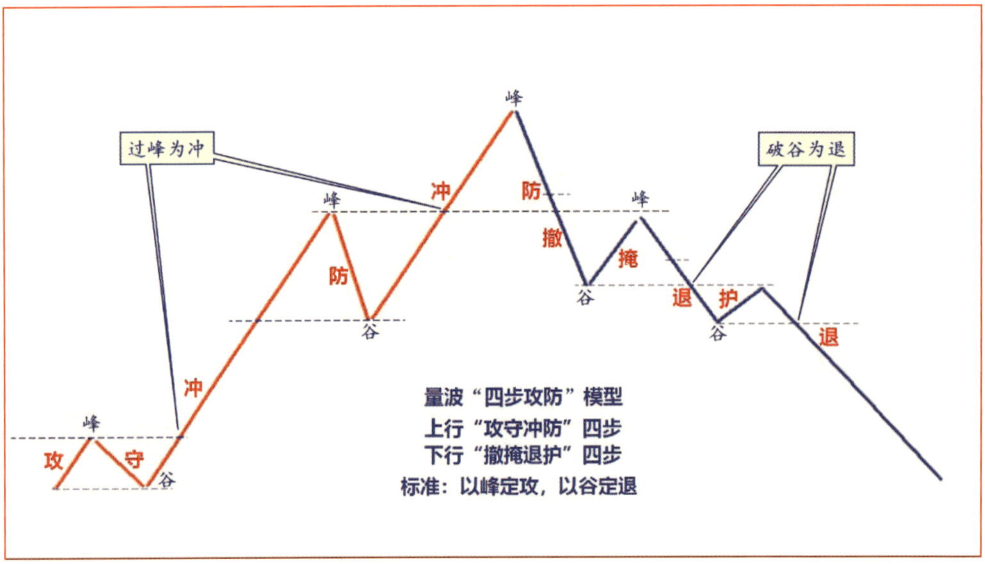

图7-1

第一节

量波“四步攻防”法则

1. 波向：上行为“攻守冲防”四步、下行为“撤掩退护”四步。

2. 标准：上行为“涨过左峰”为标、下行以“跌破左谷”为标。

3. 上行四步是：

第一步：上行不过左峰为“攻”，

第二步：下行不破左谷为“守”；

第三步：上行突破左峰为“冲”，

第四步：下行不破左峰为“防”。

4. 下行四步是：

第一步：下行跌破左峰为“撤”，

第二步：上行不过左峰为“掩”；

第三步：下行跌破左谷为“退”，

第四步：上行不过左谷为“护”。

请看图7-2“上证指数2010年11月19日量波留影”：

图7-2

如图所示“下行四步攻防”是：

A—B段：下行未破左谷B为撤；

B—C段：上行未过左峰A为掩；

C—D段：下行已破左谷B为退；

D—E段：上行未过左谷B为护；

E—F段：下行已破左谷D为退；

F—G段：上行未过左谷D为护；

G—H段：下行已破左谷F为退；

H—I段：上行未过左谷F为护。

下行的常态应该是“撤掩退护”四个节奏，但本例从E—F段开始，只有“退护退护”这两个节奏，省略了“撤掩”两个节奏，所以下行加速。

I—J段：上行已过左峰J为冲，出现“变波”。

J—K段：下行未破左谷G为防；

K—L段：上行已过左峰E为冲；

L—M段：下行未破左峰E为防；

M—N段：上行已过左峰L为冲。

上行的常态应该是“攻守冲防”四个节奏，但本例从I—J段开始，只有“冲防冲防”这两个节奏，省略了“攻守”两个节奏，所以上行加速。

第二节 日象“四步攻防”模型

根据量波三律第一规律“日象传导律”，可以参考“日象的四步攻防”，来看“量波的四步攻防”，因为二者的攻防节奏是一样的，所以我们下面以日象的攻守冲防为例，让大家看得更加清楚。

请看图7-3“华昌达2014年6月6日四步攻防模式”：

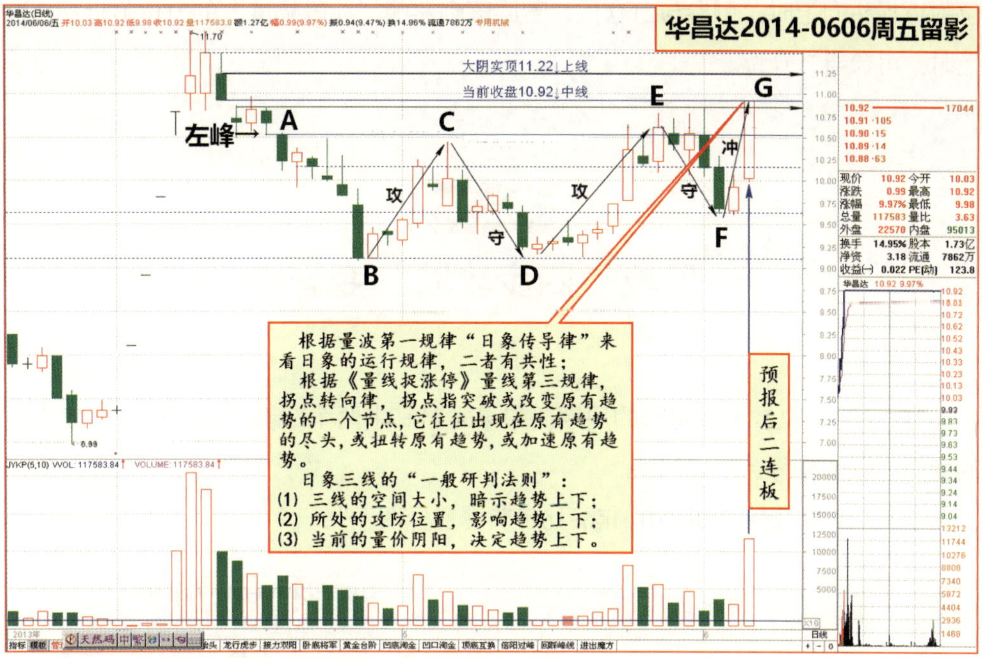
华昌达2014-0606周五留影
大阴实顶11.22↓上线
当前收盘10.92↓中线
左峰→
A
B
C
D
E
F
G
攻
守
攻
守
冲
根据量波第一规律“日象传导律”来看日象的运行规律，二者有共性；
根据《量线捉涨停》量线第三规律，拐点转向律，拐点指突破或改变原有趋势的一个节点，它往往出现在原有趋势的尽头，或扭转原有趋势，或加速原有趋势。
日象三线的“一般研判法则”：
(1) 三线的空间大小，暗示趋势上下；
(2) 所处的攻防位置，影响趋势上下；
(3) 当前的量价阴阳，决定趋势上下。
预报后二连板

图7-3

如图所示：

B—C段：上行未过A峰为攻；

C—D段：下行未过B谷为守；

D—E段：上行未过A峰为攻；

E—F段：下行未破D谷为守；

F—G段：上行已过E—A峰为冲！

攻：第一波“攻段”上行，不参与或少参与，因为往往在攻击左峰受阻时应该出货；但若回落到“攻段幅度”的上31位拐头向上时，可参与31仓位。第二波“攻段”上行，可参与31仓位，在过左峰后进入冲段，可参与21仓位。

守：第一波“守段”下行，不参与或少参与，若回落到左侧“攻段幅度”的31位拐头向上时，可参与21仓位；若回落到左侧“攻段幅度”的21位横盘拐头向上时，可参与31仓位。

冲：第一波“冲段”上行，可参与21仓位，若上行受阻于左侧相应“攻段幅度”的31位回头时，应该出货；若上行超过左侧相应“攻段幅度”的31位时，可参与21仓位。

防：第一波“防段”下行，不参与或少参与，若回落到左侧“冲段幅度”的31

位附近拐头向上时，可参与21仓位；若回落到左侧“冲段幅度”的21位附近拐头向上时，可参与31仓位。

第三节
日象“四步攻防”变异

“攻守冲防”是一个完整的周期，如果省略其中两个节奏，原周期就会发生质的变异，原节奏将会成倍加快。

请看图7-4“青松建化2014年6月6日节奏变异图示”：

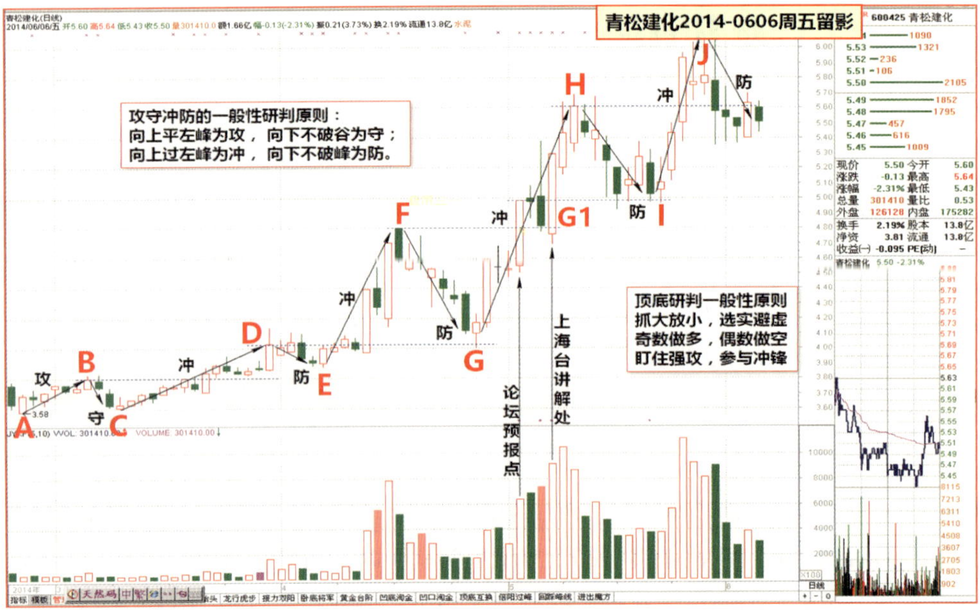
青松建化2014-0606周五留影
攻守冲防的一般性研判原则：
向上平左峰为攻，向下不破谷为守；
向上过左峰为冲，向下不破峰为防。
顶底研判一般性原则
抓大放小，选实避虚
奇数做多，偶数做空
盯住强攻，参与冲锋
A
B
C
D
E
F
G
G1
H
I
J
攻
守
冲
防
论坛预报点
上海台讲解处

图7-4

如图所示：AB段为攻、BC段为守、CD段为冲、DE段为防，这是一个完整的“攻守冲防”周期，循规蹈矩、四平八稳，但是从EF段开始，节奏发生了变异：CD段为冲、DE段为防、EF段为冲、FG段为防、GH段为冲、HI段为防。左侧是“攻守冲防”，右侧是“冲防冲防冲防”。

节奏一变，涨幅就变！所以王子才敢在上海电视台的实盘解盘中预测：在G1刚刚过左峰F处点评该股将有中到大阳出现。果然当天逆市涨停。

简简单单的“四步攻防”，标准严谨，节奏分明，可以轻松研判任何行情。

请看图7-5“盐湖股份2014年6月6日撤掩退护示意图”：

图7-5

“撤掩退护”也是一个完整的周期，如果省略其中两个节奏，原周期就会发生质的变异，原节奏将会成倍加快。所以，变异是最可靠的信号。

如图所示，该股进入“撤掩退护”模式后，从CD段开始，进入“退护退护退护”模式，跌幅自然加大，直到IJ段才进入“乒乓球落地渐弱模式”。最后，才可能进入“攻守冲防”模式。

第四节

日象“四步攻防”全图

将“攻守冲防”与“撤掩退护”组合起来，就是“四步攻防全图”。

请看图7-6“唐山港2014年6月6日四步攻防全图”：

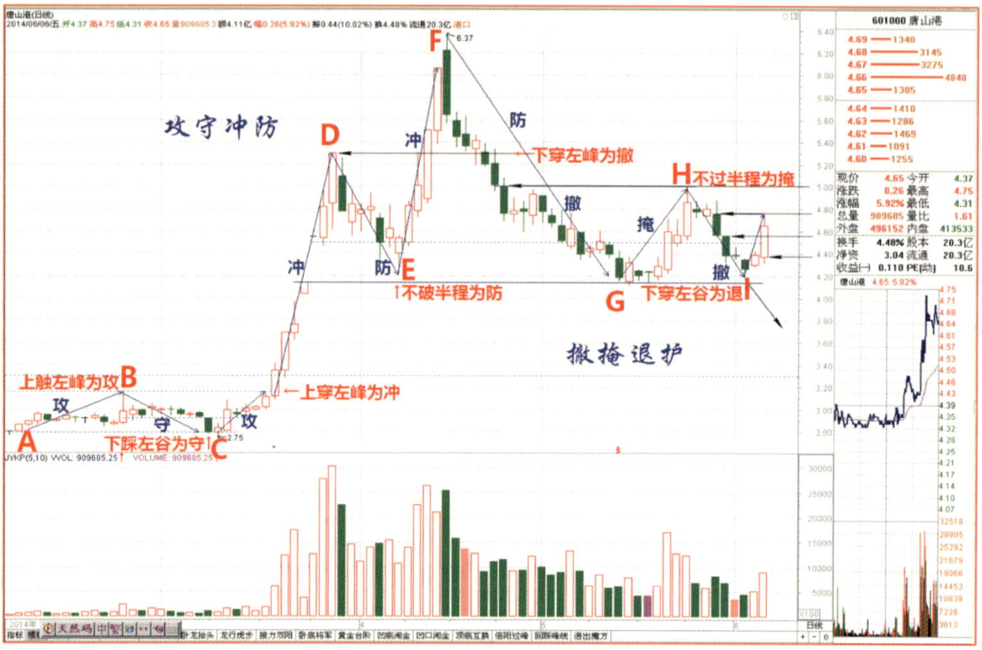

图7-6

如图所示：A—F段为“攻守冲防”；F—I段为“撤掩退护”。

“攻守冲防”的研判原则是：上行不过左峰为攻，下行不破左谷为守；上行突破左峰为冲，下行不破左峰为防。

“撤掩退护”的研判原则是：下行跌破左峰为撤，上行不过左峰为掩；下行跌破左谷为退，上行不过左谷为护。

图的标注中增加了“量学3121标尺”的运用（“半程”即“二一位”；“三分位”即“三一位”），使“四步攻防”的预判性更强，

需要说明的是：量学要求用同一时间、同一特征、同一效果来验证其科学性和实用性。以上图7-3至图7-6四图全部取自2014年6月6日的日象图。因此，日象的波段，必须用量学的3121标尺来刻画，于是就有了“攻守冲防、撤掩退护”的操盘标准。

第五节

量波“四步攻防”详解

看懂了日象的“四步攻防”，再来看量波的“四步攻防”就相当容易了。

请看图7-7“上证指数2016年10月18日量波详解”：

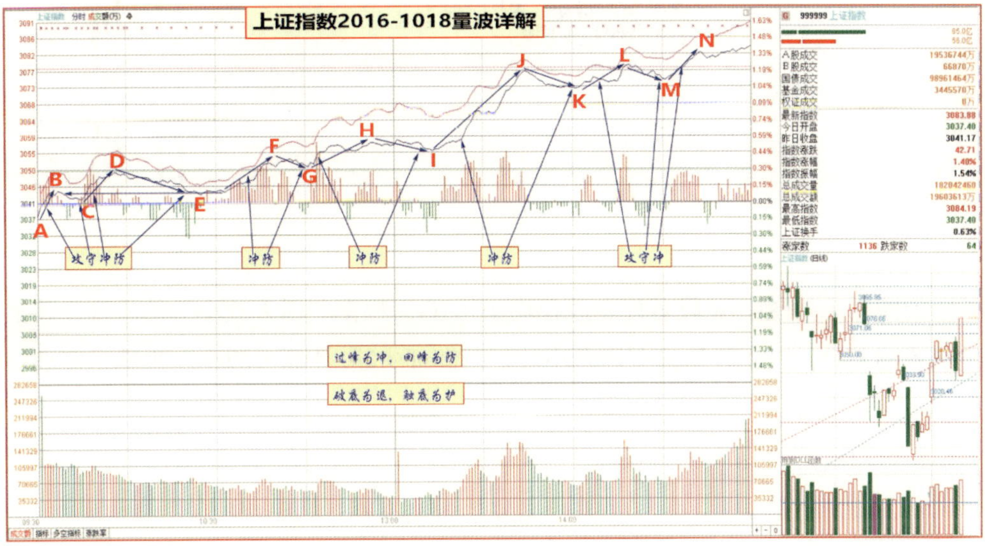

图7-7

如图所示：A—B—C—D—E是一个完整的“攻守冲防”周期，但从EF段开始，变成了“冲防冲防”周期，所以涨势越走越好。这种量波就是飘龙，其后走势将相当可观。为更进一步增加四步攻防的准确性，本技术提出了“抓大放小”的研判原则，即波幅小于1G的波折不列入“四步序列”。

请看图7-8“上证指数2021年5月14日量波详解”：

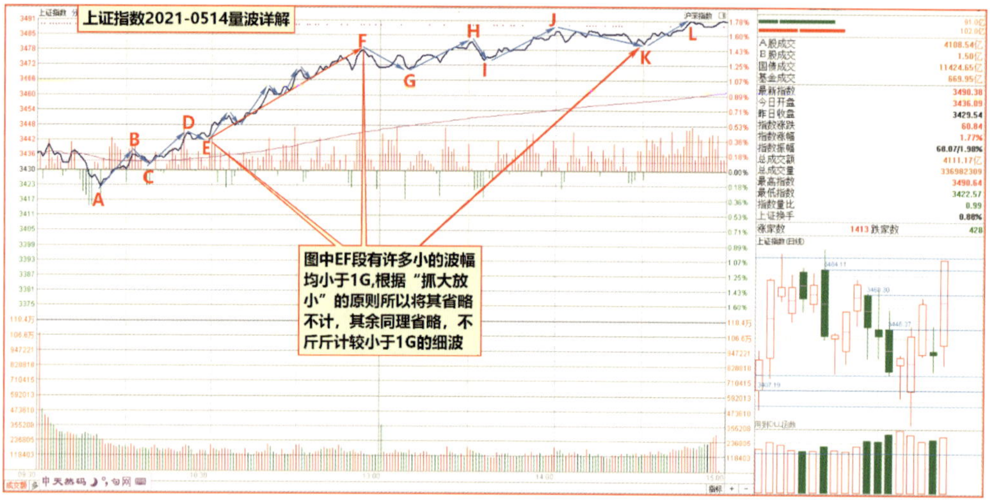
上证指数2021-0514量波详解
A
B
C
D
E
F
G
H
I
J
K
L
图中EF段有许多小的波幅
均小于1G,根据“抓大放
小”的原则所以将其省略
不计，其余同理省略，不
斤斤计较小于1G的细波

图7-8

如图所示：图中EF段有许多波幅均小于1G，根据“抓大放小”的原则，将其统统省略不计，F—L区间也有许多小波折，同理省略。“抓大放小”也就是不要计较小于1G的波幅。

记忆口诀如下：

抓大放小，选实避虚；

奇数做多，偶数做空；

盯住强攻，参与冲锋。

所述“抓大放小”是指：在日象图中划分攻、守、冲、防、撤、掩、退、护八个波段时，对于个股小于2个点的小波段或大盘小于10个点的小波段可以忽略不计。

所述“选实避虚”是指：实就是指实体（指开盘价或收盘价），虚就是指虚体(指最高价或最低价)；优先选择开盘价或收盘价作为分析依据，避开最高价与最低价形成的假象对股市分析带来的误导。

所述奇数做多是指：攻、冲操作时大量买入。把“攻守冲防”用1234的四个节奏来代替，单数就是奇数，双数就是偶数。

所述偶数做空是指：守、防操作时将持有股份清仓。把“攻守冲防”用1234的四个节奏来代替，单数就是奇数，双数就是偶数。

所述“盯住强攻”是指：位于强波段的冲段操作。量学的“攻守冲防”有四个波段，“冲”即“强波段”简称“强攻”，可以改称“强冲”。

所述“参与冲锋”是指：多参与强波段的冲段操作。就是参与“攻守冲防”的

“冲”段，和前面的“盯住强攻”的“强攻”是一个意思，可以改称“参与冲段”。

需要说明的是，向下不过半程为护，这里半程指的是二一位。这里的半程，指的是当前左侧整个波段的二一位。研判个股时用实体的二一位，研判指数时用虚体的二一位。

第 8 章

量波判势的“十大规律”

凡是科学规律，一定由正反两个方面组成，例如，数学中的“加法与减法”“乘法与除法”“平方与开方”。量波的运行也有正反两个方面，总结前面讲到的量波特性和表现方式，主要有如下“十大规律”：

规律一：上红下绿，必然下去（力与量的辩证）

详见图8-1“上证指数2014年3月6日量波留影”及标注：

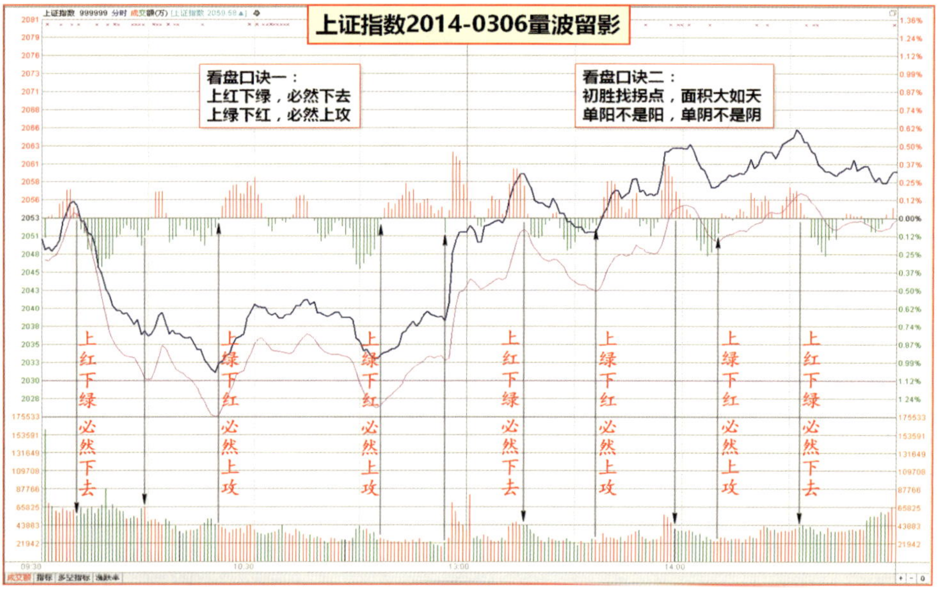

图8-1

再看图8-2“川润股份2021年4月9日量波留影”及图中标注：

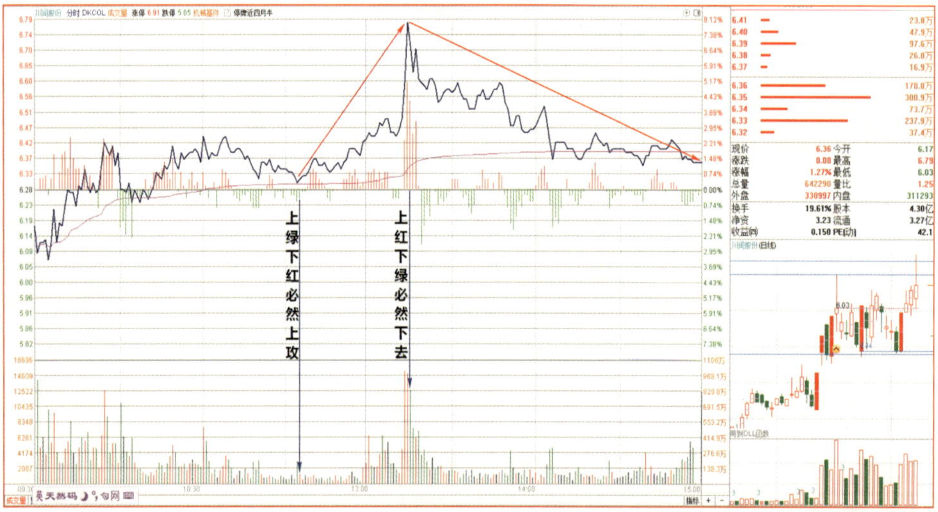

图8-2

规律二：上绿下红，必然上攻（力与量的辩证）

详见图8-3“上证指数2014年5月21日量波留影”及图中标注：

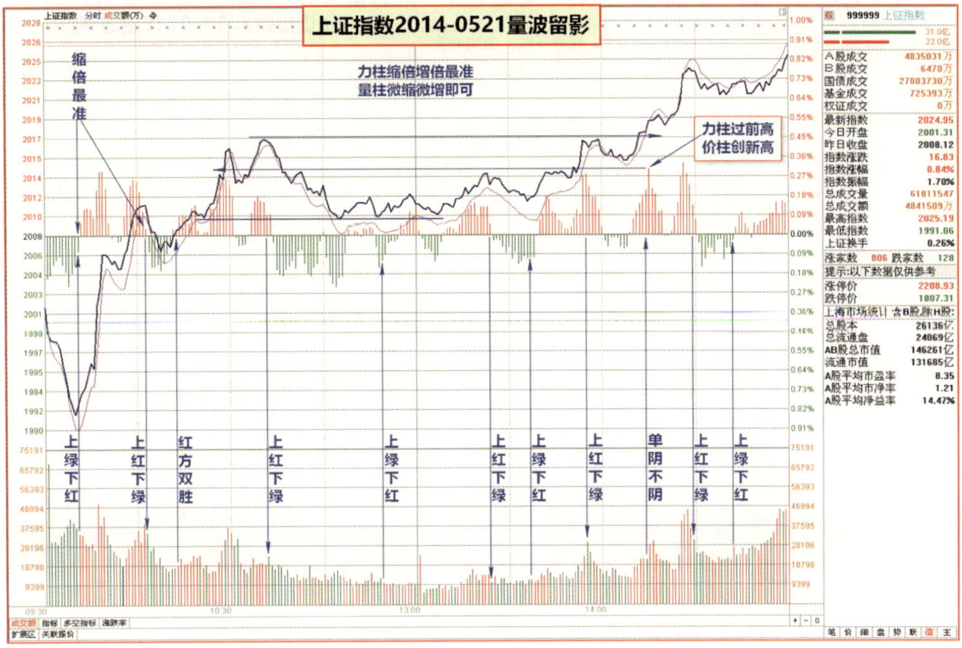

图8-3

再看图8-4“通用电梯2021年4月9日量波留影”及图中标注：

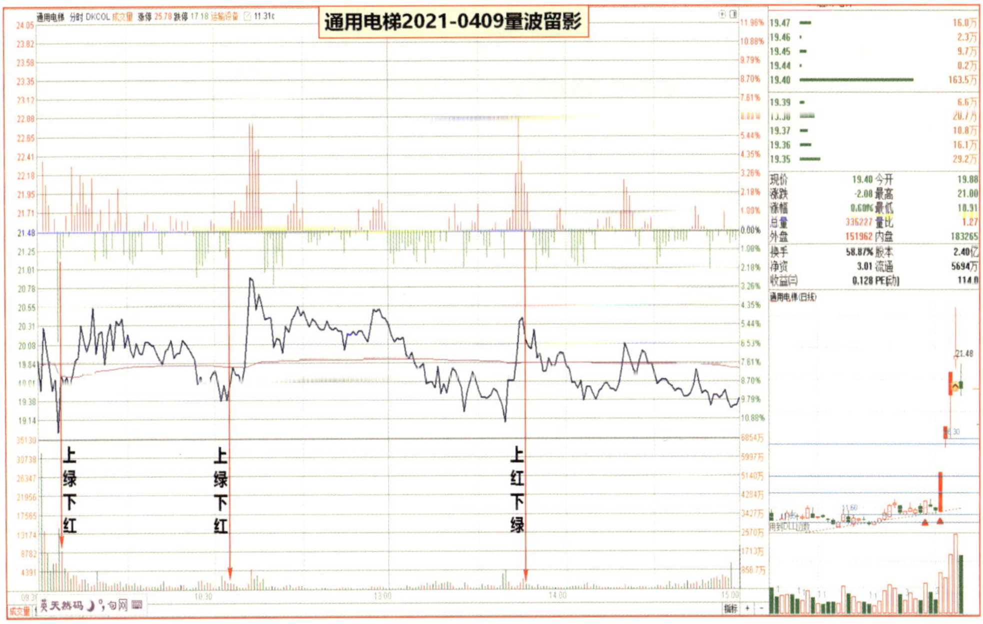

图8-4

规律三：双峰不过，后势必落（波与峰的辩证）

请看图8-5“上证指数2014年7月18日量波留影”及图中标注：

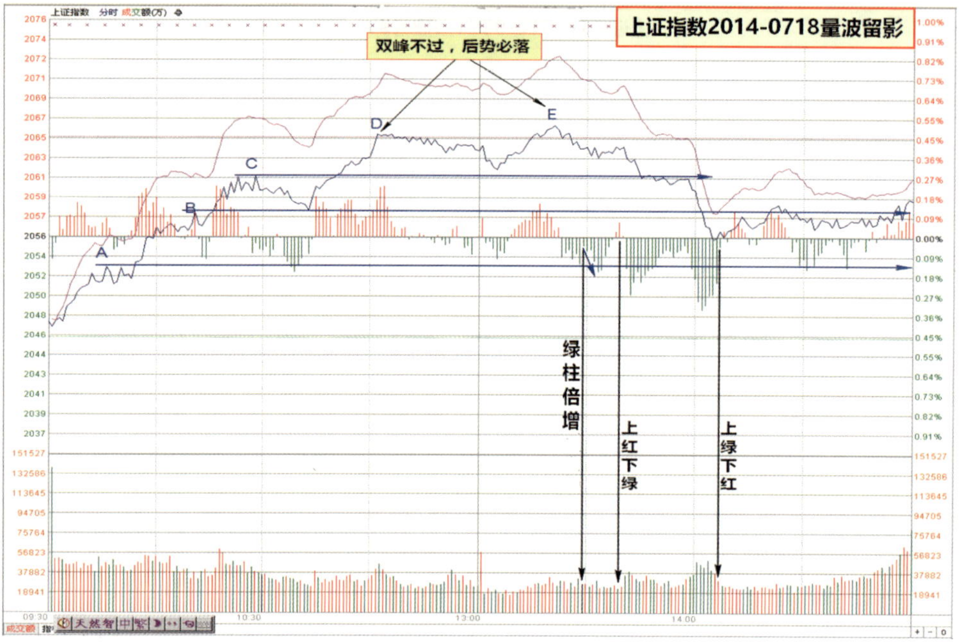

图8-5

再看图8-6“上证指数2018年10月15日量波留影”及图中标注：

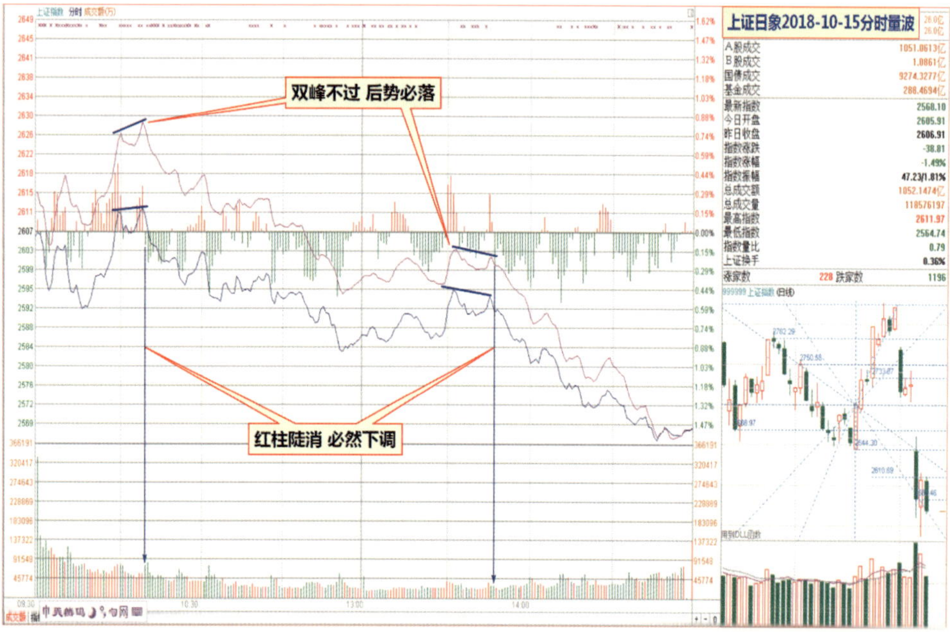

图8-6

规律四：波峰张扬，后势有恙（波与峰的辩证）

请看图8-7“上证指数2014年8月1日量波留影”及图中标注：

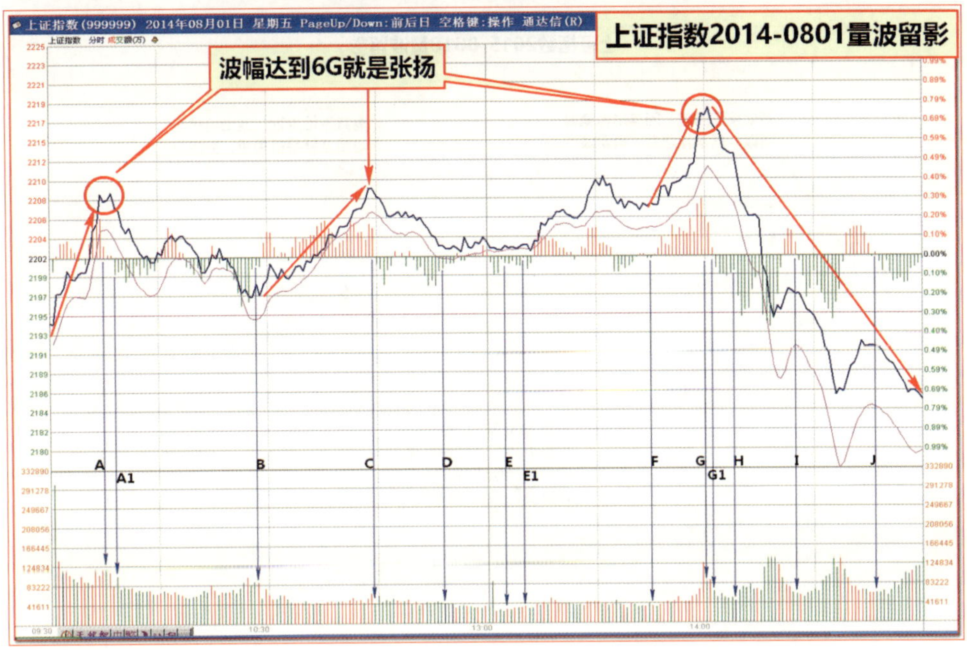

图8-7

再看图8-8“南京熊猫2021年5月19日量波留影”及图中标注：

图8-8

规律五：高点不高，必然回调（量波高低辩证）

请看图8-9“上证指数2015年6月18日量波留影”及图中标注：

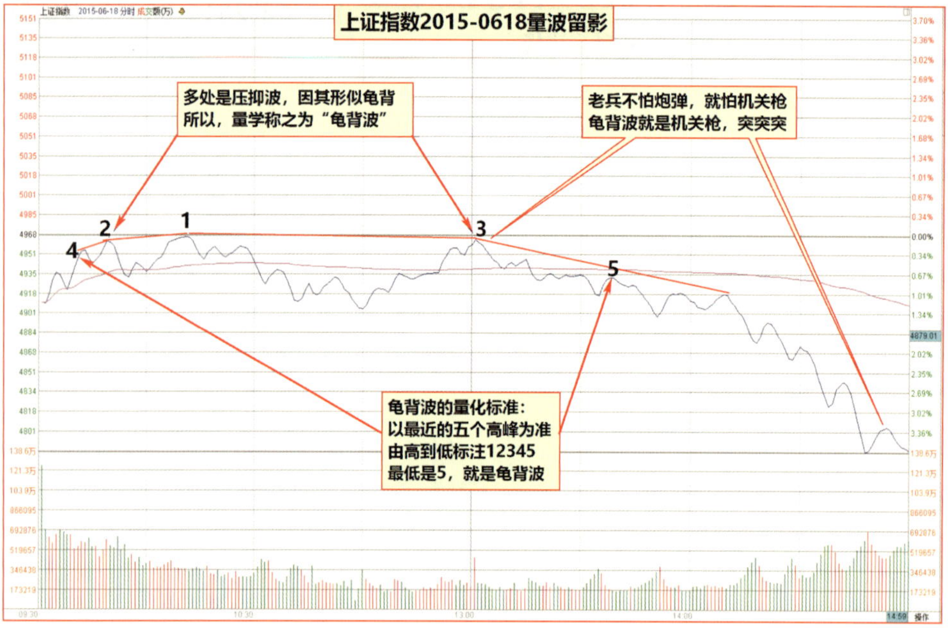
上证指数2015-0618量波留影
多处是压抑波，因其形似龟背
所以，量学称之为“龟背波”
老兵不怕炮弹，就怕机关枪
龟背波就是机关枪，突突突
1
2
3
4
5
龟背波的量化标准：
以最近的五个高峰为准
由高到低标注12345
最低是5，就是龟背波

图8-9

再看图8-10“新天绿能2021年4月9日量波留影”及图中标注：

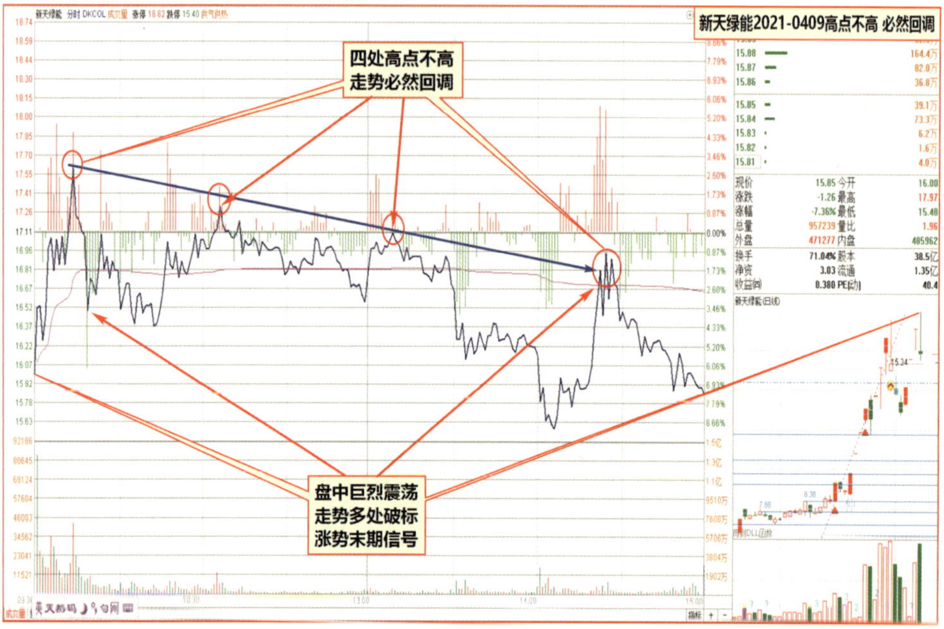
新天绿能2021-0409高点不高 必然回调
四处高点不高
走势必然回调
盘中巨烈震荡
走势多处破标
涨势末期信号

图8-10

规律六：低点不低，必然上去（量波高低辩证）

请看图8-11“浙江富润2015年9月30日量波留影”及图中标注：

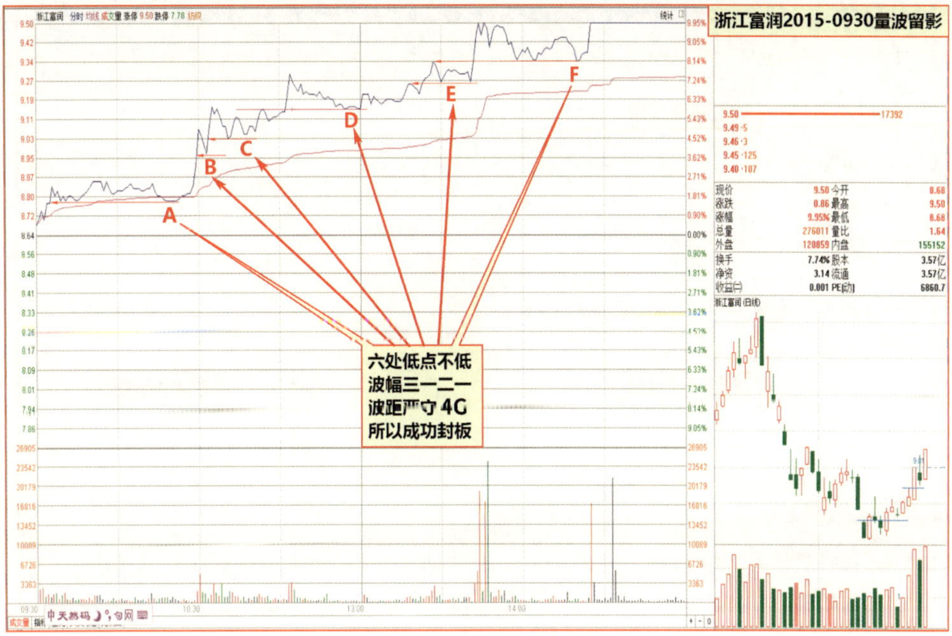

图8-11

再看图8-12“昆百大2017年7月26日量波留影”及图中标注：

图8-12

规律七：双线和谐，趋势不歇（黄白双线辩证）

请看图8-13“上证指数2014年9月19日量波留影”及图中标注：

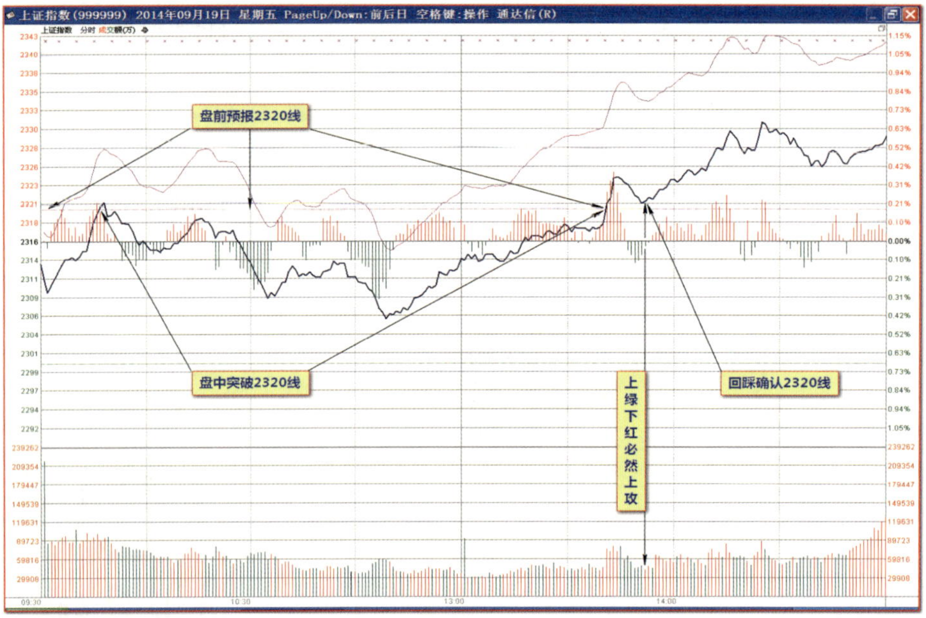

图8-13

再看图8-14“上证指数2019年2月25日量波留影”及图中标注：

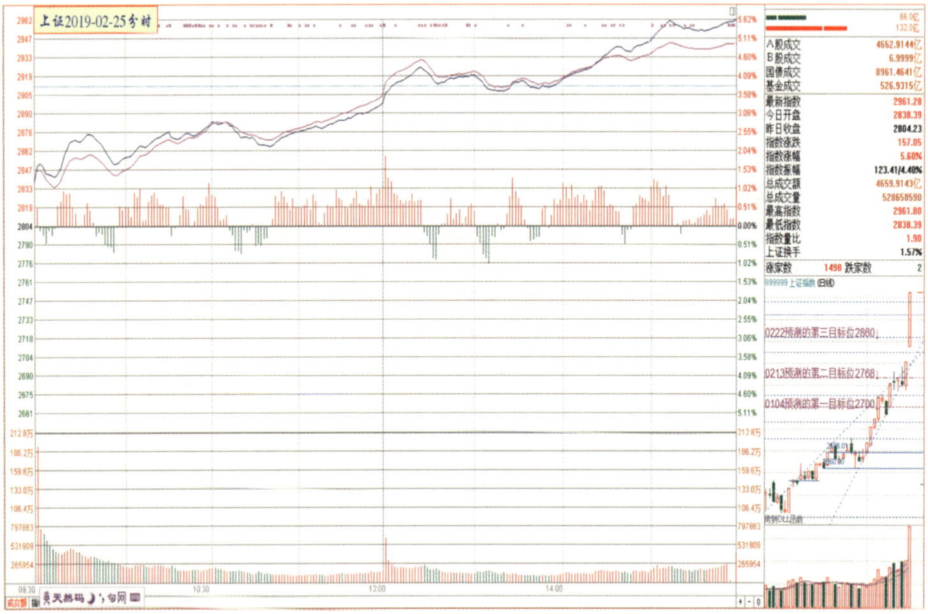

图8-14

规律八：双线背离，反向而去（黄白双线辩证）

请看图8-15“上证指数2014年10月16日量波留影”及图中标注：

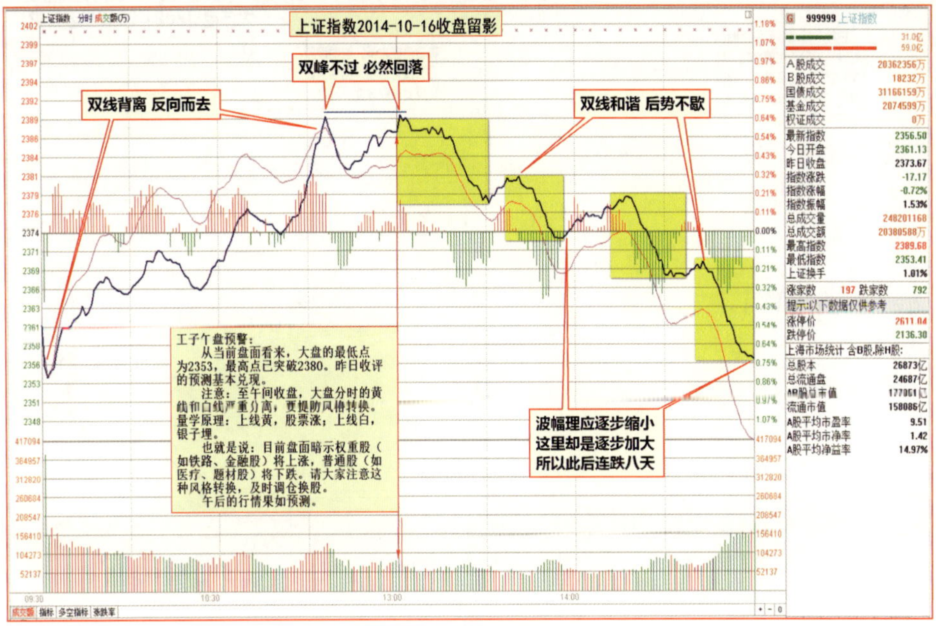

上证指数2014-10-16收盘留影
双峰不过 必然回落
双线背离 反向而去
双线和谐 后势不歇
工子午盘预警：
从当前盘面看来，大盘的最低点为2353，最高点已突破2380。昨日收评的预测基本兑现。
注意：至午间收盘，大盘分时的黄线和白线严重分离，要提防风格转换。量学原理：上线黄，股票涨；上线白，银子埋。
也就是说：目前盘面暗示权重股（如铁路、金融股）将上涨，普通股（如医疗、题材股）将下跌。请大家注意这种风格转换，及时调仓换股。
午后的行情果如预测。
波幅理应逐步缩小
这里却是逐步加大
所以此后连跌八天

图8-15

再看图8-16“创业板指2021年4月9日量波留影”及图中标注：

创业板指2021-0409双线打架 后势下滑
夫妻打架 祸害全家
上绿下灯
转势上攻

图8-16

规律九：白柱出场，次柱商量（量柱连续辩证）

请看图8-17“大洋电机2021年5月19日量波留影”及图中标注：

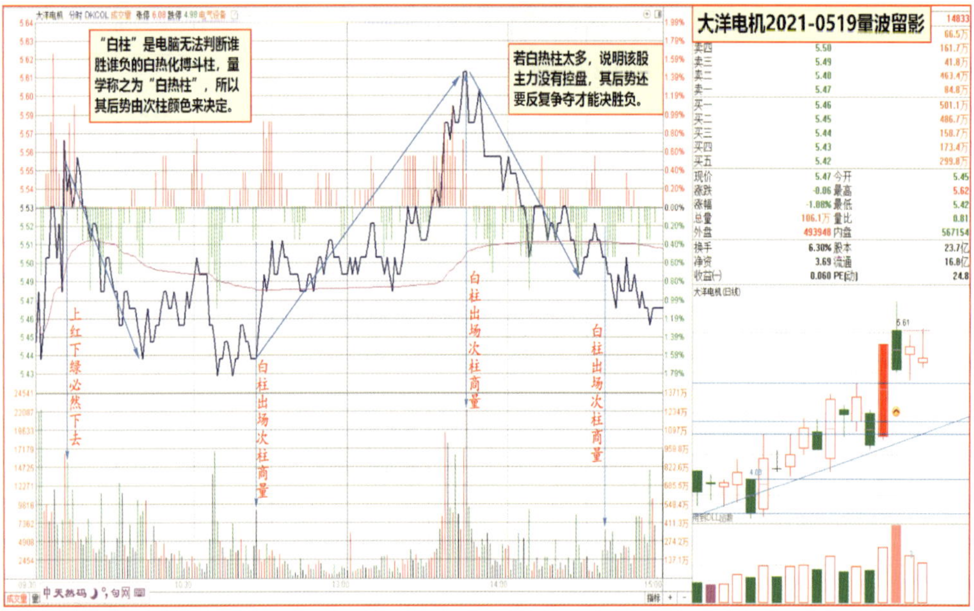
大洋电机2021-0519量波留影
“白柱”是电脑无法判断谁胜谁负的白热化搏斗柱，量学称之为“白热柱”，所以其后势由次柱颜色来决定。
若白热柱太多，说明该股主力没有控盘，其后势还要反复争夺才能决胜负。
上红下绿必然下去
白柱出场次柱商量
白柱出场次柱商量
白柱出场次柱商量

图8-17

再看图8-18“星源材质2021年5月19日量波留影”及图中标注：

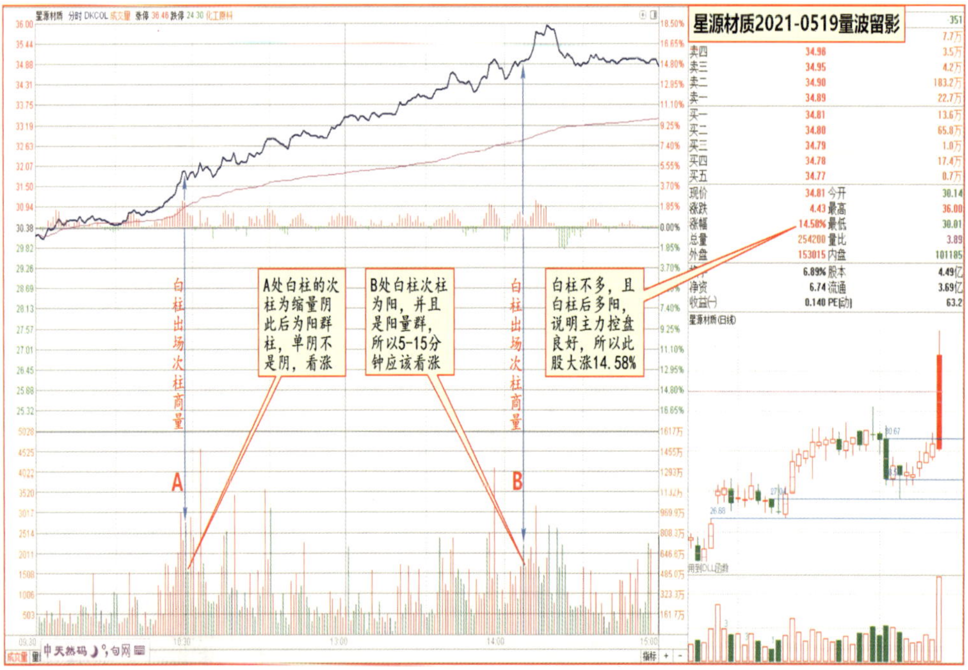
星源材质2021-0519量波留影
白柱出场次柱商量
A处白柱的次柱为缩量阴此后为阳群柱，单阴不是阴，看涨
B处白柱次柱为阳，并且是阳量群，所以5-15分钟应该看涨
白柱出场次柱商量
白柱不多，且白柱后多阳，说明主力控盘良好，所以此股大涨14.58%
A
B

图8-18

规律十：力柱雕零，反向运行（力柱连续辩证）

请看图8-19“上证指数2017年2月22日量波留影”及图中标注：

图8-19

再看图8-20“悦心健康2021年4月9日量波留影”及图中标注：

图8-20

本章小结

一、五对规律。不要以为“量波十大规律”难记，其实只有五对规律。

力与量的辩证：上红下绿，必然下去；上绿下红，必然上攻。

波与峰的辩证：双峰不过，必然回落；波峰张扬，后市有恙。

高与低的辩证：高点不高，必然回调；低点不低，必然上去。

黄与白的辩证：双线和谐，趋势不歇；双线背离，反向而去。

力与量的延续：白柱出场，次柱商量；力柱凋零，反向运行。

二、牢记前提。不要片面理解量波口诀，更不要形而上学地运用。

口诀的“前两字”是前提，千万不要错位，不要把前提丢了。最好是把口诀背熟，熟能生巧，形成条件反射，方能运用自如。

研判时，必须以力柱“缩量三一，或缩量二一”为前提，要先看“力”，再看“量”，二者结合做出立体研判。

三、等一分钟。量波的研判切忌仓促，切忌急于求成。

在研判时，要注意“单阴不是阴，单阳不是阳”；

在研判时，是绿后见红，应该“等候一分钟”；

在研判时，是红后见绿，也应“等候一分钟”。

应该结合《量柱擒涨停》和《伏击涨停》中的“量波3121法则”，把握“位置决定性质”的原则。在每逢顶底线的位置，往往有反向动作出现，应该多看一分钟再做研判。

祝大家学有所成。

第9章

“恐龙”的特征及进出标准

所谓“恐龙”，就是一种近乎“直上直下”的量波形态，因为其会让人体验到侏罗纪公园所展示的恐怖形态，量学便借用“恐龙”来称呼这种波形。

第一节

恐龙的外部特征

请看图9-1：恐龙的基本形态

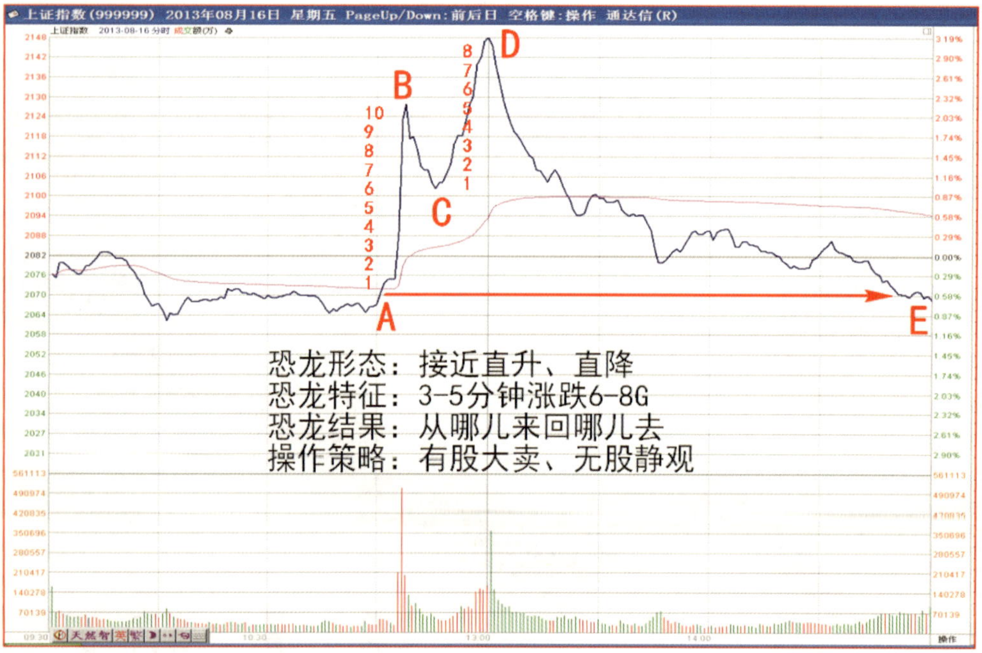
上证指数(999999) 2013年08月16日 星期五 PageUp/Down:前后日 空格键:操作 通达信(R)
A
B
C
D
E
恐龙形态：接近直升、直降
恐龙特征：3-5分钟涨跌6-8G
恐龙结果：从哪儿来回哪儿去
操作策略：有股大卖、无股静观

图9-1

如图9-1所示：

A点至B点，指数直线拉升了10G，这就是恐龙。我们在B处提醒大家：“恐龙抬头，有货出手！”大家刚刚出手，正在庆幸中，午时又拉升了8G！当天（2013年8月16日）中午休盘时，许多网友在股海明灯论坛上破口大骂量学！“哼！你让我们一出货，它就又涨了8G!”从C到D真的涨了8G。我们无语了。

随着午后一开盘，指数就如瀑布般从天而降，收盘时跌到E点，跌幅高达13G。值得注意的是，跌到了恐龙起动时的A点位置，且精准持平。那些在午时破口大骂的人，盘后纷纷留言致歉。

这个案例就是典型的“恐龙”形态。

根据上述案例，可以得出如下几个要点：

恐龙的时空标准：3—5分钟涨跌6—8G，本案5分钟涨了10G，超标；

恐龙的涨跌标准：从哪儿来回哪儿去，本案从A起涨又跌回A（E）；

恐龙的操盘策略：有股大卖、无股静观，改变过去“追涨”的习惯。

再看图9-2“云维股份2021年6月4日量波留影”及图中标注：

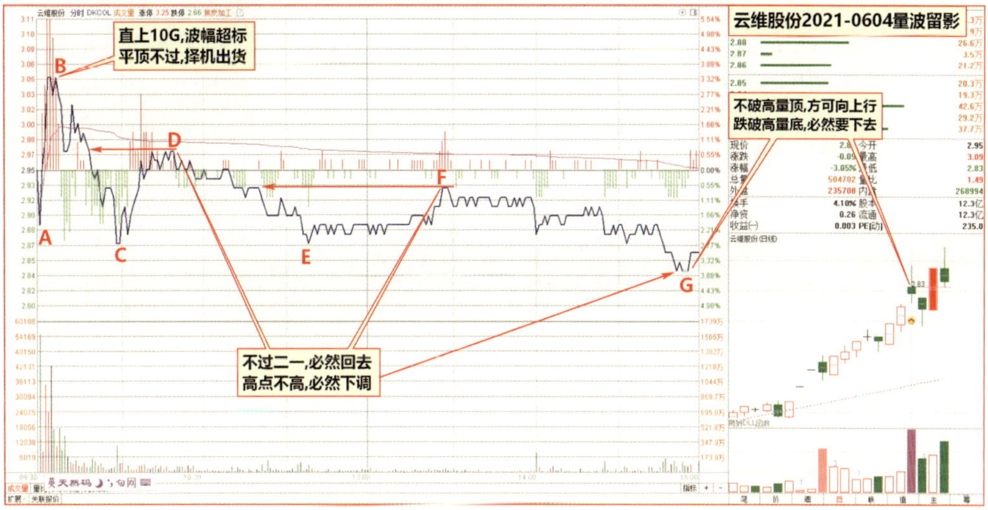
直上10G,波幅超标
平顶不过,择机出货
云维股份2021-0604量波留影
不破高量顶,方可向上行
跌破高量底,必然要下去
不过二一,必然回去
高点不高,必然下调
A
B
C
D
E
F
G

图9-2

如图所示：A—B3分钟内直上10G，波幅明显超标，是恐龙，同时出现平顶，根据操盘标准，平顶不过，择机出货；B—C波幅超过10G，跌破A点水平线，尖角波，回升至D处；D处未过B—C段二一位，必然回落，至E远离人线必然回归，至F处；F处未过D—E段二一位，必然回落，至G精准回踩日象高量头顶线。

日后若不破高量实顶，可以向上运行，否则向下。

第二节

恐龙的内部机制

恐龙为什么会直上直下呢？它的内在机制是什么？我们在波形的内在规律这一

节讲过，圆角波是市场合力的整体行为，尖角波是某个主力的单独行为，小型尖角波是小动作，大型尖角波如恐龙波，就是大动作，这些大动作要么是主力出货，要么是消息刺激，要么是出了“乌龙”，图9-1就是当年某证券公司的计算机“误操作”导致的“恐龙”。

请看图9-3“上海绿新2013年10月16日量波留影”：

图9-3

如图所示：A点至B点 在3—5分钟内大涨16G，是超标（8G）一倍的超级恐龙！其形态几乎是直升，必然回落。这种超标的超级恐龙，多是主力出货的标志性量波。A点至B点之后的量波逐步回到量波原理的控制之中。

B-C点：几乎直线回落，这是恐龙波“从哪儿来，回哪儿去”的规律展示；

C点：在下远离人线4G，必然向上回归人线；

D点：在上远离人线5G，必然向下回归人线；

E点：在下远离人线5G，必然向上回归人线；

F点：遵循“乒乓原理”波幅收窄，在人线附近收盘。

此后验证：该股从留影日（2013年10月16日）开始下跌，连续下跌9天，验证了留影日的超级恐龙波是主力出货的标志。

碰到恐龙波，操盘口诀是：

恐龙抬头，有货就走！超级恐龙，无货住手！

再看图9-4“西上海2021年6月4日量波留影”及图中标注：

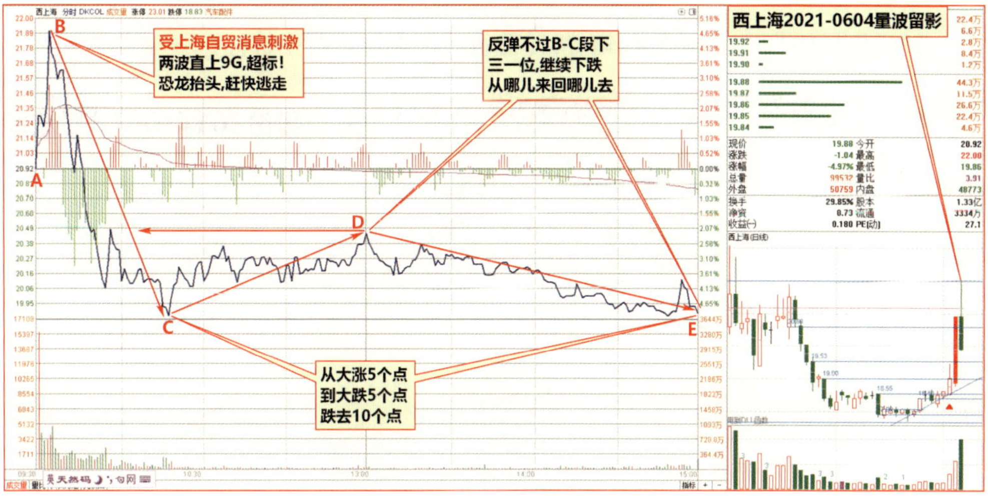
西上海2021-0604量波留影
受上海自贸消息刺激
两波直上9G,超标!
恐龙抬头,赶快逃走
反弹不过B-C段下
三一位,继续下跌
从哪儿来回哪儿去
从大涨5个点
到大跌5个点
跌去10个点
A
B
C
D
E

图9-4

如图所示：

A B点：该股受上海自贸消息刺激，5分钟内直升9G，超标恐龙；其内在机制就是“受消息刺激”，当消息未能兑现时，突然大跌19G，至C点。

C点：因为大跌19G，严重超跌，必然反弹，但反弹至D点未过B—C段下三一位下跌，跌至E处。

E点：与C点持平，其内部机制是“从哪儿来，回哪儿去”。

回看B点：其最高点精准触及左侧平衡线，显然受日象平衡线的压制（详见图中右下角的日象图）。其内部机制概括如下：

第一，受消息刺激突然拉升，形成超标恐龙，其中，不排除该股主力借消息拉高出货的故意。

第二，直线拉升未能抓住涨停板的杠杆，反而在日象平衡线受阻，于是大幅回落，其中，也隐含主力拉高出货成功。

第三，大幅回落超标，必然回升，但因为未过BC段下三一位而再度下跌，跌至E点，与C点基本持平。符合“从哪儿来，回哪儿去”的内部机制。

第三节

恐龙的下跌幅度

请看图9-5“玉龙股份2014年4月18日量波留影”及图中标注：

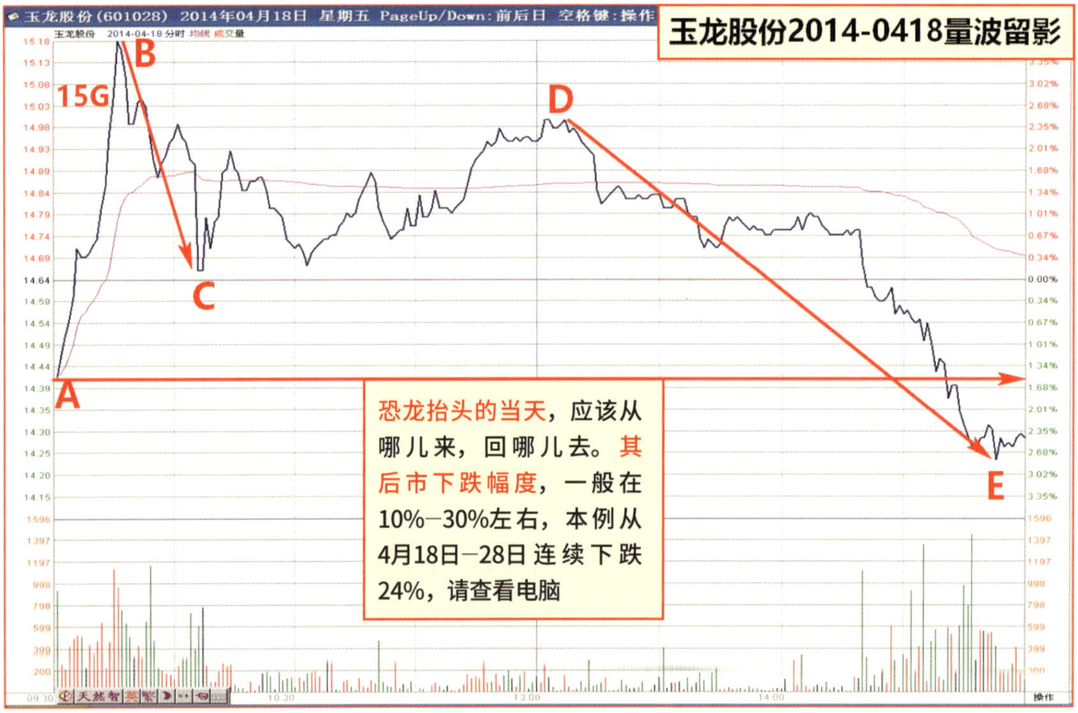
玉龙股份(601028) 2014年04月18日 星期五 PageUp/Down:前后日 空格键:操作
玉龙股份2014-0418量波留影
15G
B
C
D
A
E
恐龙抬头的当天，应该从哪儿来，回哪儿去。其后市下跌幅度，一般在10%—30%左右，本例从4月18日—28日连续下跌24%，请查看电脑

图9-5

图中所示：A—B点直上15G，这种超级恐龙出现后的当天，一般是从哪儿来，回哪儿去；其后市的下跌幅度，一般在10%—30%。本例从截图的4月18日到28日，连续下跌24%，请在电脑上查看。

再看图9-6“首钢股份2014年12月18日量波留影”及图中标注：

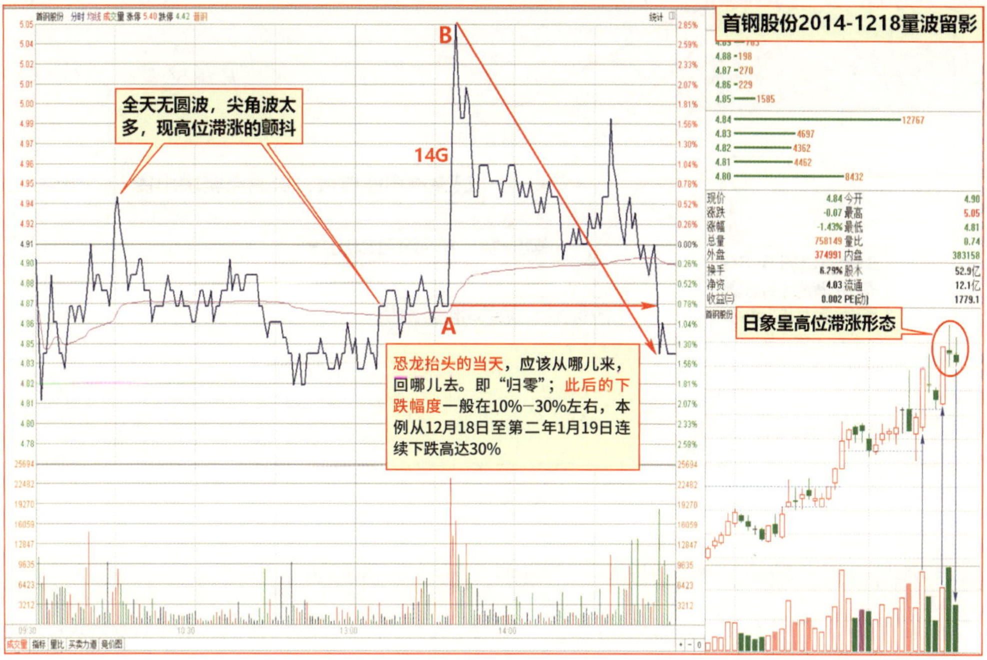
首钢股份2014-1218量波留影
B
全天无圆波，尖角波太多，现高位滞涨的颤抖
14G
A
恐龙抬头的当天，应该从哪儿来，回哪儿去。即“归零”；此后的下跌幅度一般在10%—30%左右，本例从12月18日至第二年1月19日连续下跌高达30%
日象呈高位滞涨形态

图9-6

该股的恐龙波（A-B点），从哪儿来，回哪儿去（归零），截图日之后连续下跌20天，跌幅高达30%。要是不改变“追涨”的习惯，一旦进去就会被套。

第四节

恐龙的出货标准

请看图9-7“国发股份2014年3月20日量波留影”：

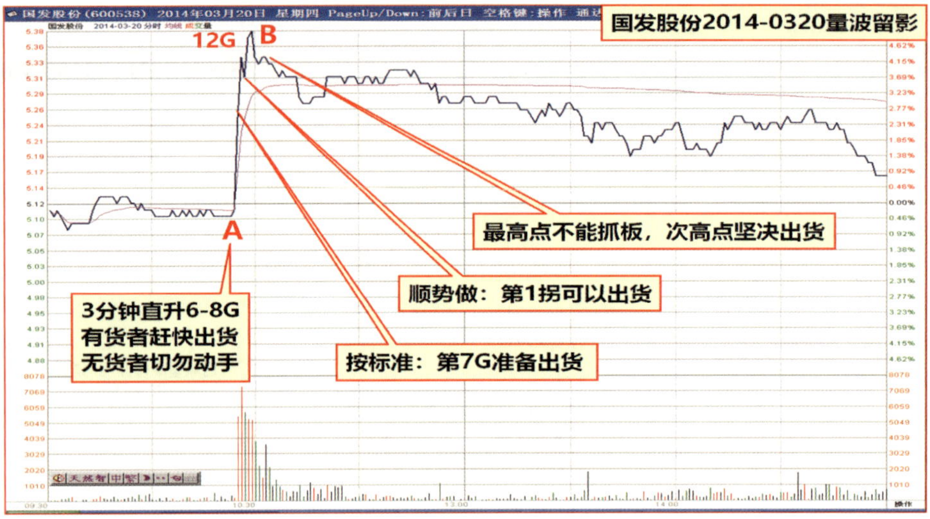
国发股份2014-0320量波留影
12G
B
A
最高点不能抓板，次高点坚决出货
顺势做：第1拐可以出货
按标准：第7G准备出货
3分钟直升6-8G
有货者赶快出货
无货者切勿动手

图9-7

根据“恐龙抬头，有货出货”的原则，恐龙出货有如下步骤：

第一步：严守标准，准备出货。一旦发现其超过“3—5分钟内直升6—8G”的标准，就要在7G左右准备出货（提前准备，见机行事）；

第二步：顺势而为，拐点出货。本例直线拉升到10G时向下拐头，应该见拐出货（有时可观察坐拐能否三一波再上行，适当延缓出货）；

第三步：高点不板，次高出货。本例高点是12G，没有抓住涨停杠杆，属于超级恐龙，在最高点不可能出货，一定要在次高点出货。

再看图9-8“兴业证券2021年6月4日量波留影”及图中标注：

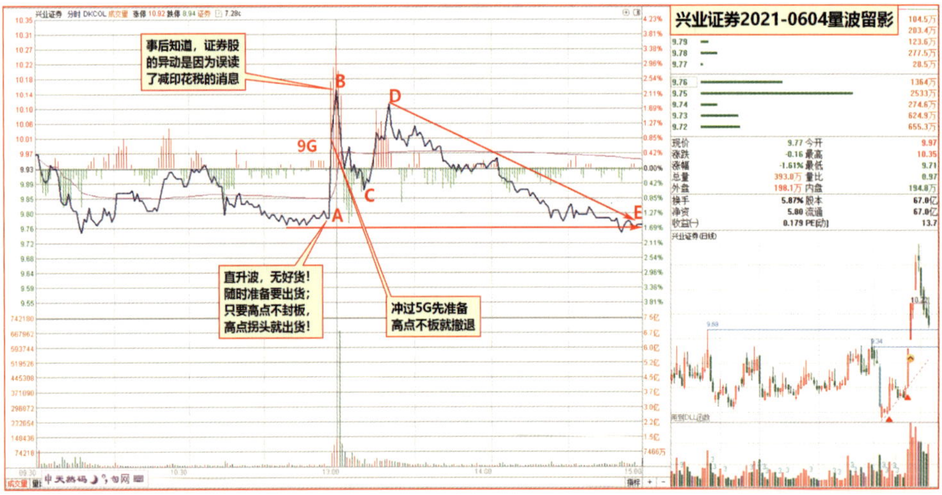
兴业证券2021-0604量波留影
事后知道，证券股的异动是因为误读了减印花税的消息
B
D
9G
C
A
E
直升波，无好货！
随时准备要出货；
只要高点不封板，
高点拐头就出货！
冲过5G先准备
高点不板就撤退

图9-8

第五节

恐龙的反向策略

不要以为恐龙都是“向上飙升的”，还有一种是“向下坠落的”。股市新兵往往追买“向上飙升的”，反之却逃离“向下坠落的”。

从现在开始，我们要把习惯改过来，就是逃离飙升的，拥抱坠落的。这就是量学提倡的“买阴卖阳”。

请看图9-9“上证2016年6月24日英国脱欧公投日量波留影”及其图中标注：

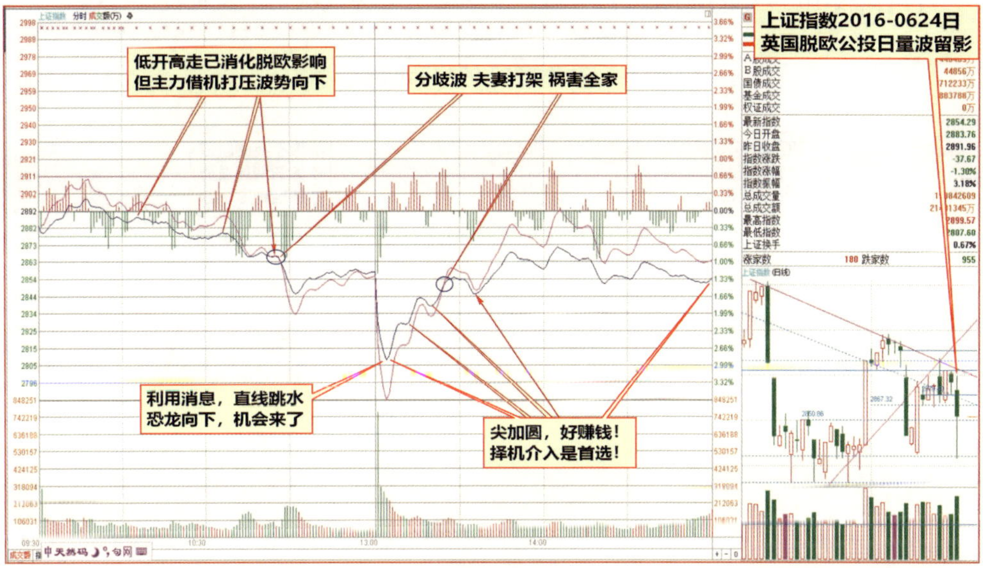
上证指数2016-0624日
英国脱欧公投日量波留影
低开高走已消化脱欧影响
但主力借机打压波势向下
分歧波 夫妻打架 祸害全家
利用消息，直线跳水
恐龙向下，机会来了
尖加圆，好赚钱！
择机介入是首选！

图9-9

2016年6月24日，英国脱欧公投消息传到中国，上证指数低开高走，随后逐波而下，似乎没有什么太的影响，开盘一个半小时后，突然向下大跌，稍后反弹，午盘收于2855点。这是非常重要的一个节点。

面对向下的恐龙波，我们应该做什么？

第一，看日象建构是否支持其大幅下跌。本例的日象建构已在前一周开始消化脱欧的消息，该跌的已跌到位，这里只是借机打压吸筹。

第二，看量波建构是否支持其大幅下跌。本例的分时建构低开高走，明显是脱欧影响已消化，午时已呈回升势头，午后突然打压就是假打。

第三，看量波标准是否支持其大幅回升。本例午前的量波已基本平稳，午后直线下跌超过了4G标准，呈V型尖角波，所以必然向上。

午休时，英国脱欧公投的消息发酵，午后开盘直线向下，大跌超过5G，我在盘中提醒大家，这里明显是超标的深V，随即三道推升波一路反弹向上，收盘于2854点，全天呈大长腿建构。

事实上，本例从2855点下跌至2807点，再收回到2854点，完全符合“从哪儿来，回哪儿去”的恐龙特征。

结论：

恐龙向下，机会来了！

找准节点，择机擒拿！

再看图9-10“上证指数2017年7月17日中央金融会议次日”及标注：

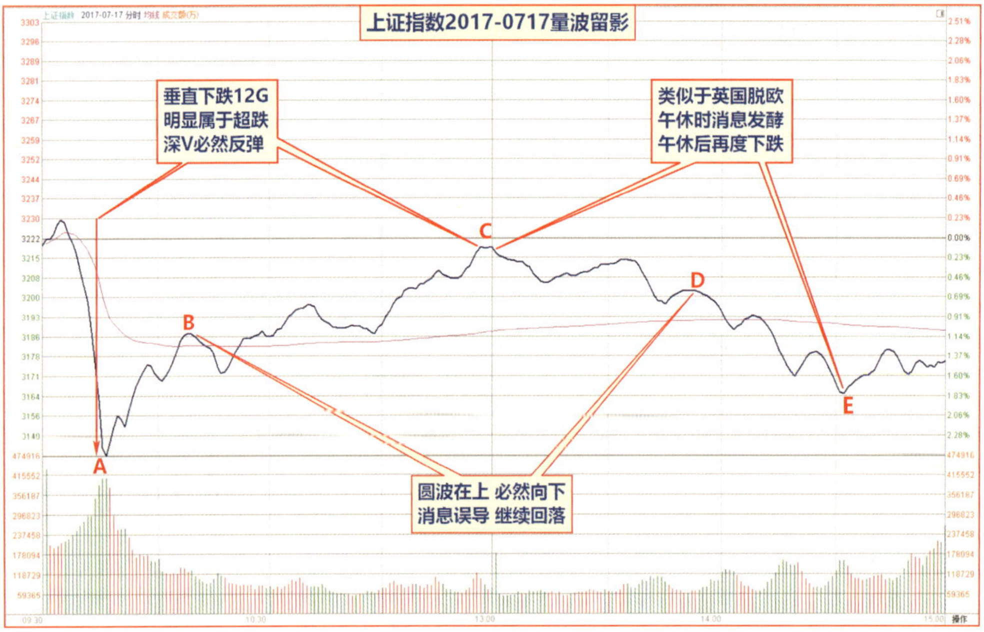
上证指数2017-0717量波留影
垂直下跌12G
明显属于超跌
深V必然反弹
类似于英国脱欧
午休时消息发酵
午休后再度下跌
圆波在上 必然向下
消息误导 继续回落
A
B
C
D
E

图9-10

中央金融工作会议是很重要的一次会议，会上公布了一系列应对当前经济工作的新政策，许多“大V”“小X”错误解读了这些新政策，或者是故意制造恐慌，加上机器人智能交易的踩踏，导致大盘垂直下跌12G，明显属于超跌深V，必然反弹。午后走势类似于英国脱欧，午休时消息发酵，引发再度下跌。

再看图9-11“上证指数2017年7月17日金融会议次日留影”及图中标注：

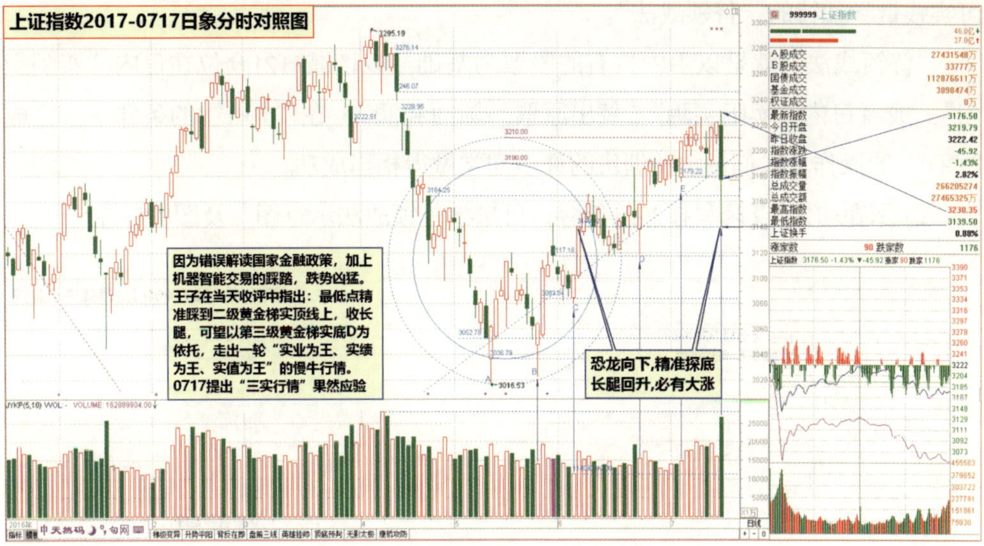
上证指数2017-0717日象分时对照图
因为错误解读国家金融政策，加上机器智能交易的踩踏，跌势凶猛。王子在当天收评中指出：最低点精准踩到二级黄金梯实顶线上，收长腿，可望以第三级黄金梯实底D为依托，走出一轮“实业为王、实绩为王、实值为王”的慢牛行情。0717提出“三实行情”果然应验
恐龙向下,精准探底
长腿回升,必有大涨

图9-11

王子在当天的收评中指出：因为有人错误解读国家最新金融政策，加上电脑智能交易的踩踏，跌出了超级恐龙。根据恐龙波的基本原理，恐龙向下，机会来了；择机买阴，必有收获。

另外，当天（2017年7月17日）恐龙长腿的最低点精准回踩三级黄金梯实顶线上，可望以第三级黄金梯为依托，走出一轮“实业为王、实绩为王、实值为王”的慢牛行情。这种“盘中打劫，一日洗盘”的走势将会经常出现。

从提出“三实”概念以来，此后的“三实行情”大涨320点，上证指数从3130点上涨到3450点。

无数事实说明：

恐龙向下，不用害怕！

看准量波，机会多多！

第六节

恐龙的替领战法

只要学会了恐龙的“尖角出货法”和“尖底入货法”，再将二者组合起来，就

可实践量学独特的“替领战法”。

“替领战法”就是以手中持有的股票为基础，以增减3121仓位在日内“买阴卖阳”，或者日内“卖阳买阴”“替出原票，领回利润”，在“T+1”的条件下，完成“T+0”的操作。我们量学特训班的许多同学做得相当成功。

请看图9-12“艾隆科技2021年6月4日量学替领战法示意图”及图中标注：

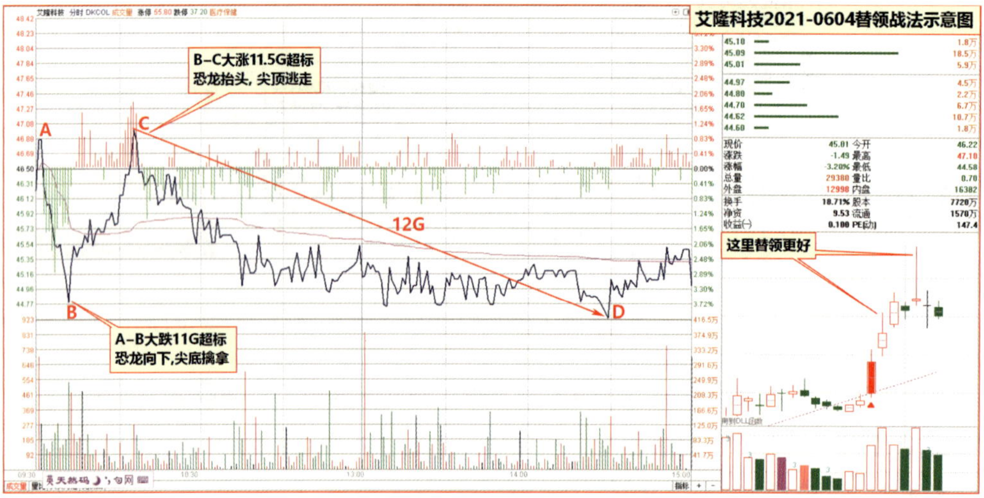
艾隆科技2021-0604替领战法示意图
B–C大涨11.5G超标
恐龙抬头，尖顶逃走
A–B大跌11G超标
恐龙向下,尖底擒拿
12G
A
B
C
D
这里替领更好

图9-12

如图所示：

开盘至A点不足4G，不达标，不操作；

A—B点：大跌11G，超标恐龙，尖底成V，伸出二指，“胜利”的标志，实战口诀是“恐龙向下，尖底擒拿！”可以买阴二一仓位。

B—C点：大涨11.5G，超标恐龙，尖角成A，双手合十，“拜拜”的标志，实战口诀是“恐龙抬头，尖顶逃走！”必须卖阳二一仓位。

B点买阴，C点卖阳，只要在现有仓位内用3121仓位“替领”，当天可获利5个点左右！

“量学替领战法”的内容十分精彩，将用专章讲授。

股市天经

第10章

“飘龙”的特征与进出标准

所谓“飘龙”，顾名思义，就是一种“向上飘升的龙”。参加过量学特训班的同学们说得更有诗意：飘龙起舞，多是牛股！

第一节
飘龙的外部特征

根据“尖角波”与“圆角波”的基本原理，与“恐龙”相对的就是“飘龙”。

“飘龙”的量波特征是：从波形上看，它很少尖角波，或没有尖角波，或者尖角波很快被后面的圆角波吞噬或盖过，形成一种轻松向上的飘逸波形。

请看图10-1“上证指数2016年3月2日量波留影”：

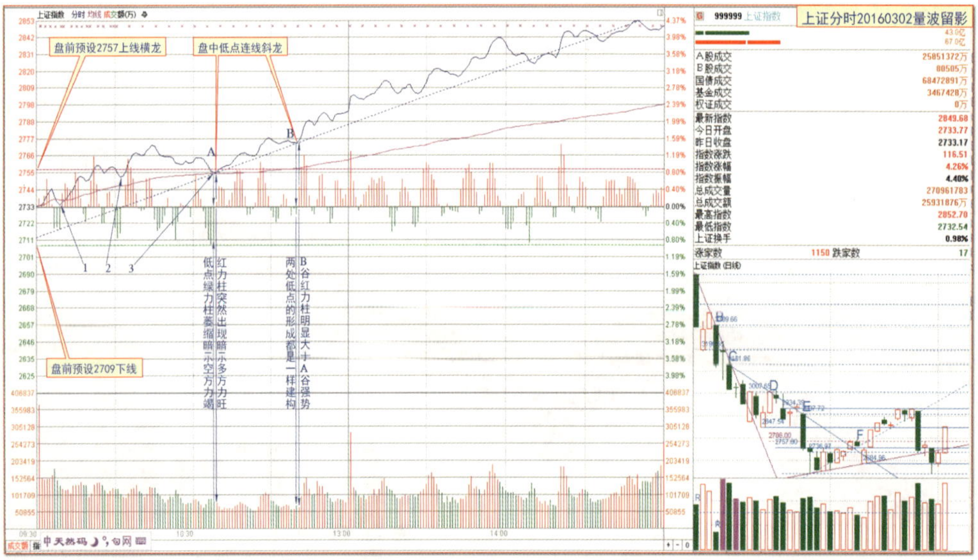
上证分时20160302量波留影
盘前预设2757上线横龙
盘中低点连线斜龙
盘前预设2709下线
低点绿力柱萎缩暗示空方力竭
红力柱突然出现暗示多方力旺
两处低点的形成都是一样建构
B谷红力柱明显大于A谷强势
A
B
1
2
3

图10-1

如图所示，从外形上看，飘龙有三个外部特征：

第一，波形圆滑。波形上没有一处尖角波，除了极少的“犹豫波”之外，其下探部位也是圆角波，其余全是飘飘荡荡的“飘逸波”；

第二，波谷抬高。该股早盘仅有三个下行波，但其波谷逐级抬高，波形均为圆角波，其余波段全是低点不低，高点更高；

第三，波幅不大。该股全天的波幅很少超过1.5G，波距和波段也不大，显得紧凑而互补，这就是典型的飘龙形态。

由此可见，飘龙是一种少有的量波形态，其波形不尖不锐，其波向不偏不倚，其波势不陡不峭，其波幅不高不低。它犹如晨曦中山间小屋冒出的一缕炊烟，轻曼如仙、轻盈向上；又如嫦娥奔月的飘带，曼如轻纱、飘然而上，满怀憧憬地荡漾着、潇洒着、无折无皱、无拘无束地飘啊、飘啊、飘啊……飘向浪漫的未来。

所以我们说，飘龙是一首诗，更是一首歌。

上图留影之后，上证大涨300点，就是很好的证明。

第二节

飘龙的内部特征

请看图10-2“开元仪器2014年3月13日量波叠加日象图”：

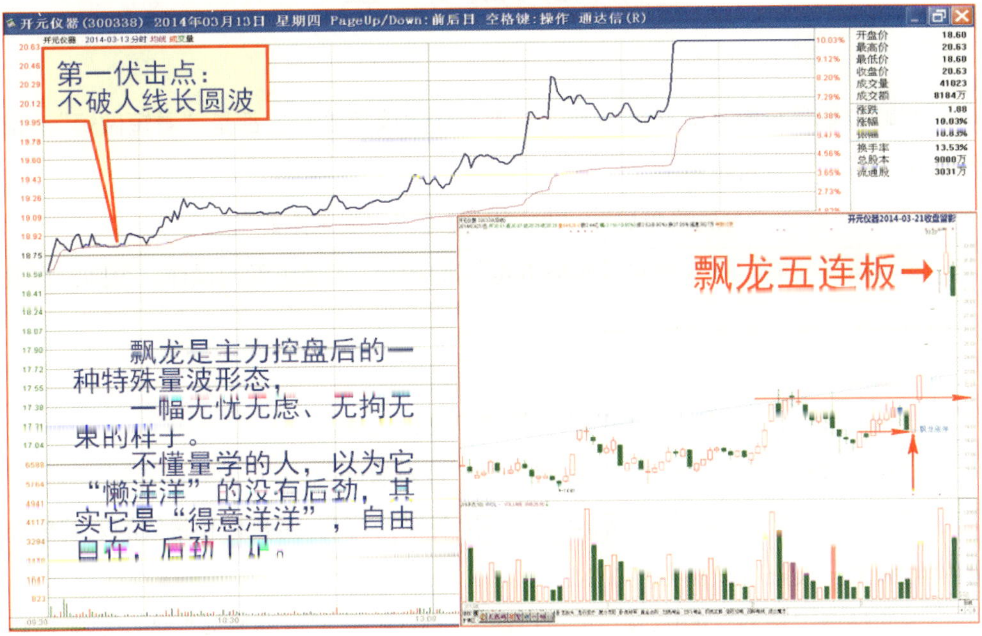
开元仪器(300338) 2014年03月13日 星期四 PageUp/Down:前后日 空格键:操作 通达信(R)
第一伏击点：
不破人线长圆波
飘龙五连板→
飘龙是主力控盘后的一种特殊量波形态，
一幅无忧无虑、无拘无束的样子。
不懂量学的人，以为它“懒洋洋”的没有后劲，其实它是“得意洋洋”，自由自在，后劲十足。

图10-2

如图所示，飘龙是主力控盘后的一种特殊量波形态，一副无忧无虑、无拘无束的样子。不懂量学的人，以为它“懒洋洋”的没有后劲，其实它是得意洋洋，自由自在，后劲十足。该股飘龙过峰之后四连板。

从内涵来看，飘龙有三个内在特征：

第一，拉升温柔。飘龙的走势，让人觉得它懒洋洋的，松散散的，没有后劲，直到它走出来之后，才觉得它非同一般。

第二，走势稳健。每个向上的波幅都不张扬，给人以似涨非涨的感觉，但到它走出来之后，才发现它值得参与，却又说不出参与的理由。

第三，交易丰满。因为飘龙是市场合力的表现，所以它的交易显得丰满充实，成交量一般会高于左侧，但又不是那么张扬。

以上三个外形特征和三个内部特征非常重要，只有认真看懂了，才能体会出飘龙的重要性。

飘龙一旦在底部出现，就是战略建仓的位置。

第三节

飘龙的战略位置

战略位置是行股之人必须重视的位置。许多读者炒股，都是“看短做短”，量学却要求我们“看长做短”。

“看长”就是“看战略布局”；“做短”就是“做战术跟踪”。

事实告诉我们，只有按照“战略布局”来操作，才是正确的操作。否则，以战术取代战略，迟早会被市场淘汰。

“战略布局”有两个重要位置。

一是“战略底部”，即“超跌大底”或“凹间大底”；

二是“战略左峰”，即“过凹间峰”或“过左肩峰”。

清华大学出版社出版的《伏击涨停》和《涨停密码》对量柱和量线的宏观规划有详细讲解，大家可以参考。

下面结合“量波”的内容，重点讲解“平底飘龙”“过峰飘龙”的战略布局和战术配合。

一、“平底飘龙”与“战略测底”

请看图10-3“上证指数2019年1月4日日象留影”：

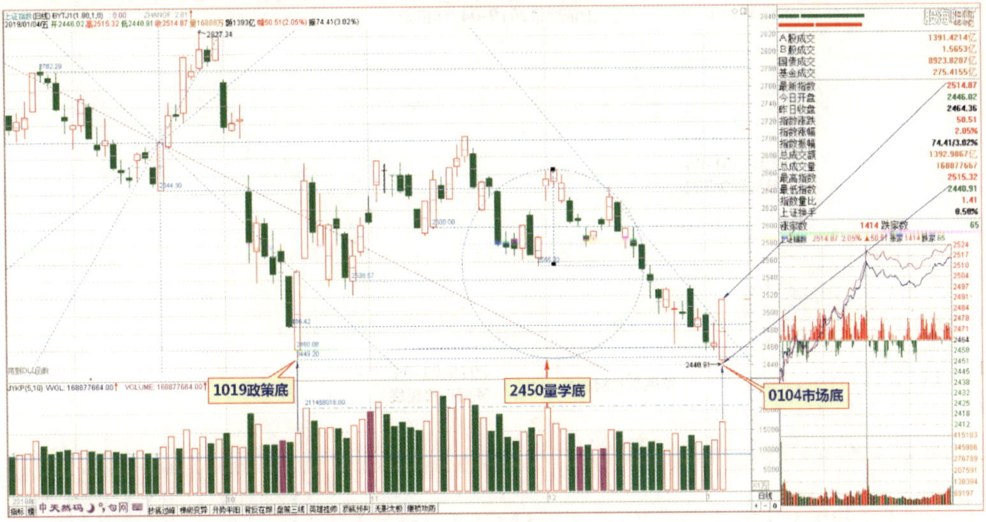

图10-3

请看图10-3右下角的分时图，是稍有变形的飘龙，其基本波形很好！

面对这种飘龙，王子2019年1月4日周五收评的标题是《如期三底合一,可望牛市开启》，文中预测原文如下：

图中从左向右有三处标注：

第一处：1019日大阳虚底为2449（政策底）；

第二处：1203高量阳柱测底2450（量学底）；

第三处：0104日大阳虚底为2440（市场底）。

政策底和量学底基本吻合，市场底比前二者低10个点，符合“市场底应该低于政策底”的预期。三底如期合一，平底诞生飘龙，标志着新一轮行情将从此展开，可望牛市开启，其反弹的第一目标位是2700（四间峰实顶位）。

大盘后来的走势，能否达到我们量学的预判呢？

请看图10-4“上证指数2019年4月18日留影叠加2019年1月4日分时量波图”：

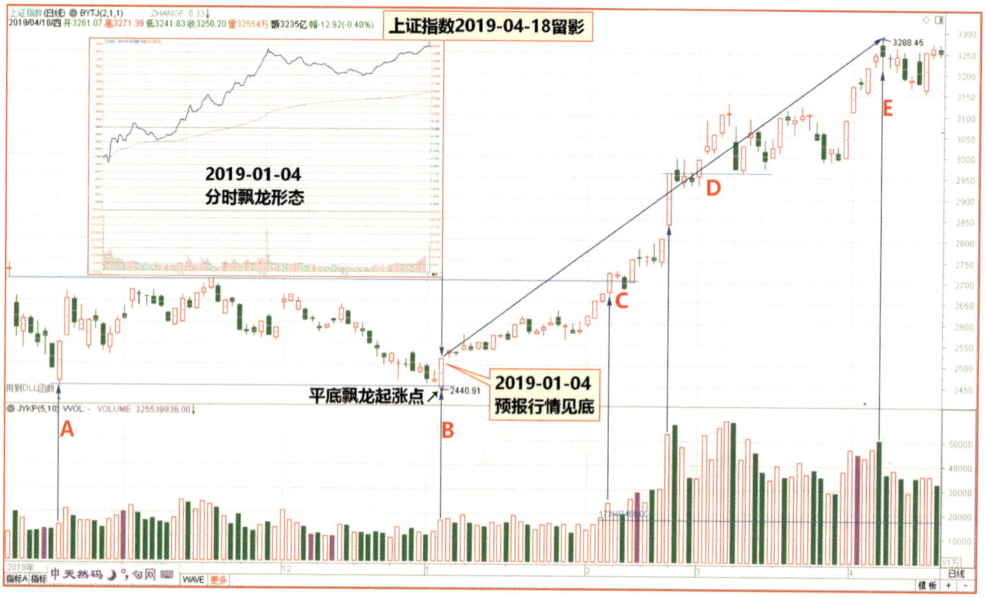

图10-4

果然，大盘没有辜负量学的期望，连续三轮上攻到达预定目标位。

第一轮，从B点开始，如期突破凹间峰实顶位2700（见图中C点）；

第二轮，从C点开始，横盘三日后，继续攀升直达D点；

第三轮，从D点开始，横盘攀升24日后，急升6天至E点，最高点抵达3288点，顺利到达了平底飘龙应有的第二目标位。

二、“平底飘龙”与“战略测幅”

请看图10-5“海印股份2015年1月15日飘龙起涨点留影”：

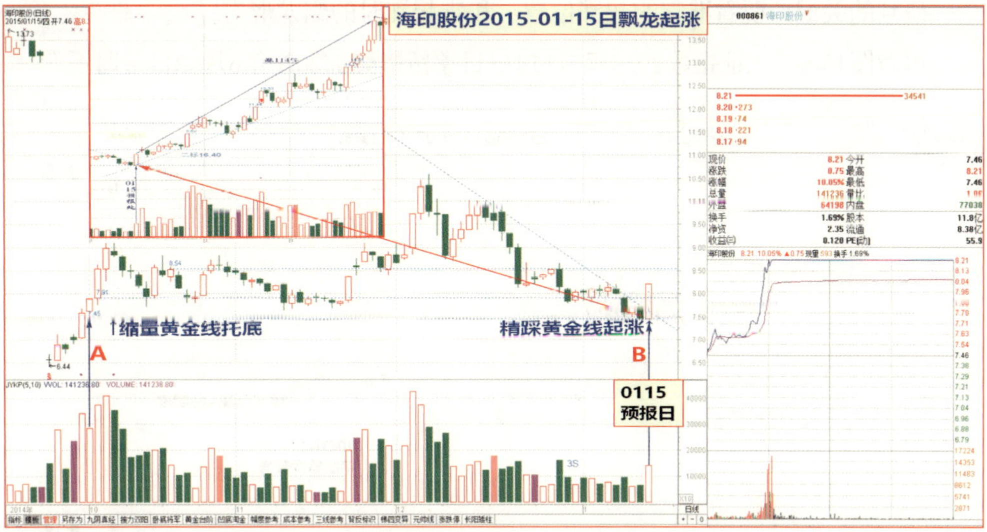

图10-5

如图所示，这是一只典型的“平底飘龙”。前面讲过，对于飘龙的伏击，要沿着“日象→时象→波象→时机”这四个方面来“看大做小”，有如下几项要领：

第一，先看日象建构。

A柱：缩量回踩黄金柱上三一位，大涨，黄金底线相当稳固；

B柱：精准回踩缩量黄金线起涨，量波圆润充实，有望大涨。

从日象上看：这是一条由AB二柱抬着的平底起涨的飘龙。

第二，再看时象形态。该股时象位置很好，平底起柱，人线助涨。

第三，再看波象建构。其量波平滑而圆润，缠着人线，直接飘升。

第四，再看擒拿时机。该股开盘就是天人合一，天线缠绕人线，不破人线的任何位置都可伏击。

“平底飘龙”的涨幅预测应该分为两段：

第一段，它从底部飘起来，所以其第一目标位应该是平左峰或凹间峰；

第二段，只要平稳过左峰，第二目标位应该是基于底部到左峰或凹间峰高度的一倍。

请看图10-5中左上方的方框：这是海印股份自B柱（2015年1月15日）预报后，42个交易日大涨114%。

由此可见，底部起涨的飘龙，有时候就是“龙票”，是值得重仓介入的标的股。只要看准了，就可享受到翻倍的乐趣。

研判的关键：要看准它的起涨位置，和它起涨时的飘龙形态。

再看图10-6“上证指数2020年7月14日日象留影叠加2020年6月12日分时图”：

图10-6

B柱最低点精准回踩A柱的跳空实底线，AB二柱的底部精准持平；B柱分时图中（见图中左上方矩形小框）量波平稳而圆润，涨幅含蓄而稳重，它没有在最高点收盘，显得非常沉稳，毫不张扬。

正是依据此量波的质量，我们6月12日预判行情触底，将有很好的发展。预报次日，虽然跳空下跌，收盘稍稍跌破B柱二一位，当日阴柱稍稍高于飘龙柱的量柱，有继续下跌的风险。但我们没有改变B柱预报的观点，发布了持股待涨的预判，果然日后跳空向上，连续上涨18天，直达C点，其间只有2个小阴，一个假阴真阳。

三、“过峰飘龙”与“战略测幅”

请看图10-7“中国中铁2014年12月8日分时飘龙叠加2014年12月19日日象留影”：

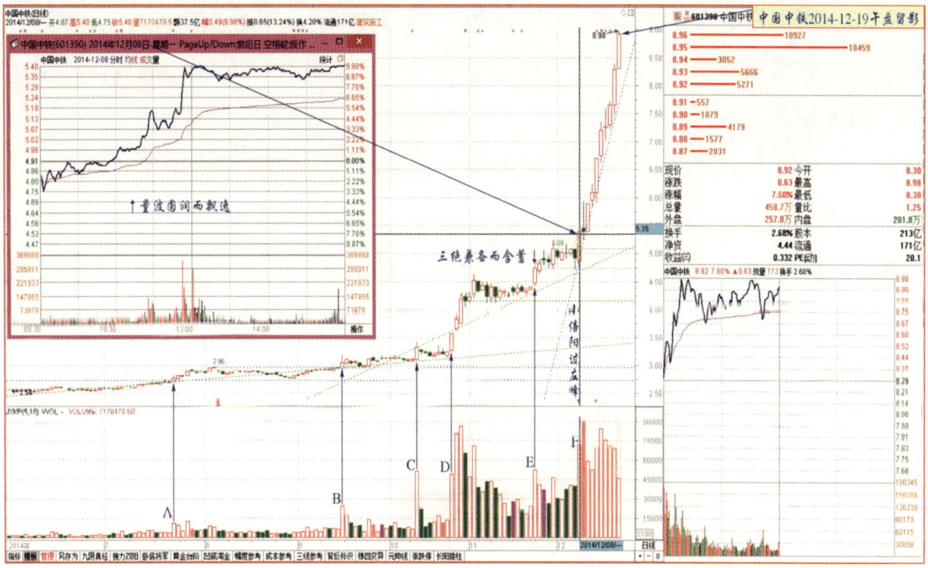

图10-7

飘龙的根基在日象。有好的日象基础，才可能出现好的飘龙。

中国中铁上市后，长期隐忍不发，日象中的ABC三次过峰即横盘，DE二柱后面涨幅较大，也是边涨边横盘。走到F柱时，飘龙来了，并且是小倍阳过左峰，凡是“过峰飘龙”，其目标位往往是底部到过峰线的一倍涨幅。

该股借助飘龙的市场合力，果然进入主升浪，一口气翻番。

再看图10-8“康达新材2014年3月17日量波叠加日象图”：

图10-8

A点：2014年3月17日，王子盘中预报“飘龙来了”。理由是：当天的量波一开盘就是圆角飘逸向上，十点半后有两个小波向下，这是回踩人线的需要，然后一路飘升，封死涨停。

飘龙次日，如期跳空高开，过峰涨停；出现飘龙的第三天，也是跳空高开，直奔涨停，然后随大盘回落，做了两个假阴双枪，还有后劲。

B点：3月21日，王子在178448.com股海明灯论坛VIP讲座中点评：“该股板后假阴双枪，飘龙余威犹在，可以战略布局。”果然日后四间板。

这种过峰飘龙，其涨幅往往是底部到过峰位置的一倍，具有很强的战略意义。

第四节 飘龙的伏击要领

请看图10-9“达安基因2014年7月1日量波叠加7月10日留影日象图”：

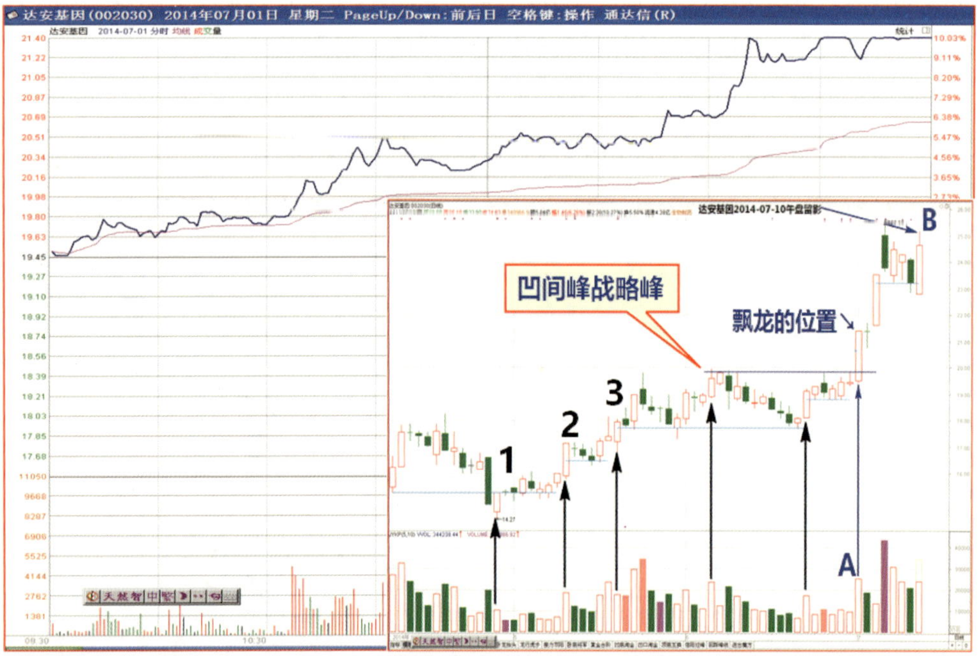

图10-9

伏击要领即三个位置：一是盘前预判；二是盘中搜索；三是盘后研判。

“飘龙”的特征是隐蔽、隐秘、隐现。许多飘龙的当天，我们很难发现它，因为它懒洋洋的像条虫，涨速不快，涨幅不大，我们很难在涨速榜或涨幅榜上看到它，所以，当场（或当天）很难发现并擒拿它。

错过了盘前预判和盘中搜索，如何才能尽早发现它呢？只有通过量波的解剖刀，在复盘时发现它。本例“飘龙”的日象位置在A点，我们来看：

先看分时，图中多是圆角波，即使有点褶皱，也是折不过三，是飘龙；

再看日象，它处于过峰的位置，涨停的量柱属于小倍阳，是稳健过峰；

再看成交，当天的成交起伏很小、成交非常丰满，有很强的后劲。

可见，这是一条很好的飘龙。一旦发现它是一条好龙，我们就要全力跟踪它。第二天平开低走，不破上三一位，是强势主力，我们就要从战术上跟踪强者，介入后跟着主力吃肉。

再看图10-10“北方导航2014年7月7日量波叠加7月28日日象留影”：

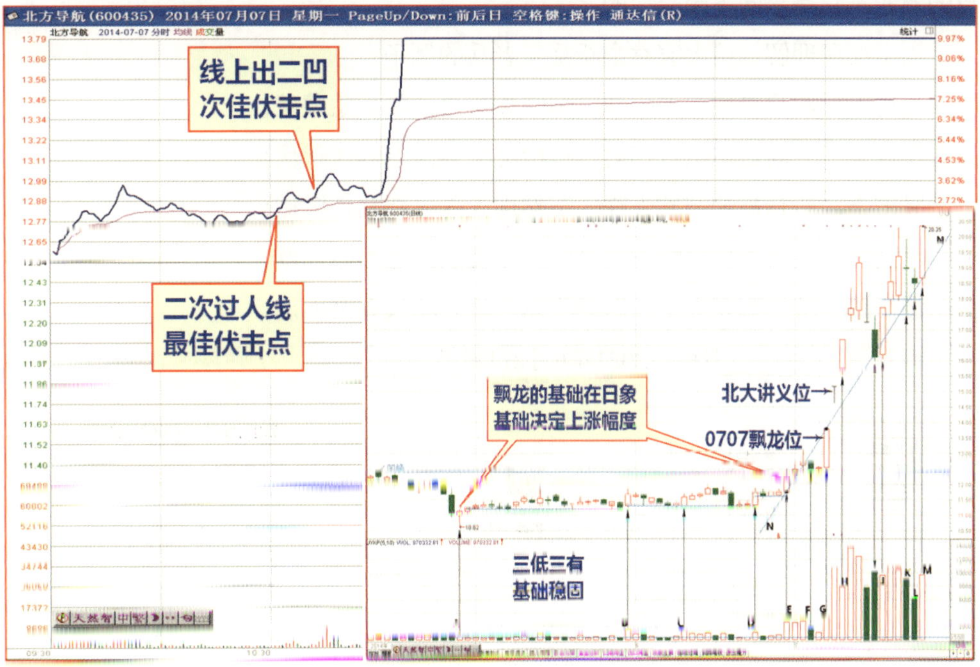

图10-10

对于飘龙的伏击，要沿着“日象→时象→波象→时机”这四个方面来“看大做小”，有如下几个要领：

第一，看准日象建构。该股日象基础很好，三低三有，逼近左峰。

第二，看准时象形态。该股时象位置很好，小幅高开，人线过峰。

第三，看准波象建构。其量波平滑而圆润，很少折皱，确认飘龙。

第四，看准擒拿时机。飘龙的擒拿时机，一定要以日象和人线为准。

该股10:00左右第二次突破人线，是最佳伏击点；接着10:40分出现人线上方的“第二凹”，是次佳伏击点；最后，还可数格子，只要天线升过五格，即可擒拿归案！

这是“量柱选股、量线选价、量波选时”的经典案例。

第五节

飘龙的反向策略

在人们的印象中，往往以为飘龙都是“向上飘升”的；其实，还有一种截然相反的飘龙，它是“向下飘落”的。

为了加深理解，给大家举个新兵与老兵的例子：

战场上，新兵最怕炮弹轰炸，炮弹轰轰轰，新兵蒙蒙蒙；

反过来，老兵最怕机枪扫射，机枪突突突，老兵伏伏伏；

股市上，新兵最怕突然大跌，突然现大跌，新兵忙缴械；

反过来，老兵最怕缓慢下跌，行情慢慢跌，老兵定休歇。

慢慢跌，就是飘龙向下，新兵不以为然，老兵夺路而逃。

请看图10-11“泰坦科技2021年6月2日量波留影”：

图10-11

图中可见：

A—B点：平开低走，飘然而下，量波圆润，无折无皱，起步就是飘龙；

C—D点：圆波在上，必然向下，人线压顶，缓慢下跌，继续延续飘龙；

E—F点：回升无力，自然飘落，一江春水，缓缓东流，一直飘到收盘。

从A到F，从波形上，看不见大跌的样子，但却下跌了13.80%，这就是老兵最怕的“机关枪走势”，有经验的股市老兵，最迟要在C点受人线压抑时出货；但是许多新兵，直到收盘也无动于衷，最后只能仰天长叹！

再看图10-12“海尔生物2021年6月2日量波留影”：

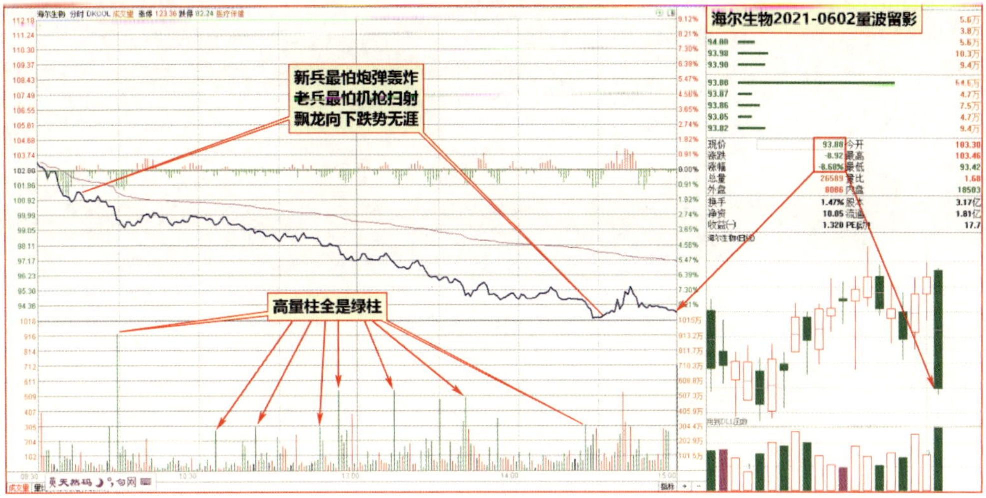

图10-12

如图所示：开盘就是飘龙向下，倒三维建构一旦形成，就要准备出逃，接下来的每一个高点不高处，都是出货的时机，最后飘落接近9%。

对于向下的飘龙，量学特训班的同学们总结了八个字：

飘龙向下，跌势无涯！

第11章

“股海三龙”的操盘模式

“股海三龙”是“天人合一”的杰作，特指“潜龙、蛟龙、卧龙”这三条龙，因为三者都是依托人线、利用人线，借助“天人合一”的力道，产生“三龙崛起”的效果，所以我们把这三条龙合并讲解，方便读者从它们的共性中，看懂它们的个性。

第一节

“股海三龙”的研判工具

前面讲过：“天线”与“人线”是非常重要的一对伴侣。由于看盘软件的设置不同，往往让人忽视“天线”与“人线”的同时展示。“工欲善其事，必先利其器”。要想真正看懂“股海三龙”，必须首先完成如下两个设置。

请看图11-1“上证指数2016年3月4日分时图”及图中标注：

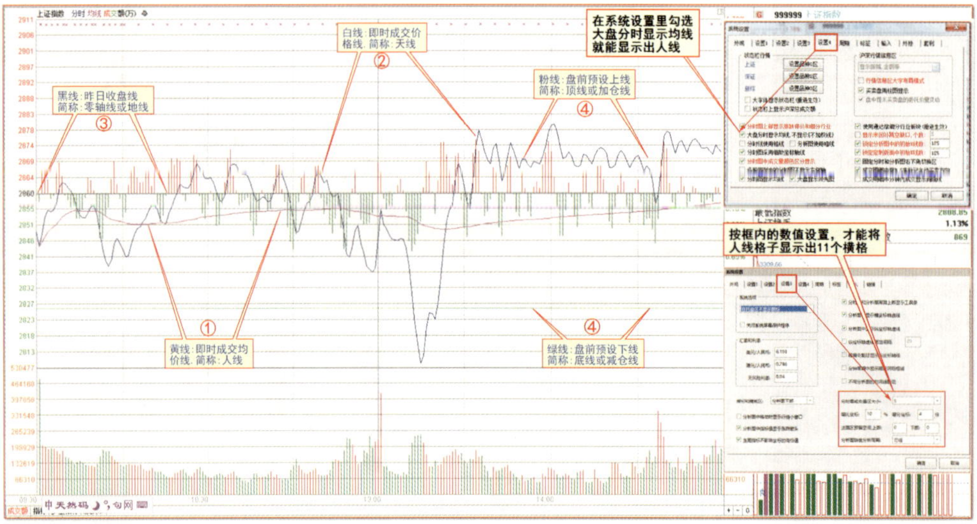

图11-1

下面以《通达信看盘软件》为例，讲讲这两个设置：

第一，打开“人线开关”。按照图11-1右上角方框左侧的提示，找到“通达信看盘软件”的“系统设置”，点击“设置4”，给“大盘分时显示均线”打上勾。“人线开关”就打开了。

第二，预设“人线格数”。按照图11-1右下角的提示，在“通达信看盘软件”

的“系统设置”里，点击“设置3”，按照红色方框里的提示设置，您的看盘软件分时状态就能显示“11格”了。

图11-1中，有四条线：

1. 人线：即白底图中的红线（黑底图中为黄线），就是“当时的平均成交均线”，因为它是当时的成交平均价格线，代表了当时市场投资人的“人气”，所以量学称之为“人线”；

2. 天线：即白底图中的蓝线（黑底图中为白线），就是“当时的价格线或指数线”，因为它是当前的即时成交价格线，具有飘忽不定，犹如浮云的性格，所以量学称之为“天线”；

3. 地线：白底图中间的黑色横线，就是收盘价格线（或指数线），因为它牢牢地横在走势图的中间，不被任何力量所能动摇，仿佛地平线一样平稳，所以量学称之为“地线”；

4. 警线：白底图上下方各有一条线，红色的为上方预警线，绿色的为下方预警线，这是操盘人根据“量学盘前三线”的规律人为设置的预警线，当指数或价格触及此线时，系统便会自动报警，所以量学称之为“警线”。

这四条线各自独立，又互相关联，它们像四根琴弦，弹奏着美妙无穷的股市乐章。看不懂的话，你的看盘越看越枯燥；一旦看懂了，越看越有味道。

在“股海三龙”操盘模式中，这四条线各司其职，非常过瘾。

第二节
“股海三龙”的基本形态

所谓“天人合一”，就是“天线”和“人线”几乎合为一体，二者不分你我，互为依托。量学所讲的“股海三龙”就是这种“天人合一”的杰作。

“股海三龙”的核心机密就是“以人线为依托，迅速托举天线，形成中到大阳乃至涨停建构”。

“股海三龙”有三种“天人合一”建构，以人线为中枢，其上中下依次为：

其一：长时间躺在人线上方横盘的，为卧龙；

其二：长时间缠着人线上下横盘的，为蛟龙；

其三：长时间躲在人线下方横盘的，为潜龙。

所谓“长时间”，一般为“2—3小时”，特殊情况可“1小时左右”；所谓“躺”“缠”“躲”的波距一般在1G左右，也有2G左右的。

先看图11-2“本钢板材2021年4月7日量波留影”及标注：

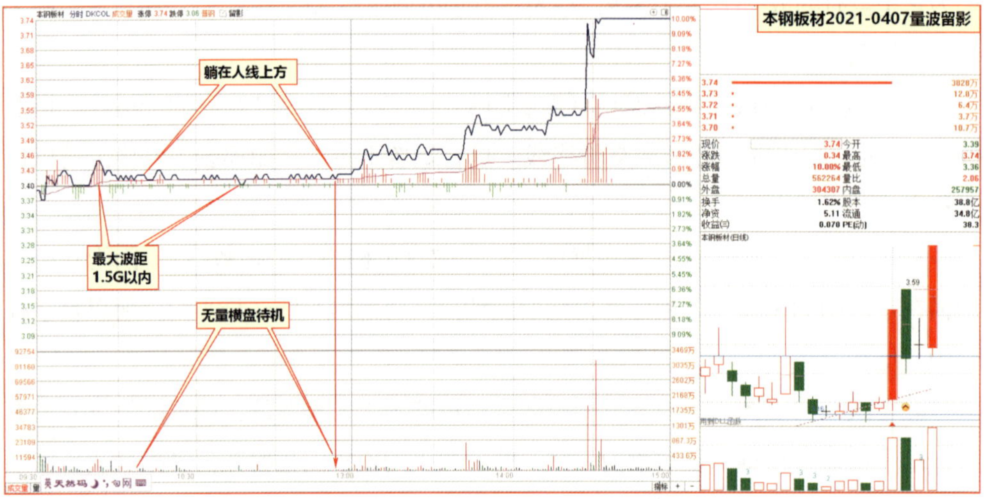

图11-2

这是一条典型的“卧龙”。

图中可见：天线躺在人线上方，波距最远不过1.5G，天人合一，无量横盘两个多小时，午后昂首而起，收盘前半小时封死涨停。

再看图11-3“恒邦股份2021年1月26日量波留影”及图中标注：

图11-3

这是一条典型的“蛟龙”。

图中可见：天线缠绕着人线，上下最远不过1G，天人合一，无量横盘两个多小时，午后飘然而起，封死涨停。

再看图11-4“广博股份2021年4月9日量波留影”及图中标注：

图11-4

这是一条半卧半潜的“潜龙”，因为其潜伏的时间长于躺卧的时间，所以把它当作“潜龙”来看。

图中可见：人线躲在天线下方，波距最远不过1.5G，天人合一，无量横盘两个多小时，午后悍然崛起，半小时封死涨停！

第三节

“股海三龙”的运行规律

“股海三龙”不是天上掉下来的，也不是主力心血来潮突然拉起来的。清华大学出版社出版的《涨停密码》告诉我们，任何一个涨停板的出现，都是主力经过潜心规划、悉心策划、精心操作出来的。“股海三龙”的基本规律是：

规律一：日象孕育三龙

请看图11-5“首钢股份2014年12月16日潜龙量波留影”及图中标注：

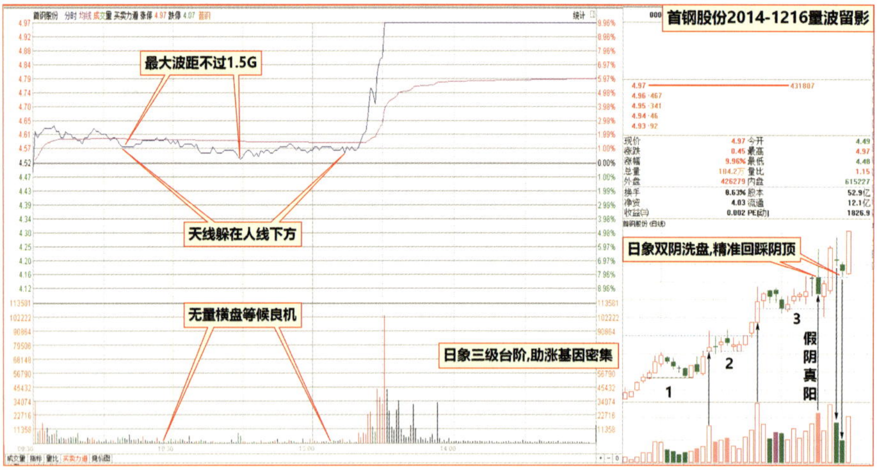

图11-5

图11-5的分时图上，人线平稳，天线躲在人线下方，无量横盘两个多小时，这是典型的潜龙。其涨停密码就在图右下角的日象图中。日象图中显示，该股三级金阶已成，最近两日是缩量双阴洗盘，最低点精准回踩左峰假阴实顶，形成了“过峰假阴真阳，踩峰牵牛待涨”建构，于是当日逆市涨停。

规律二：基因构建三龙

请看图11-6“九龙山2014年12月16日量波留影”及图中标注：

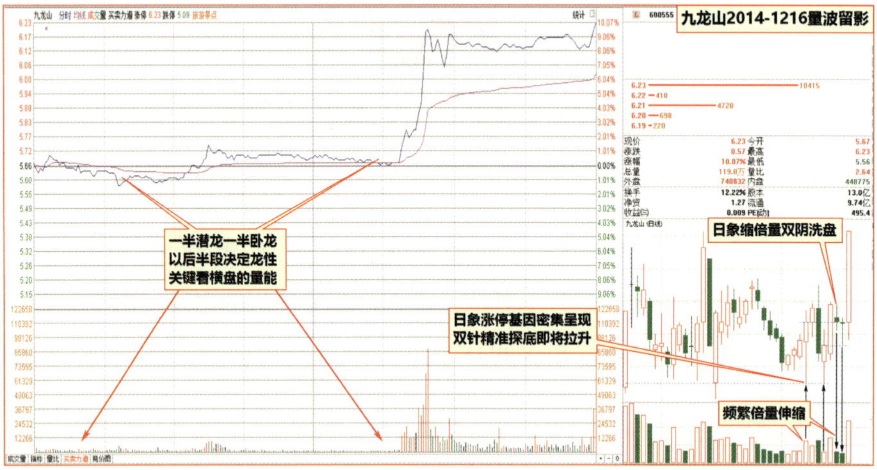

图11-6

图11-6的分时图中，人线平稳，天线先是在人线下方潜伏，后是在人线上方躺卧，同时兼有两种龙形，其共同特征是围绕人线上下缠绕。这种“半是潜龙、半是卧龙”的组合形态，可以通过后半段来认定它是什么龙。没有必要纠结它是什么龙，统称三龙即可，关键在于从日象来发现它能否中到大阳。

该股的涨停密码是什么？请看图中右下方的日象图。原来，该股助涨基因密集，频繁出现倍量伸缩，清华大学出版社出版的《涨停密码》告诉我们，越是涨停密码密集，越是临近涨停爆发。该股最近两日缩量洗盘，最低点精准回踩左侧极阴次阳实顶，目前长腿缩量，收于左侧大阳二一位上方，也就是长腿站稳了阳关道。量学箴言：“站稳阳关道，抱着股票笑！”

规律三：人线托举三龙

再看图11-7“汉商集团2014年12月18日量波留影”及图中标注：

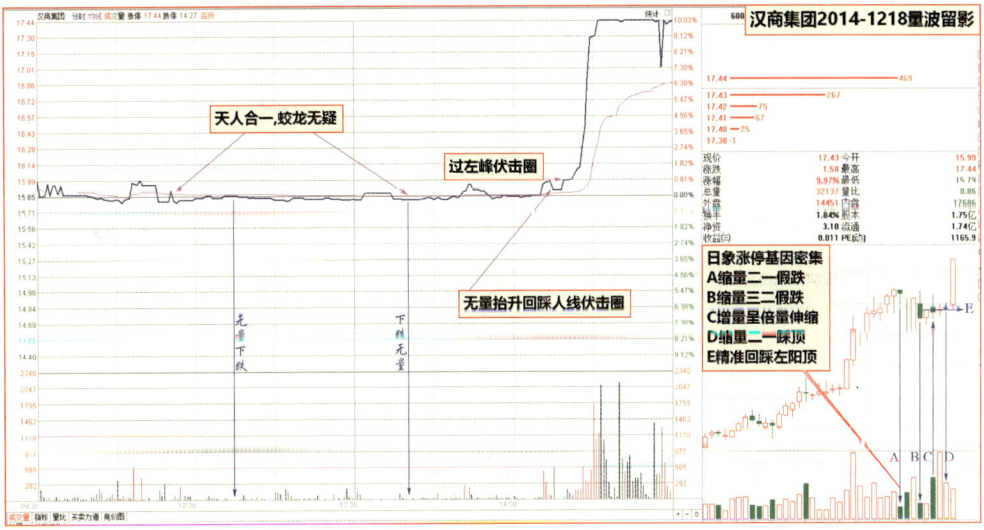

图11-7

图11-7的分时图中显示，这是一条蛟龙。其涨停密码隐藏于右下方的日象图中。

A柱：缩量二一假跌；

B柱：缩量三二假跌；

C柱：增量一倍，与左侧组成了“倍量伸缩”涨停密码；

D柱：缩量二一，精准回踩左侧阳实顶，再现“倍量伸缩”；

当日蛟龙波的最低点，精准回踩左侧兵临城下的精准线，这条精准线，恰好就是今日分时人线。

人线者，人气线也！其人线平稳而坚定，蛟龙下方的最低点多处下跌无量，主力控盘良好，所以逆市涨停！

第四节

“股海三龙”的伏击要领

“股海三龙”是天人合一的杰作，它们有三个共同的显著特征：

第一，都有一段相对较长时间的横盘过程（两个小时左右）；

第二，都有比较明显的“天人合一”量波（量波平稳隐忍）；

第三，都有比较明显的日象涨停密码累积（日象基础扎实）。

根据这三个特征，我们的伏击就有了比较充裕的时间准备和伏击机会。

请看图11-8“保隆科技2021年4月6日量波留影”及图中标注：

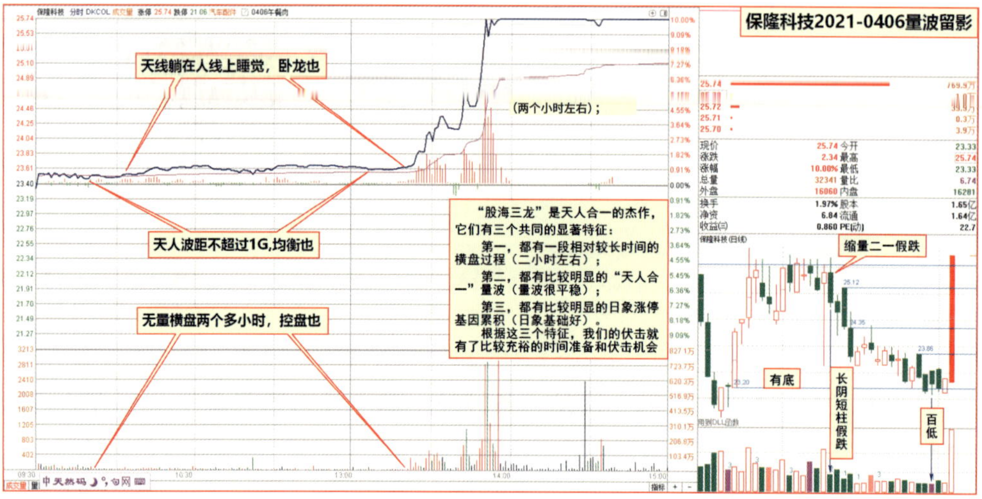
保隆科技2021-0406量波留影
天线躺在人线上睡觉，卧龙也
（两个小时左右）；
天人波距不超过1G,均衡也
无量横盘两个多小时，控盘也
“股海三龙”是天人合一的杰作，它们有三个共同的显著特征：
第一，都有一段相对较长时间的横盘过程（二小时左右）；
第二，都有比较明显的“天人合一”量波（量波很平稳）；
第三，都有比较明显的日象涨停基因累积（日象基础好）。
根据这三个特征，我们的伏击就有了比较充裕的时间准备和伏击机会
缩量二一假跌
有底
长阴短柱假跌
百低

图11-8

根据上述股海三龙案例，有心的读者可能已悟出伏击三龙的基本方法。最重要的就是午时选股、午后伏击。现将伏击要领归纳如下：

要领一：“午餐肉”选龙

所谓“午餐肉”，就是在中午休盘时，一边吃午餐，一边喝小酒，一边对涨幅在正负1.5%左右的股票进行筛选（有时可扩大至正负2.0%左右），寻找那些符合天人合一量波的股票，存入备选股票池。

“午餐肉”的选龙方法：

1.排序筛选。在键盘上输入“60”或“67”两个数字，屏幕上就会出现“沪深股票涨幅排名表”，我们用翻页键向下翻页，翻到涨幅在1.5%左右的股票，然后向下一个个寻找符合“股海三龙”的股票。

2.多屏闪选。为了提高效率，可以按“Ctrl键”+“M键”，就能一屏显示4—6只股票（或8只股票），你一眼就能看出谁符合“股海三龙”的标准，收集到你的“午餐肉股池”中。

3.程序筛选。点击《通达信看盘软件》导航栏的“功能”，点击“选股器”中的“定制选股”，详见图11-9“通达信看盘软件的定制选股器”及图中标注：

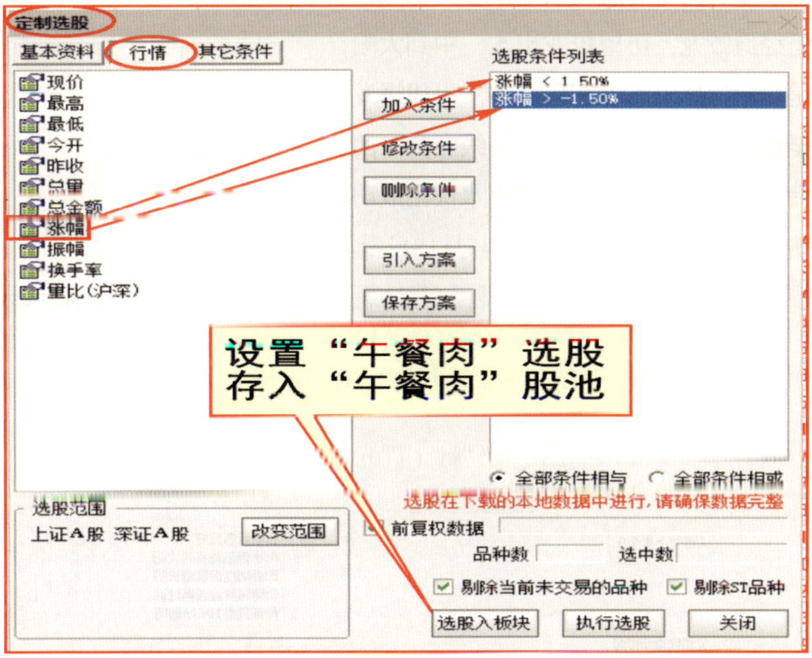

图11-9

根据图中标注，选出涨幅正负1.5%左右的股票，从中筛选合格票存入“午餐肉股票池”。**注意：龙票不会天天有，要有就是三五只。**下面是我们量学特训班学员在2021年5月18日中午，用“午餐肉战法”选出的三只股票：

请看图11-9“南方汇通2021年5月18日量波留影”及图中标注：

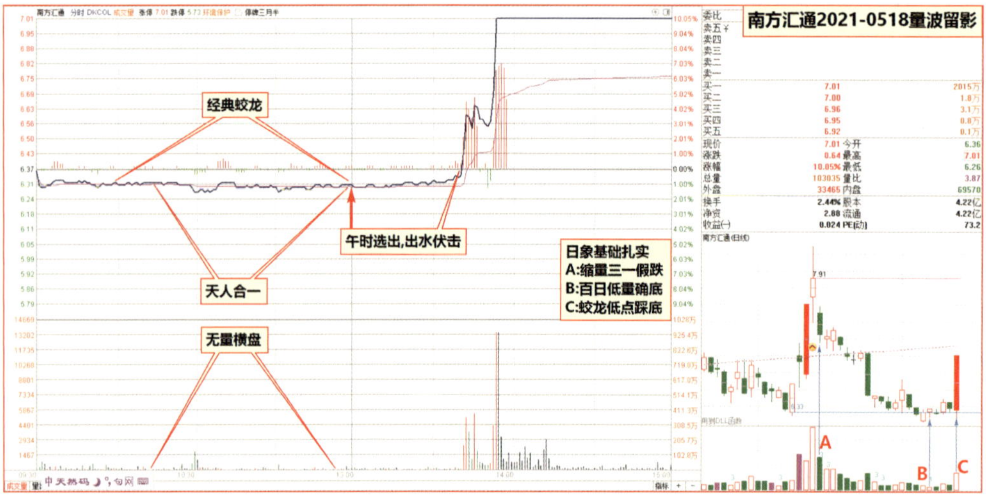

图11-9

该股“午餐肉”选股理由：

一是经典蛟龙，可望蛟龙出水，中到大阳；

二是日象很好，涨停密码密集，可望爆发；

三是藏在水下一个点，可在人线上的二凹买阴（设预警）。

此后在过地线时，确认蛟龙出水伏击成功。

再看图11-10“久吾高科2021年5月18日量波留影”及图中标注：

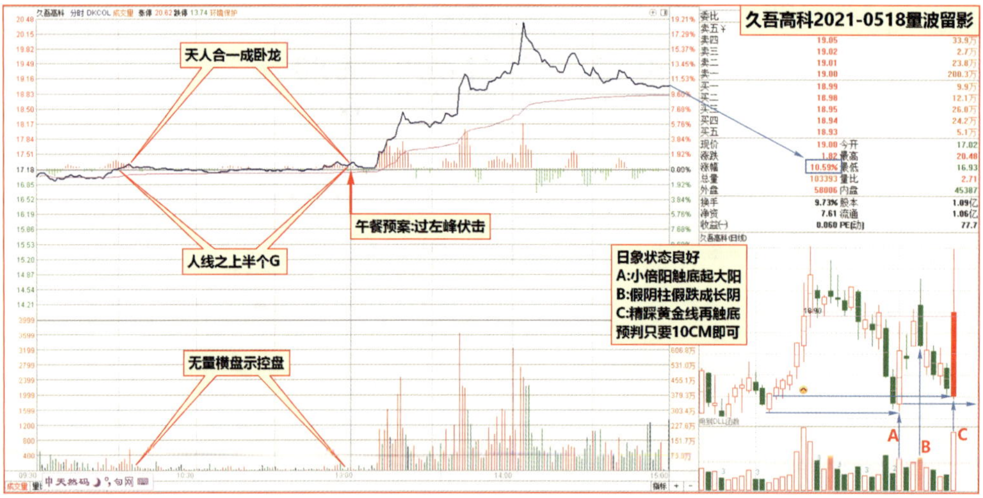

图11-10

该股“午餐肉”选股理由：

一是天人合一成卧龙，有望卧龙飞天；

二是人线之上半个G，隐忍有度待爆发；

三是日象状态良好，预判只要10CM即可（设预警）。

午后出现圆底，抬头过左峰时介入，最高涨19个点，收盘涨10.50。

再看图11-11“日播时尚2021年5月18日量波留影”及图中标注：

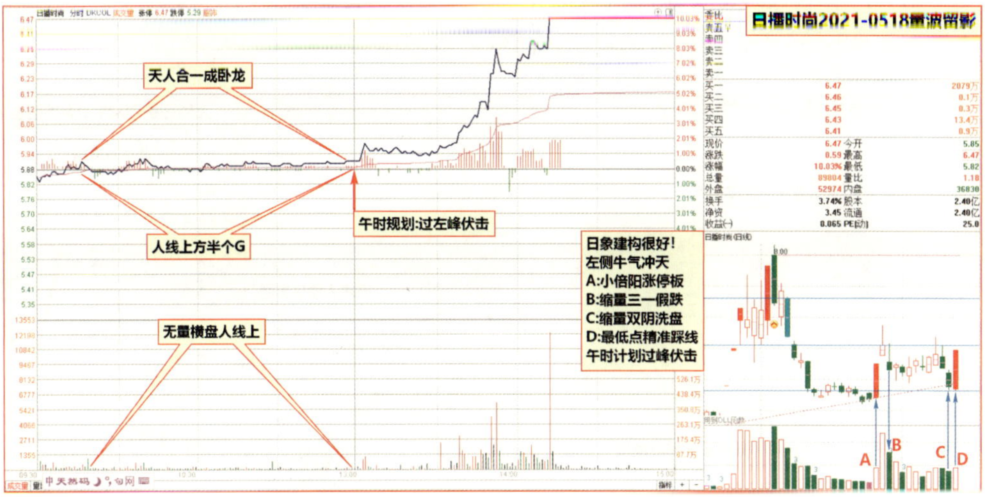

图11-11

该股“午餐肉”选股理由：

日象建构很好！

左侧牛气冲天

A：小倍阳涨停板

B：缩量三一假跌

C：缩量双阴洗盘

D：最低点精准踩线

午时设好过峰预警，实际后延半小时伏击。成功涨停！

以上三只票，从日象建构来看，“日播时尚”的建构最好，所以该股日后越涨越好，5月31日后6连板，第6板打开涨停。事实证明：日象是量波的基础，只有日象好的建构，才有好的涨幅。我们在学习量波的时候，一定要不断强化识别日象的基本功。

要领二：“伏击圈”擒龙

午餐筛选的三龙，不一定午后会启动，因为没有启动的龙，就是虫。有些看似龙形的大虫，混在预选股之中，一定要认真甄别。甄别的方法是：

第一，看它能不能抬头，能突破分时左峰的是第一伏击点；

第二，看它会不会回踩，回踩不破人线的是第二伏击点；

第三，看它人线跟不跟，凡人线跟着涨的是第三伏击点。

先看图11-12“大湖股份2021年4月9日量波留影”及图中标注：

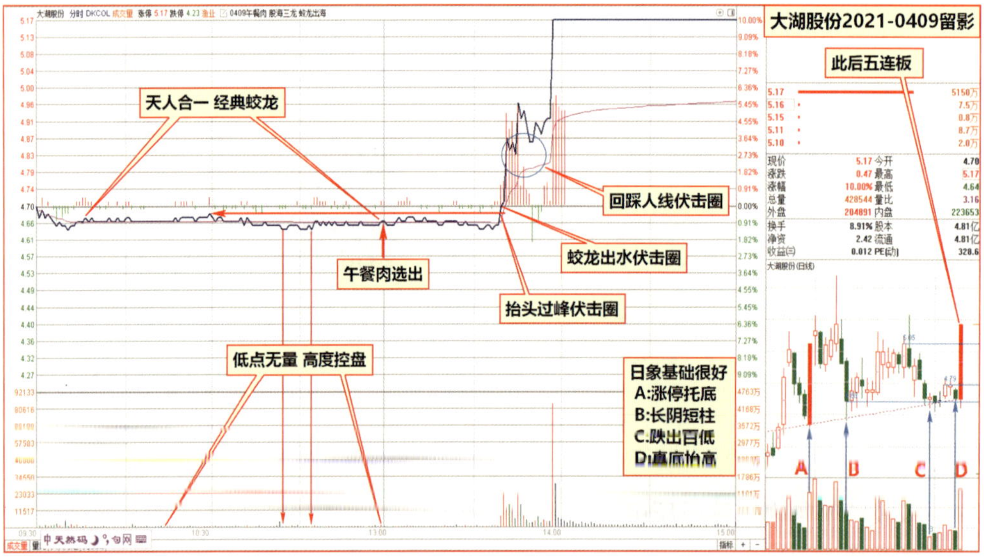

图11-12

图11-12中的蛟龙，有三个伏击点。

第一，抬头过峰伏击圈，激进者可以伏击；

第二，蛟龙出水伏击圈，稳健者可以伏击；

第三，回踩人线伏击圈，菜鸟也可以伏击。

再看图11-13“麦迪科技2021年4月9日量波留影”及图中标注：

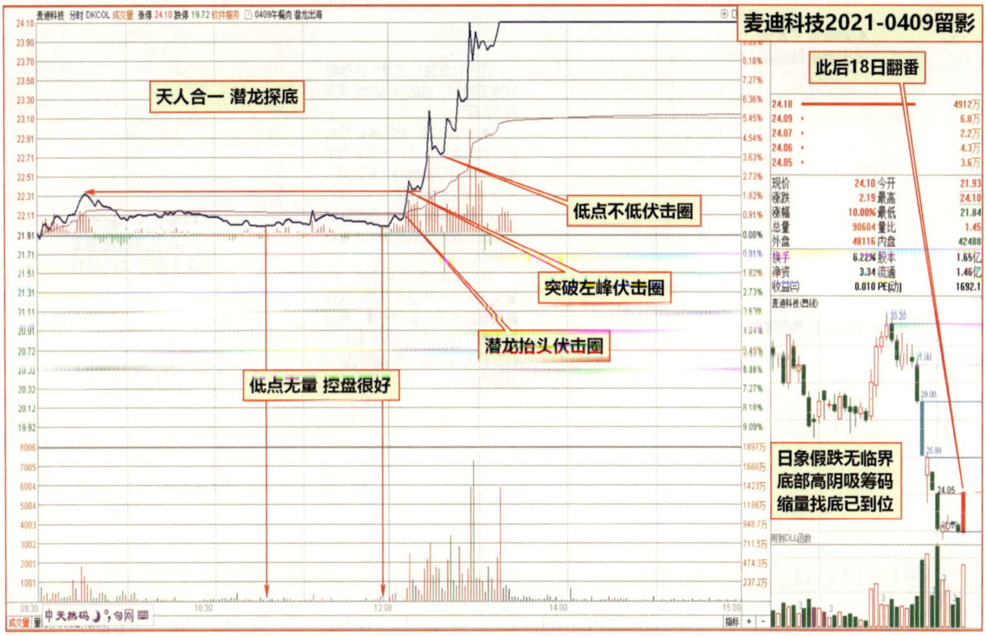

图11-13

图11-13中的潜龙，也有三个伏击点：

第一，潜龙抬头伏击圈，激进者可以参与；

第二，突破左峰伏击圈，稳健者可以参与；

第三，低点不低伏击圈，菜鸟也可以参与。

要领三：“全天候”锁龙

只要学会了上述识龙、选龙、伏龙的方法，我们可以不在午餐上做文章，而是将眼光放得更远一点，放眼观察开盘一小时左右至午后一小时左右的盘面。因为，学过量学的主力，知道量学“午餐肉战法”的厉害，怕量学同仁吃他的“午餐肉”，于是，就把“三龙崛起”的时段，从午后转移至午前。

请看图11-14“中船科技2020年12月9日量波留影”及图中标注：

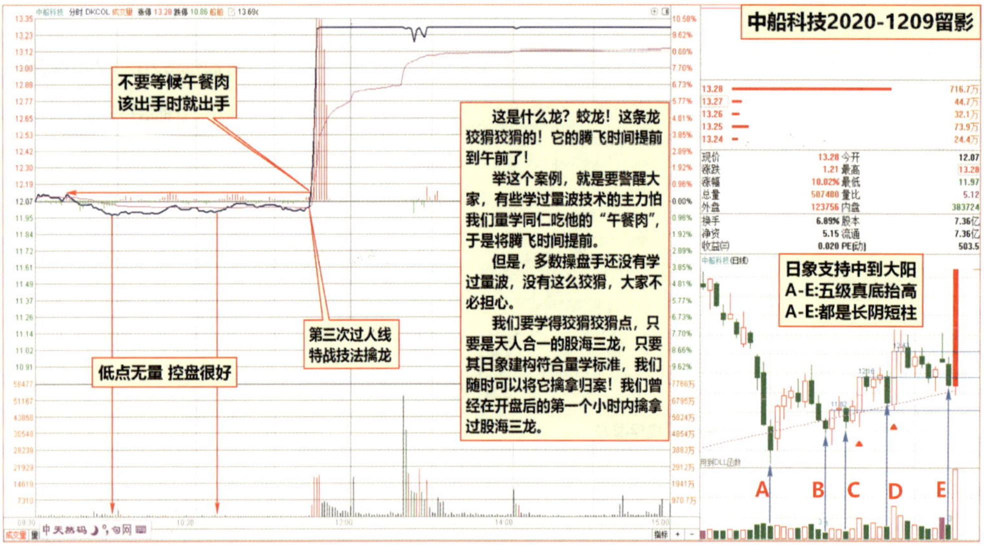
中船科技2020-1209留影
不要等候午餐肉
该出手时就出手
这是什么龙？蛟龙！这条龙狡猾狡猾的！它的腾飞时间提前到午前了！
举这个案例，就是要警醒大家，有些学过量波技术的主力怕我们量学同仁吃他的“午餐肉”，于是将腾飞时间提前。
但是，多数操盘手还没有学过量波，没有这么狡猾，大家不必担心。
我们要学得狡猾狡猾点，只要是天人合一的股海三龙，只要其日象建构符合量学标准，我们随时可以将它擒拿归案！我们曾经在开盘后的第一个小时内擒拿过股海三龙。
第三次过人线
特战技法擒龙
低点无量 控盘很好
日象支持中到大阳
A-E:五级真底抬高
A-E:都是长阴短柱
A
B
C
D
E

图11-14

图11-14是什么龙？蛟龙！

这条龙非常狡猾！它将腾飞时间提到了午前！还有一些主力，为了躲避量学同仁的伏击，甚至将三龙崛起的时间延迟到收盘前的半小时至十五分钟左右。面对这些狡猾的主力，我们唯一的办法就是全方位、全天候监控。

请看图11-15“某股票2019年11月28日周四留影”及图中标注：

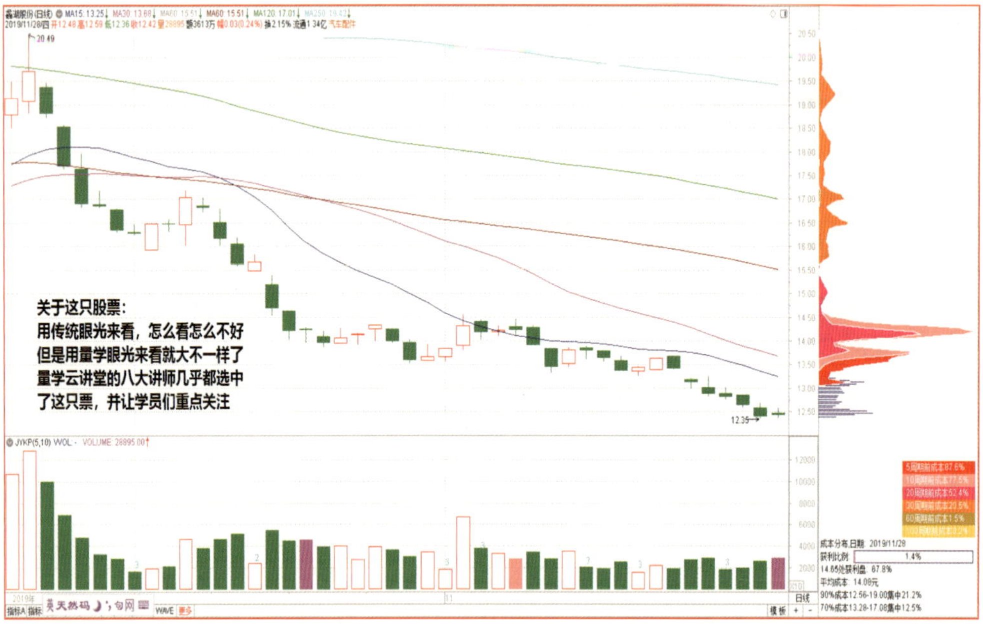
关于这只股票：
用传统眼光来看，怎么看怎么不好
但是用量学眼光来看就大不一样了
量学云讲堂的八大讲师几乎都选中了这只票，并让学员们重点关注

图11-15

图11-15这只股票，用传统眼光来看，怎么看怎么不好。但是用量学眼光来看就大不一样了。我们量学云讲堂的八大讲师几乎都看中了这只股票，并且让其基训班的学员们重点关注。

为什么要关注它?

请看图11-16“某股票2019年11月28日量学画线分析图”:

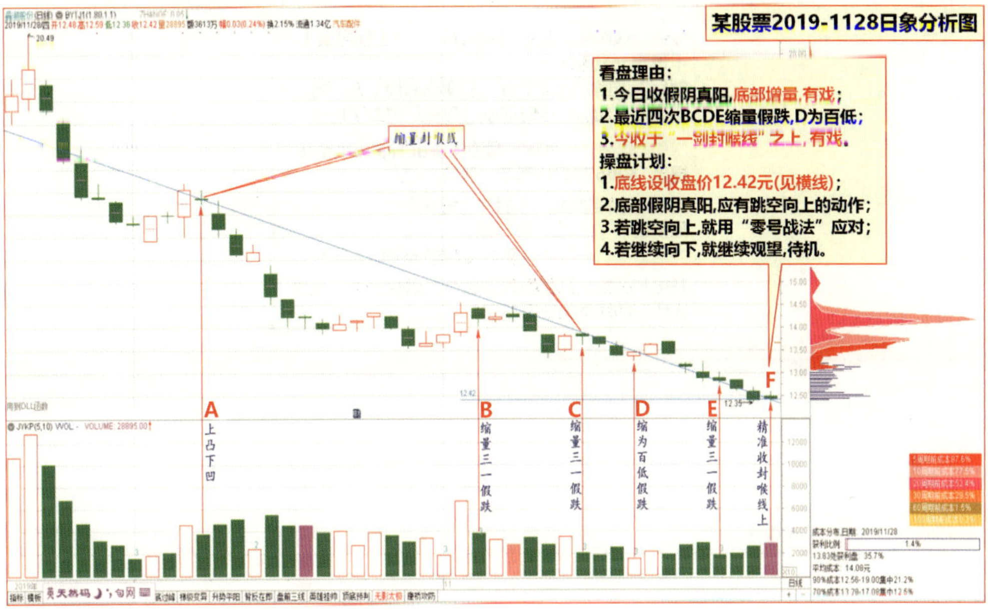

某股票2019-1128日象分析图
看盘理由:
1.今日收假阴真阳,底部增量,有戏;
2.最近四次BCDE缩量假跌,D为百低;
3.今收于“一剑封喉线”之上,有戏。
操盘计划:
1.底线设收盘价12.42元(见横线);
2.底部假阴真阳,应有跳空向上的动作;
3.若跳空向上,就用“零号战法”应对;
4.若继续向下,就继续观望,待机。
缩量封假线
A 上凸下凹
B 缩量三一假跌
C 缩量三一假跌
D 缩为百低假跌
E 缩量三一假跌
F 精准收封喉线上

图11-16

量学云讲堂讲师们的看盘理由:

1.今日收假阴真阳，底部增量，有戏;

2.最近四次B、C、D、E缩量假跌，D柱跌出百低;

3.收盘于“一剑封喉线”之上，有戏。

据此，他们制定的操盘计划是:

1.底线设收盘价12.42元(见横线);

2.底部假阴真阳,应有跳空向上的动作;

3.若跳空向上,就用“零号战法”应对;

4.若继续向下,就继续观望，待机。

常言道：计划赶不上变化。上面的计划，能在实盘中执行吗?若计划不能执行怎么办?若出现意外怎么办?

请看图11-17“该股票2019年11月29日近三小时量波图”:

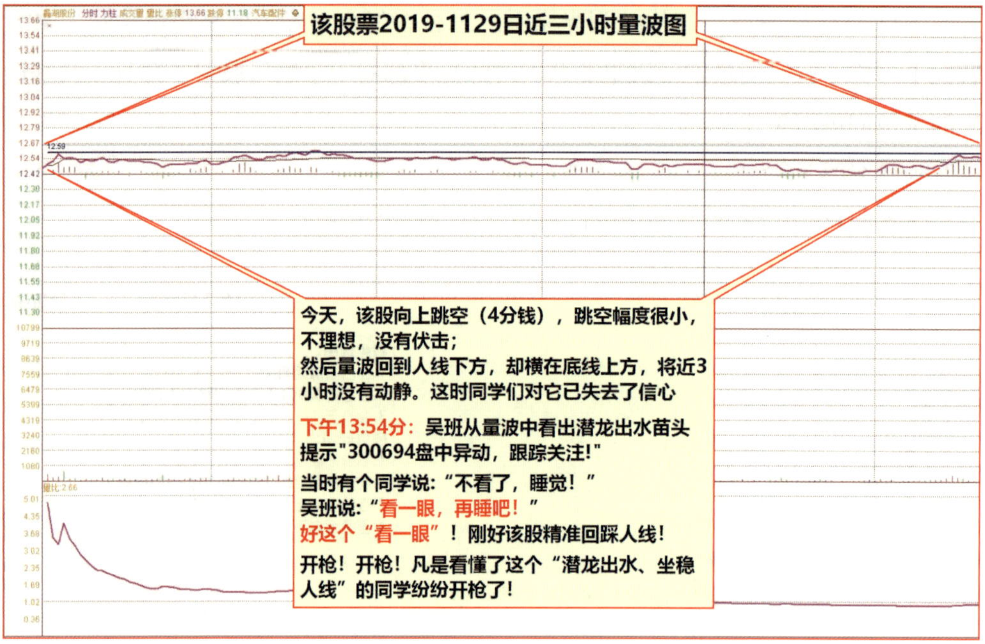

该股票2019-1129日近三小时量波图
今天，该股向上跳空（4分钱），跳空幅度很小，不理想，没有伏击；
然后量波回到人线下方，却横在底线上方，将近3小时没有动静。这时同学们对它已失去了信心
下午13:54分：吴班从量波中看出潜龙出水苗头提示"300694盘中异动，跟踪关注!"
当时有个同学说："不看了，睡觉！"
吴班说："看一眼，再睡吧！"
好这个"看一眼"！刚好该股精准回踩人线！
开枪！开枪！凡是看懂了这个"潜龙出水、坐稳人线"的同学纷纷开枪了！

图11-17

请看图11-18“蠡湖股份2019年11月29日擒龙全景图”及图中标注：

出门不带钱
感谢王子老师，感谢吴树文老师！周五基训班13.54分提示300694盘中异动，跟踪关注，当时有个同学说，不看了，睡觉！吴老师说，看一眼300694再睡吧，14点14分，涨停了，我虽然买的不多，但是很佩服吴老师的眼光，跟着这样的好老师，能学不会吗？非常感谢吴树文老师！也欢迎大家想踏实学习的量友来参加吴老师的QQ三维交流群740038252
2019-11-30 23:55:42
300694 蠡湖股份
涨停基因分析：
C:假阴，精准收于封喉线
D:零号，回坐不破昨日实底
E:潜龙，低点无量假跌
F:回坐，不破人线抬头涨停
E:量波潜龙
F:过线异动择机伏击!
盘口量波重点：跳空阳，坐拐上；不破下线它就涨！
A
B
C
D

图11-18

举出这个案例，就是要警醒读者，有些学过量波技术的主力，怕我们量学同仁

吃他的“午餐肉”，于是将腾飞时间提前。但是，多数操盘手还没有学过量波，没有这么狡猾，大家不必担心。

通过这个案例，我们也要学得狡猾点。只要是天人合一的股海三龙，只要其日象建构符合量学标准，我们随时可以将它擒拿归案！我们曾经在开盘后的第一个小时内擒拿过股海三龙。

要想全天候擒龙，务必强化眼光训练，务必多看图、多画图、多记图，把量学基因和股海三龙的图谱烂熟于心，形成条件反射，才能驰骋于股海。

量学特训班的《量学擒龙顺口溜》是：

操千曲而后晓声，
观千剑而后识器；
析千股而后懂牛，
画千图而后擒龙。

股市天经

第12章

“腾龙飞天”的模型及量化标准

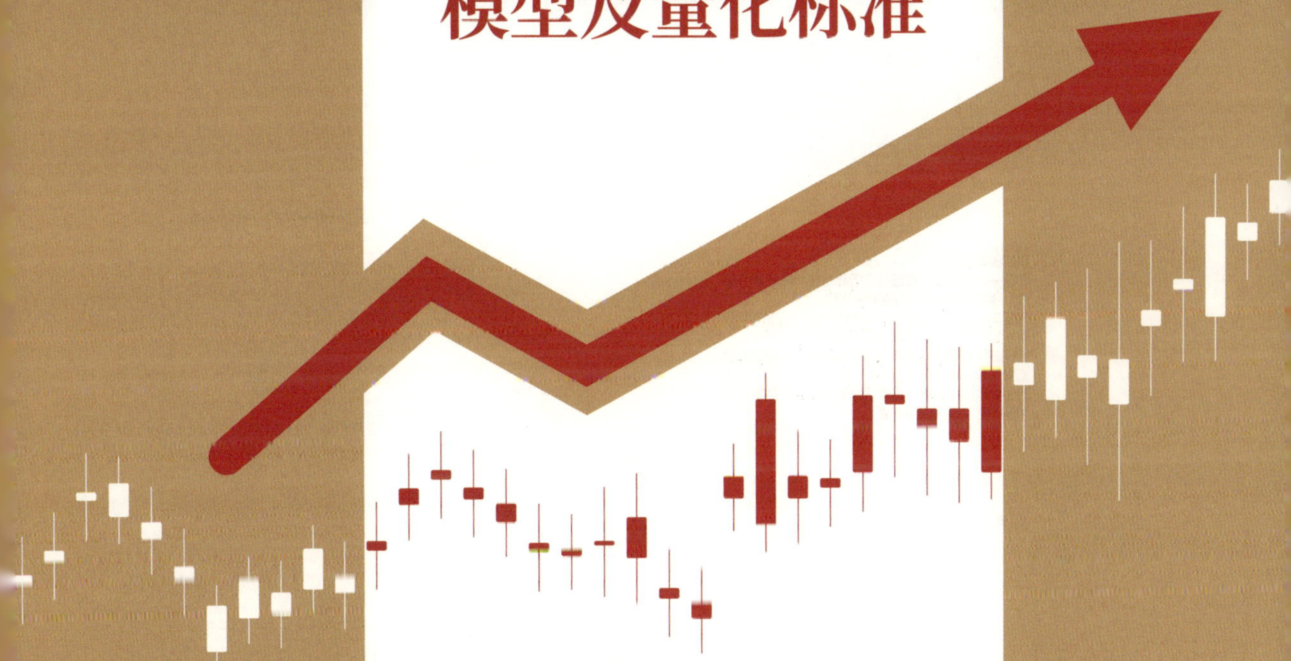

有许多网友留言，量学“抓涨停后的涨停”非常厉害，但是，量学能不能“抓没涨停的涨停”呢？其实，量学段位提升到四段之后，“抓没涨停的涨停”非常容易，本章讲解的量学“腾龙飞天模型”，就是“抓没涨停的涨停”利器！

第一节

腾龙的基本特征

所谓“腾龙”，就是“零号跳空之龙”。《量柱擒涨停》和《伏击涨停》两本书中，详细讲解过“量学零号战法”，这个“零”就是“零交易”，特指股价或指数“跳空”之后所形成的“零交易区间”，这个“区间”量学称为“零号”。

“零号”相当于一个“圆球”，这个“圆球”有大有小，当你把圆球压缩到一定程度而不破时，它就具有强大的爆发力和弹射力。量学将它比喻为“斗地主”中的“炸弹”，若开局之时，有人扔出一个“炸弹”，可见他手中还有“炸弹”，甚至可能还有“王炸”，这个人的牌一定很好。

请看图12-1“美邦服饰2021年4月13日日象留影”及图中标注：

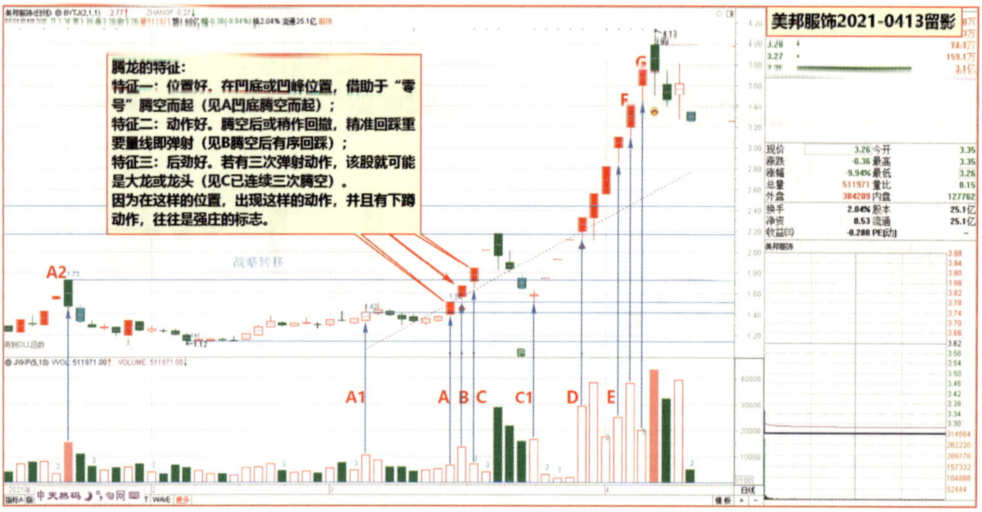
美邦服饰2021-0413留影
腾龙的特征：
特征一：位置好。在凹底或凹峰位置，借助于“零号”腾空而起（见A凹底腾空而起）；
特征二：动作好。腾空后或稍作回撤，精准回踩重要量线即弹射（见B腾空后有序回踩）；
特征三：后劲好。若有三次弹射动作，该股就可能是大龙或龙头（见C已连续三次腾空）。
因为在这样的位置，出现这样的动作，并且有下蹲动作，往往是强庄的标志。
战略转移
A2
A1
A
B
C
C1
D
E
F
G

图12-1

如图所示：底部的ABC三处就是腾龙。腾龙的特征：

特征一：位置好。在凹底或凹峰位置，借助于“零号”腾空而起（见A凹底腾空而起）。

特征二：动作好。腾空后或稍做回撤，精准回踩重要量线即弹射（见B腾空后有序回踩）。

特征三：后劲好。若有三次弹射动作，该股就可能是大龙或龙头（见C已连续三次腾空）。

因为在这样的位置，出现这样的动作，并且有下蹲动作，往往是强庄的标志。美邦服饰就是这样的龙！C处过峰之后，过峰保顶，在C1精准回踩A柱实顶，这就是“压缩圆球”，压而不破，必将爆发或弹射，连续三个一字板。

D柱开始，展开第二轮腾飞，D、F、G又是三个“腾龙飞天”。

第二节
腾龙的内在本质

有人问：主力为什么要用腾龙的方式来暴露自己的底牌呢？

这个问题问到点子上了！主力经过长期运作之后，已经基本控盘了，就要拉升了，他是不希望有人搭车的，所以，他就要以“腾龙”的方式迅速脱离成本区，让后来的人只能在高位介入，成为主力的抬轿者。

请看图12-2“深圳能源2021口4月13日留影”及图中标注：

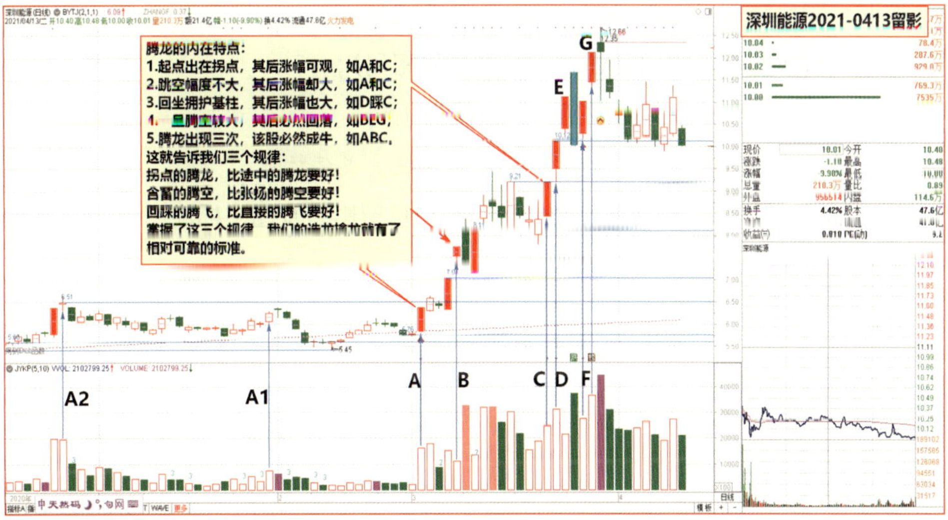
深圳能源2021-0413留影
腾龙的内在特点：
1.起点出在拐点，其后涨幅可观，如A和C；
2.跳空幅度不大，其后涨幅却大，如A和C；
3.回坐拥护基柱，其后涨幅也大，如D踩C；
4.一旦腾空较大，其后必然回落，如BEG；
5.腾龙出现三次，该股必然成牛，如ABC，
这就告诉我们三个规律：
拐点的腾龙，比途中的腾龙要好！
含蓄的腾空，比张扬的腾空要好！
回踩的腾飞，比直接的腾飞要好！
掌握了这三个规律，我们的选龙擒龙就有了相对可靠的标准。
A2
A1
A
B
C
D
F
E
G

图12-2

对照图示，我们来看看腾龙的内在特点：

1. 起点出在拐点的，其后涨幅可观，如A和C；
2. 跳空幅度不大的，其后涨幅却大，如A和C；
3. 回坐拥护基柱的，其后涨幅也大，如D踩C；
4. 一旦腾空较大的，其后必然回落，如BEG；
5. 腾龙出现三次的，该股必然成牛，如ABC。

这就告诉我们三个规律：

拐点的腾龙，比途中的腾龙要好！

含蓄的腾空，比张扬的腾空要好！

回踩的腾飞，比直接的腾飞要好！

掌握了这三个规律，我们的选龙擒龙就有了相对可靠的标准。

第三节
腾龙的筛选标准

根据上述规律，我们总结出腾龙飞天925选股模式五要素：

1. 量：现量百万（成交100万元以上，或更高）；
2. 价：跳空一二（1%—3%，更高更好但风险大）；
3. 时：竞价结束（9:25—9:30，选出3—5确定3）；
4. 空：过康凹峰（简称KAF，或其他涨停密码）；
5. 拐：不破基线（或3121向上，以人线为王）。

注：流通盘选10亿左右，大盘股就要加大现量成交数量。

例一，请看图12-3“大有能源2021年4月13日留影”及图中标注：

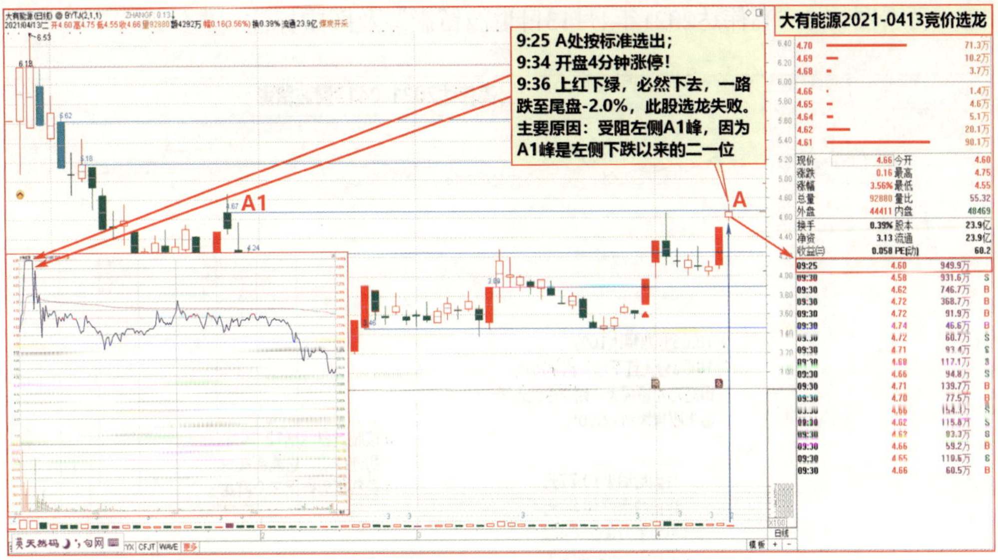
大有能源2021-0413竞价选龙
9:25 A处按标准选出；
9:34 开盘4分钟涨停！
9:36 上红下绿，必然下去，一路跌至尾盘-2.0%，此股选龙失败。
主要原因：受阳左侧A1峰，因为A1峰是左侧下跌以来的二一位
A1
A

图12-3

如图所示，按标准在2021年4月13日早上9:25分选出，9:34分涨停，但在9:36分上红下绿，出了叛徒，大跌，至尾盘收跌2.0%。显然，这只票选龙失败。主要原因是此处正值左峰A1的压力，A1是左侧下跌的二一位，“不过鬼门关，还要往下窜”。

所以，选龙一定要结合日象。最好是凹底、凹口这两个位置。

例二，再看图12-4“高伟达2021年4月13日预选腾龙”及图中标注：

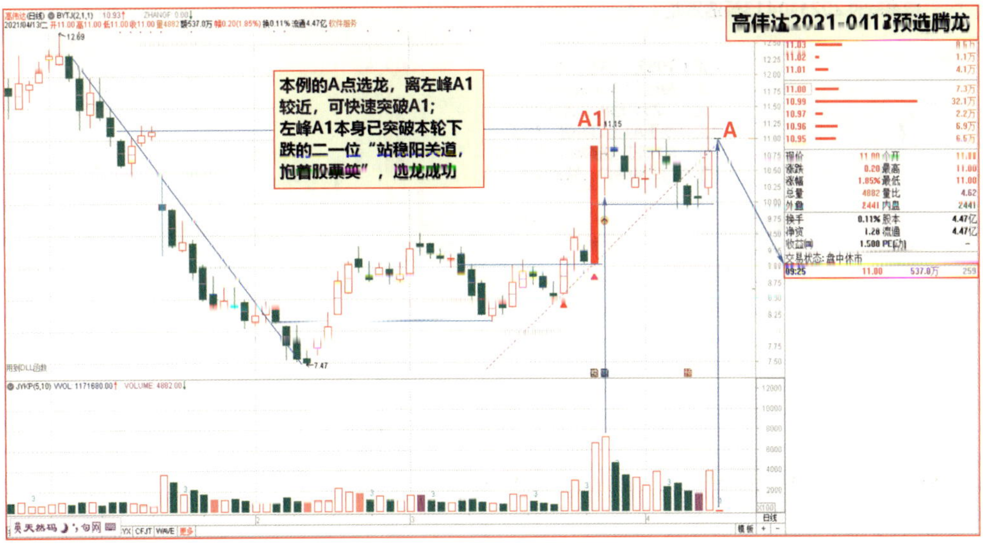
高伟达2021-0413预选腾龙
本例的A点选龙，离左峰A1较近，可快速突破A1；
左峰A1本身已突破本轮下跌的二一位“站稳阳关道，抱着股票笑”，选龙成功
A1
A

图12-4

再看图12-5“高伟达2021年4月13日量波留影”及图中标注：

高伟达2021-0413量波留影
10:05分涨幅达16%
10:06分上红下绿，出了叛徒
但红方力量强大，始终不破人线
最终收盘大涨12.96%
该股当日涨幅12.96%
初选成功，它能否成龙
要看其后有无三个腾龙
开盘后回坐10.77元
昨日收盘价10.80元
可见主力是回踩实顶
下挫3分钱应属精准

图12-5

本例预选腾龙虽然当天涨幅达到12.96%，属于涨停范畴，但它能否成龙，有待日后能否出现三个腾龙来决定。

例二，再看图12-6“榕基软件2021年4月13日预选腾龙”及图中标注：

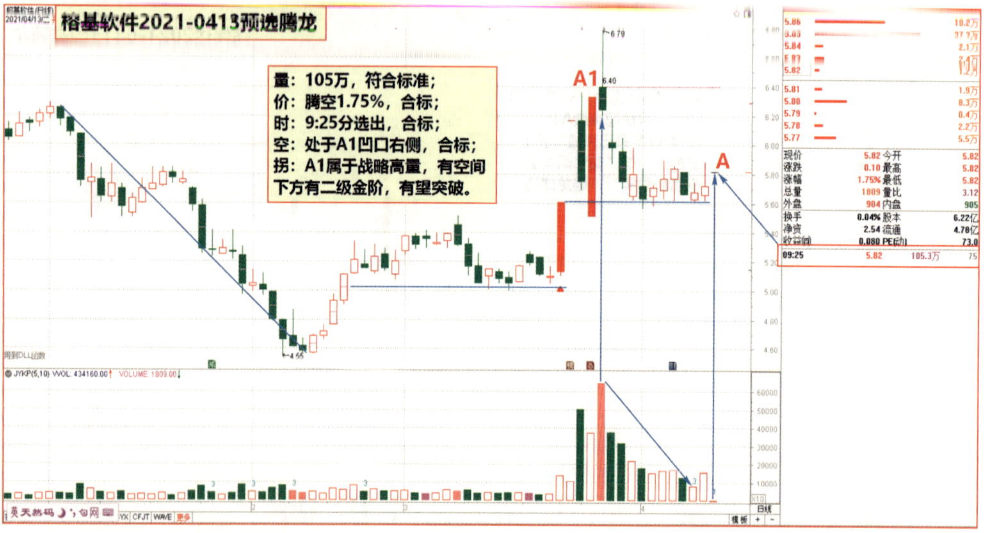
榕基软件2021-0413预选腾龙
量：105万，符合标准；
价：腾空1.75%，合标；
时：9:25分选出，合标；
空：处于A1凹口右侧，合标；
拐：A1属于战略高量，有空间
下方有二级金阶，有望突破。
A1
A

图12-6

再看图12-7"榕基软件2021年4月13日量波留影"及图中标注：

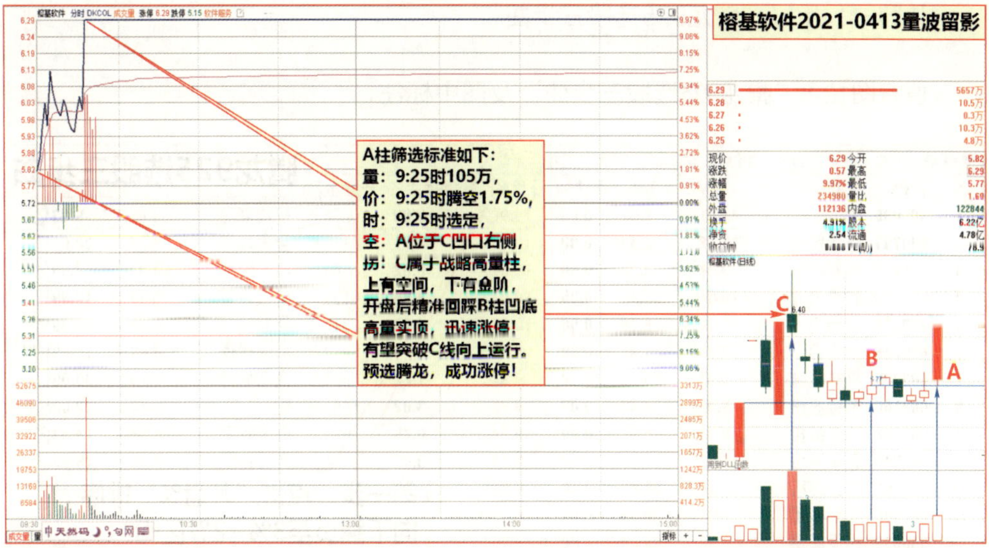
榕基软件2021-0413量波留影
A柱筛选标准如下：
量：9:25时105万，
价：9:25时腾空1.75%，
时：9:25时选定，
空：A位于C凹口右侧，
拐：C属于战略高量柱，
上有空间，下有金阶，
开盘后精准回踩B柱凹底
高量实顶，迅速涨停！
有望突破C线向上运行。
预选腾龙，成功涨停！
C
B
A

图12-7

A柱筛选标准如下：

量：早上9:25时105万，合标；

价：早上9:25时腾空1.75%，合标；

时：早上9:25时选定，合标；

空：A位于C凹口右侧，合标；

拐：C属于战略高量柱，上有空间，下有金阶，开盘后精准回踩凹底高量实顶B，三次回踩人线成功，迅速涨停！日后有望突破C线向上运行。

以上三例，都是2021年4月13日预选的3只票，本例最成功！

本例只是伏击涨停成功，但要验证本例能否成龙，务必观察此后能否再出两个腾龙。

第四节

腾龙的筛选诀窍

实践告诉我们，用"腾龙925战法"选出的股票，一般可以收获中到大阳。如何选出真正能够飞天的腾龙呢？

诀窍一：用好“腾龙925选股三步曲”

请看图12-8“腾龙925选股三步曲”及图中标注：

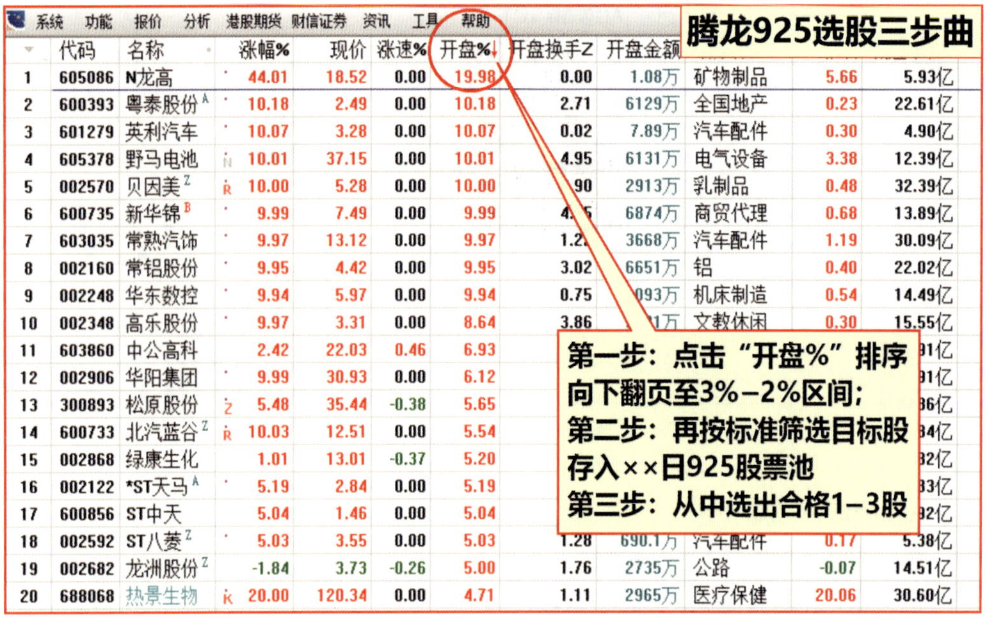
系统 功能 报价 分析 港股期货 财信证券 资讯 工具 帮助
腾龙925选股三步曲
第一步：点击“开盘%”排序
向下翻页至3%–2%区间；
第二步：再按标准筛选目标股
存入××日925股票池
第三步：从中选出合格1–3股

	代码	名称	涨幅%	现价	涨速%	开盘%	开盘换手Z	开盘金额			
1	605086	N龙高	44.01	18.52	0.00	19.98	0.00	1.08万	矿物制品	5.66	5.93亿
2	600393	粤泰股份	10.18	2.49	0.00	10.18	2.71	6129万	全国地产	0.23	22.61亿
3	601279	英利汽车	10.07	3.28	0.00	10.07	0.02	7.89万	汽车配件	0.30	4.90亿
4	605378	野马电池	10.01	37.15	0.00	10.01	4.95	6131万	电气设备	3.38	12.39亿
5	002570	贝因美	10.00	5.28	0.00	10.00	[illegible]	2913万	乳制品	0.48	32.39亿
6	600735	新华锦	9.99	7.49	0.00	9.99	[illegible]	6874万	商贸代理	0.68	13.89亿
7	603035	常熟汽饰	9.97	13.12	0.00	9.97	[illegible]	3668万	汽车配件	1.19	30.09亿
8	002160	常铝股份	9.95	4.42	0.00	9.95	3.02	6651万	铝	0.40	22.02亿
9	002248	华东数控	9.94	5.97	0.00	9.94	0.75	[illegible]	机床制造	0.54	14.49亿
10	002348	高乐股份	9.97	3.31	0.00	8.64	3.86	[illegible]	文教休闲	0.30	15.55亿
11	603860	中公高科	2.42	22.03	0.46	6.93	[illegible]	[illegible]	[illegible]	[illegible]	[illegible]
12	002906	华阳集团	9.99	30.93	0.00	6.12	[illegible]	[illegible]	[illegible]	[illegible]	[illegible]
13	300893	松原股份	5.48	35.44	-0.38	5.65	[illegible]	[illegible]	[illegible]	[illegible]	[illegible]
14	600733	北汽蓝谷	10.03	12.51	0.00	5.54	[illegible]	[illegible]	[illegible]	[illegible]	[illegible]
15	002868	绿康生化	1.01	13.01	-0.37	5.20	[illegible]	[illegible]	[illegible]	[illegible]	[illegible]
16	002122	*ST天马	5.19	2.84	0.00	5.19	[illegible]	[illegible]	[illegible]	[illegible]	[illegible]
17	600856	ST中天	5.04	1.46	0.00	5.04	[illegible]	[illegible]	[illegible]	[illegible]	[illegible]
18	002592	ST八菱	5.03	3.55	0.00	5.03	1.28	690.1万	汽车配件	0.17	5.38亿
19	002682	龙洲股份	-1.84	3.73	-0.26	5.00	1.76	2735万	公路	-0.07	14.51亿
20	688068	热景生物	20.00	120.34	0.00	4.71	1.11	2965万	医疗保健	20.06	30.60亿

图12-8

第一步：点击“开盘%”，按涨幅高低排序，向下翻页至涨幅在3%—2%区间，有时可适当调整涨幅区间；

第二步：从“开盘金额”中，按流通盘大小，选出符合标准的目标股，存入我们预先创建的“腾龙925股池”中；

第三步：从“腾龙股池”中筛选出1—3只合格的股票，这道工序非常关键，是检验我们量学基本功的试金石。

请看图12-9“2021年4月16日腾龙925选股”及图中标注：

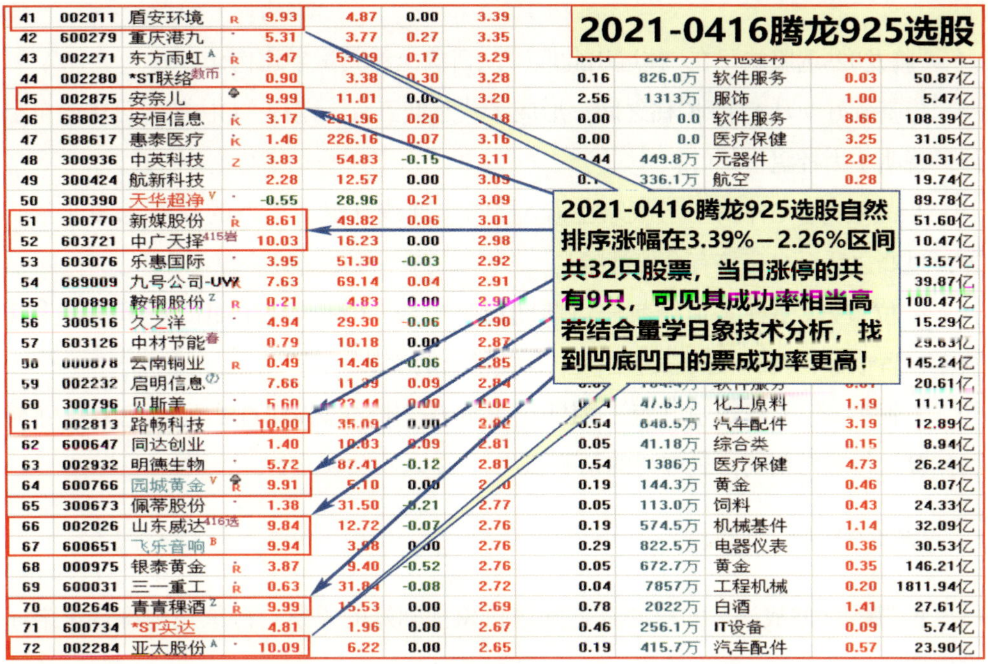
2021-0416腾龙925选股
2021-0416腾龙925选股自然排序涨幅在3.39%—2.26%区间共32只股票，当日涨停的共有9只，可见其成功率相当高若结合量学日象技术分析，找到凹底凹口的票成功率更高！

41	002011	盾安环境	R	9.93	4.87	0.00	3.39	[illegible]	[illegible]	[illegible]	[illegible]	[illegible]
42	600279	重庆港九		5.31	3.77	0.27	3.35	[illegible]	[illegible]	[illegible]	[illegible]	[illegible]
43	002271	东方雨虹 A	R	3.47	53.09	0.17	3.29	[illegible]	[illegible]	[illegible]	[illegible]	[illegible]
44	002280	*ST联络 数币		0.90	3.38	0.30	3.28	0.16	826.0万	软件服务	0.03	50.87亿
45	002875	安奈儿		9.99	11.01	0.00	3.20	2.56	1313万	服饰	1.00	5.47亿
46	688023	安恒信息	K	3.17	281.96	0.20	3.18	0.00	0.0	软件服务	8.66	108.39亿
47	688617	惠泰医疗	K	1.46	226.16	0.07	3.16	0.00	0.0	医疗保健	3.25	31.05亿
48	300936	中英科技	Z	3.83	54.83	-0.15	3.11	[illegible]	449.8万	元器件	2.02	10.31亿
49	300424	航新科技		2.28	12.57	0.00	3.09	[illegible]	336.1万	航空	0.28	19.74亿
50	300390	天华超净 V		-0.55	28.96	0.21	3.09	[illegible]	[illegible]	[illegible]	[illegible]	89.78亿
51	300770	新媒股份	R	8.61	49.82	0.06	3.01	[illegible]	[illegible]	[illegible]	[illegible]	51.60亿
52	603721	中广天择 415岩		10.03	16.23	0.00	2.98	[illegible]	[illegible]	[illegible]	[illegible]	10.47亿
53	603076	乐惠国际		3.95	51.30	-0.03	2.92	[illegible]	[illegible]	[illegible]	[illegible]	13.57亿
54	689009	九号公司-UWR		7.63	69.14	0.04	2.91	[illegible]	[illegible]	[illegible]	[illegible]	39.87亿
55	000898	鞍钢股份 Z	R	0.21	4.83	0.00	2.90	[illegible]	[illegible]	[illegible]	[illegible]	100.47亿
56	300516	久之洋		4.94	29.30	-0.06	2.90	[illegible]	[illegible]	[illegible]	[illegible]	15.29亿
57	603126	中材节能 春		0.79	10.18	0.00	2.87	[illegible]	[illegible]	[illegible]	[illegible]	29.63亿
58	000878	云南铜业	R	0.49	14.46	[illegible]	2.85	[illegible]	[illegible]	[illegible]	[illegible]	145.24亿
59	002232	启明信息 ⑦		7.66	[illegible]	0.09	2.84	[illegible]	[illegible]	[illegible]	[illegible]	20.61亿
60	300796	贝斯美		5.60	[illegible]	[illegible]	[illegible]	[illegible]	47.63万	化工原料	1.19	11.11亿
61	002813	路畅科技		10.00	35.09	0.00	[illegible]	[illegible]	648.5万	汽车配件	3.19	12.89亿
62	600647	同达创业		1.40	[illegible]	[illegible]	2.81	0.05	41.18万	综合类	0.15	8.94亿
63	002932	明德生物		5.72	87.41	-0.12	2.81	0.54	1386万	医疗保健	4.73	26.24亿
64	600766	园城黄金 V	R	9.91	[illegible]	0.00	[illegible]	0.19	144.3万	黄金	0.46	8.07亿
65	300673	佩蒂股份		1.38	31.50	[illegible]	2.77	0.05	113.0万	饲料	0.43	24.33亿
66	002026	山东威达 416选		9.84	12.72	-0.07	2.76	0.19	574.5万	机械基件	1.14	32.09亿
67	600651	飞乐音响 B		9.94	[illegible]	[illegible]	2.76	0.29	822.5万	电器仪表	0.36	30.53亿
68	000975	银泰黄金	R	3.87	[illegible]	-0.52	2.76	0.05	672.7万	黄金	0.35	146.21亿
69	600031	三一重工	R	0.63	[illegible]	-0.08	2.72	0.04	7857万	工程机械	0.20	1811.94亿
70	002646	青青稞酒 Z	R	9.99	[illegible]	0.00	2.69	0.78	2022万	白酒	1.41	27.61亿
71	600734	*ST实达		4.81	1.96	0.00	2.67	0.46	256.1万	IT设备	0.09	5.74亿
72	002284	亚太股份 A		10.09	6.22	0.00	2.65	0.19	415.7万	汽车配件	0.57	23.90亿

图12-9

如图所示，2021年4月16日腾龙925选股自然排序涨幅在3.39%—2.26%区间共有32只股票，当日涨停的有9只，可见其成功率相当高。怎样才能找到这9只涨停的或日后涨不停的股票呢？详见下面的诀窍。

诀窍二：从日象中寻找凹底凹口的票。

请看图12-10"中广天择2021年4月16日凹口腾龙"及图中标注：

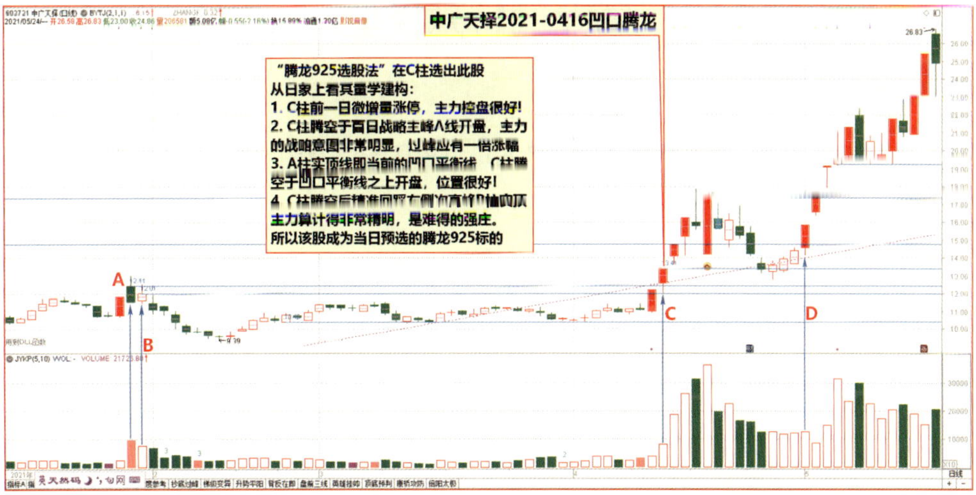
中广天择2021-0416凹口腾龙
"腾龙925选股法"在C柱选出此股
从日象上看其量学建构：
1. C柱前一日微增量涨停，主力控盘很好!
2. C柱腾空于百日战略主峰A线开盘，主力的战略意图非常明显，过峰必有一倍涨幅
3. A柱实顶线即当前的凹口平衡线，C柱腾空于凹口平衡线之上开盘，位置很好!
主力算计得非常精明，是难得的强庄。
所以该股成为当日预选的腾龙925标的
A
B
C
D

图12-10

“腾龙925选股法”在C柱选出此股，从日象上看其量学建构：

1. 基础好。从A柱到C柱之间，形成了“三低三有”建构，C柱前一日微增量涨停，说明主力控盘很好!

2. 战略好。C柱腾空于战略主峰A柱的实顶线开盘，主力的战略意图非常明显，过峰之后至少应该有一倍涨幅！

3. 位置好。A柱实顶线兼任当前凹口平衡线，C柱腾空于凹口平衡线之上开盘，位置很好！具有“凹口淘金，十拿九稳”的优势！

4. 回踩好。C柱腾空开盘，随即精准回踩左侧次高峰B柱实顶，主力攻守兼备，算计得非常精明，是难得的精明强庄。

“腾龙925战法”小结：

1. “腾龙925战法”的核心，是筛选日象基础好的股票，日象建构符合量学标准的票，是主力精心运作的票，才有可能起飞；

2. “腾龙925战法”的重点，是筛选符合战略意图的股票，也就是“战术服务于战略”，只有配合战略进攻的票，才是“腾龙飞天”的票；

3. “腾龙925战法”的要点，是筛选处于凹底、凹口这些占据起飞位置的票，位置决定性质，性质决定品质，品质决定实质。

第五节
腾龙的特殊模型

请看图12-11“润和软件2021年6月25日日象留影”及图中标注：

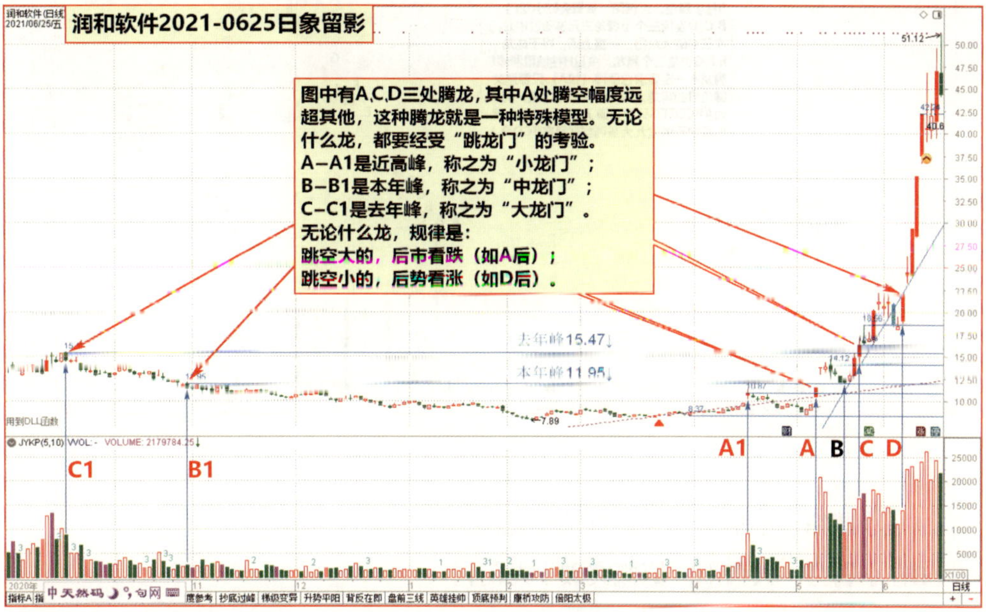
润和软件2021-0625日象留影
图中有A,C,D三处腾龙，其中A处腾空幅度远超其他，这种腾龙就是一种特殊模型。无论什么龙，都要经受“跳龙门”的考验。
A—A1是近高峰，称之为“小龙门”；
B—B1是本年峰，称之为“中龙门”；
C—C1是去年峰，称之为“大龙门”。
无论什么龙，规律是：
跳空大的，后市看跌（如A后）；
跳空小的，后势看涨（如D后）。
去年峰15.47
本年峰11.95
C1
B1
A1
A
B
C
D

图12-11

前面讲解的模型，起步都比较含蓄，其腾空幅度在2%左右。还有一种特殊模型，其腾空幅度较大，老三板（创业板除外）可以腾空5%以上，创业板的则可能腾空10%左右（相当于老三板的5%）。这种腾空，主要是迅速脱离成本区，抬高跟进者的成本，让大家在更高的成本区为主力抬轿子。

图中有A、C、D三处腾龙，其中A处腾空幅度远超其他，这种腾龙就是一种特殊模型。无论什么龙，都要经受“跳龙门”的考验。

A—A1是近高峰，称之为“小龙门”，A柱过小龙门；

B—B1是本年峰，称之为“中龙门”，B柱只是探底；

C—C1是去年峰，称之为“大龙门”，C柱过大龙门。

无论什么腾龙，过大门才能成大龙。

请看图12-12“鼎胜新材2021年6月28日周一留影”及图中标注：

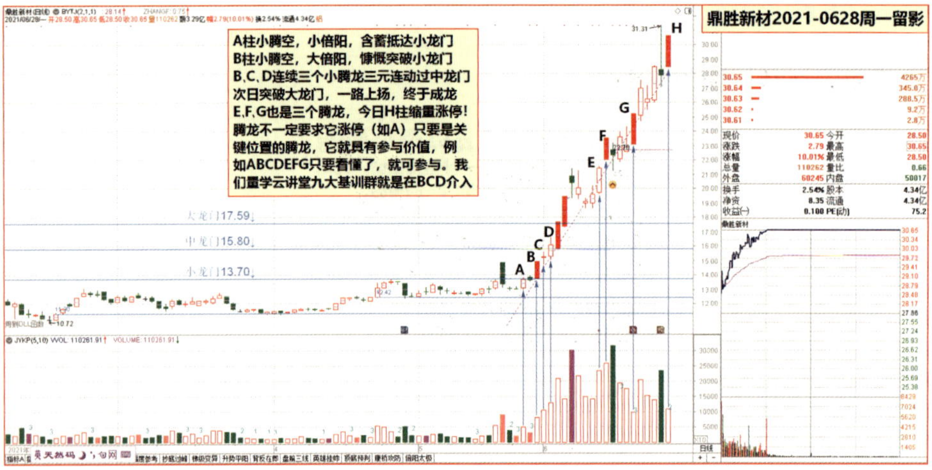
鼎胜新材2021-0628周一留影
A柱小腾空，小倍阳，含蓄抵达小龙门
B柱小腾空，大倍阳，慷慨突破小龙门
B,C,D连续三个小腾龙三元连动过中龙门
次日突破大龙门，一路上扬，终于成龙
E,F,G也是三个腾龙，今日H柱缩量涨停！
腾龙不一定要求它涨停（如A）只要是关键位置的腾龙，它就具有参与价值，例如ABCDEFG只要看懂了，就可参与。我们量学云讲堂九大基训群就是在BCD介入
大龙门17.59
中龙门15.80
小龙门13.70

图12-12

A柱小腾空，小倍阳，含蓄抵达小龙门；

B柱小腾空，大倍阳，慷慨突破小龙门；

B、C、D连续三个小腾龙三元连动过中龙门；

次日突破大龙门，一路上扬，终于成龙；

E、F、G也是三个腾龙，当日H柱逆市涨停！

腾龙不一定要求它涨停（如A），只要是关键位置的腾龙，它就具有参与价值，我们量学云讲堂九大基训群的许多学员就是在BCD先后介入的。

有人说，任何一只龙票，都是从涨停板开始的。此话只说对了一半，因为还有许多龙票，是从凹底腾龙开始的。

请看图12-13“哈三联2021月6月28日日象留影”及图中标注：

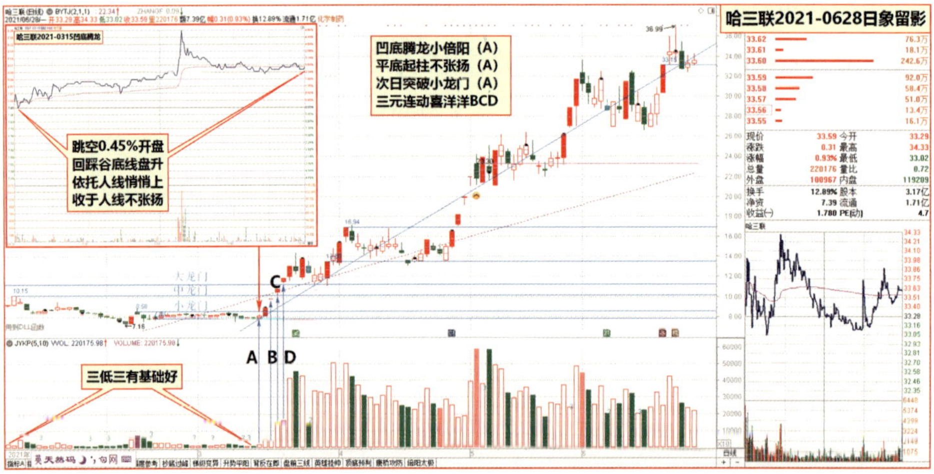
哈三联2021-0628日象留影
哈三联2021-0315凹底腾龙
凹底腾龙小倍阳（A）
平底起柱不张扬（A）
次日突破小龙门（A）
三元连动喜洋洋BCD
跳空0.45%开盘
回踩谷底线盘升
依托人线悄悄上
收于人线不张扬
三低三有基础好

图12-13

该股日象和分时综合详解:

三低三有基础棒,
凹底腾龙小倍阳;
低调开盘小跳空,
回踩谷底拐头上;
依托人线信天游,
收于人线不张扬,
次日突破小龙门,
三元连动喜洋洋。

“腾龙战法”总结:

第一，日象基础要好！（如三低三有、凹底淘金）；
第二，起步位置要好！（如凹底腾龙、凹口腾龙）；
第三，下蹲踩线要好！（如谷底线、黄金线、宝石线）；
第四，腾空幅度要好！（如小龙门、中龙门、大龙门）；
第五，腾龙接力要好！（如三个腾龙、三元连动，才能成大龙）。

股市天经

第13章

“双圈”的双向测幅及标准

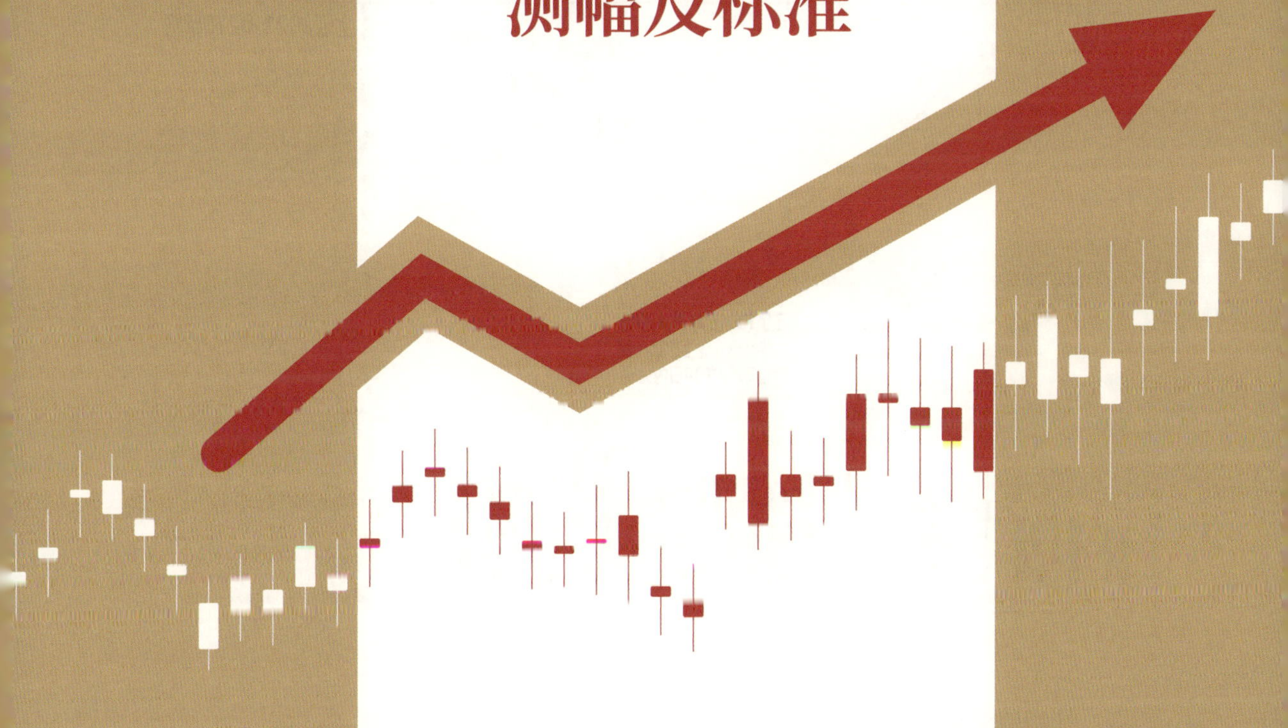

量波的运行不是任性的，而是有一定科学幅度的。科学原理可以逆向互证，就像乘法与除法，平方与开方那样互相验证。

量学的原理也是这样，既然有“平衡线”就有“斜衡线”，有“凹间峰”就有“峰间凹”，有“平顶不过双阴出货”就有“平底不穿双阳参战”，它们都是辩证互通的。

量波测幅功能除了前面讲到的4G战法、恐龙战法、乒乓战法之外，神奇的QQ战法就是量波逆向测幅技术的经典。

第一节

“双向测幅”精准兑现的奥秘

请看图13-1“上证指数AB点预测值在E点精准兑现图”及图中标注：

图13-1

如图所示：

图中左圆，“以底测顶”：即以A—A1为半径画圆，测得上升行情第一目标位为3653点，至E点精准兑现；

图中右圆，“以顶测底”：即以C—C1为半径画圆，测得下降行情第一目标位是

3452点，至D点精准兑现。

这是什么原理呢？

左圆，是以凹底A，与凹间峰A1为半径画圆而成；

右圆，是以峰顶C，与峰间凹底C1为半径画圆而成。

左圆测顶，称之为“以底测顶”；左圆测底，称之为“以顶测底”。

第二节

“以顶测底”的标准、方法和验证

请看图13-2“上证指数2015年8月21日日象留影”：

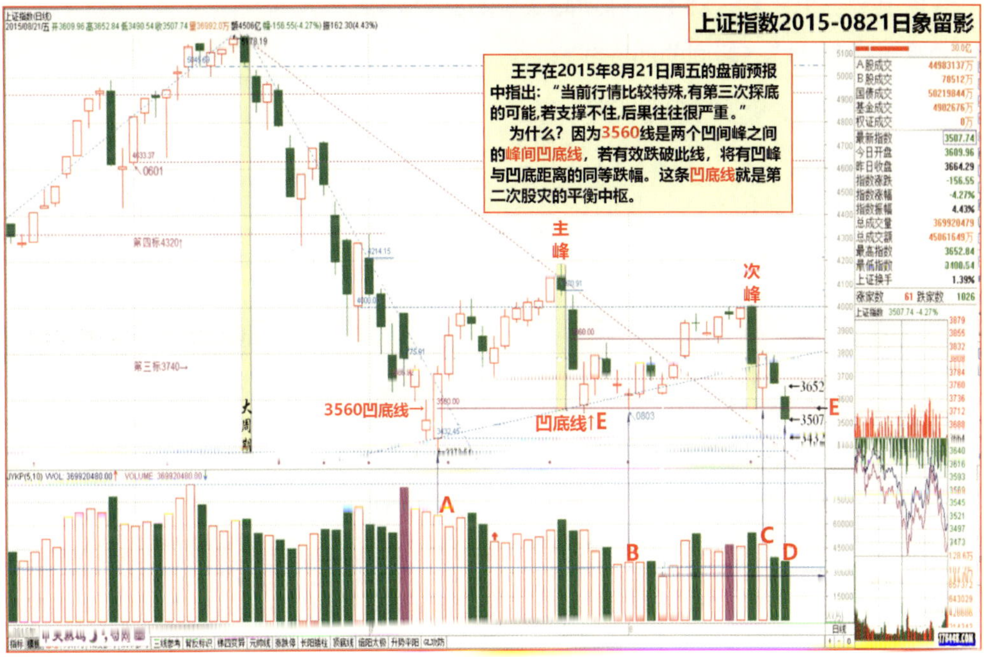
上证指数2015-0821日象留影
王子在2015年8月21日周五的盘前预报中指出：“当前行情比较特殊,有第三次探底的可能,若支撑不住,后果往往很严重。”
为什么？因为3560线是两个凹间峰之间的峰间凹底线，若有效跌破此线，将有凹峰与凹底距离的同等跌幅。这条凹底线就是第二次股灾的平衡中枢。
主峰
次峰
3560凹底线
凹底线↑E
大周期
E
A
B
C
D

图13-2

图中有“主峰”和“次峰”两个凹间峰，当前2015年8月21日（周五）处于次峰的范围，当天应该是“跳空阴、出干净”的操作。

为什么在这里强调“有第三次探底的可能，若支撑不住，后果往往很严重”呢？

第一，当前的主峰和次峰共同享有一个凹底B（由C确认）即3560（取A柱的21位），这就是“峰间凹底线”；

第二，当前的价柱D已经跌破凹底线E，这是很危险的一个信号，一旦次日或三日内不能收回到凹底线E的上方，其下跌的理论空间应该是凹底与峰顶垂直线的一倍（圆底，平衡位）；

第三，当前有一高一低两个峰（主峰、次峰），其下跌的空间以哪个峰间凹的垂直线为准呢？

“以顶测底”的标准和方法是：

其一：以主峰与次峰之间的凹底，为二峰的共同底线（即共同凹底线）；

其二：以次峰与凹底为半径画圆，为下跌的理论上线（即弱势下跌线）；

其三：以主峰与凹底为半径画圆，为下跌的理论下线（即强势下跌线）。

以上“三个要素”就是“峰顶测底”的三个标准。

第一是确认“二峰间的凹底线”；

第二是确认“跌破峰间凹底线”；

第三是依据“峰与凹底为半径测幅”。

按照上述标准和方法，我们在2015年8月24日画了两个圆。详见图13-3“上证指数2015年8月24日日象留影”：

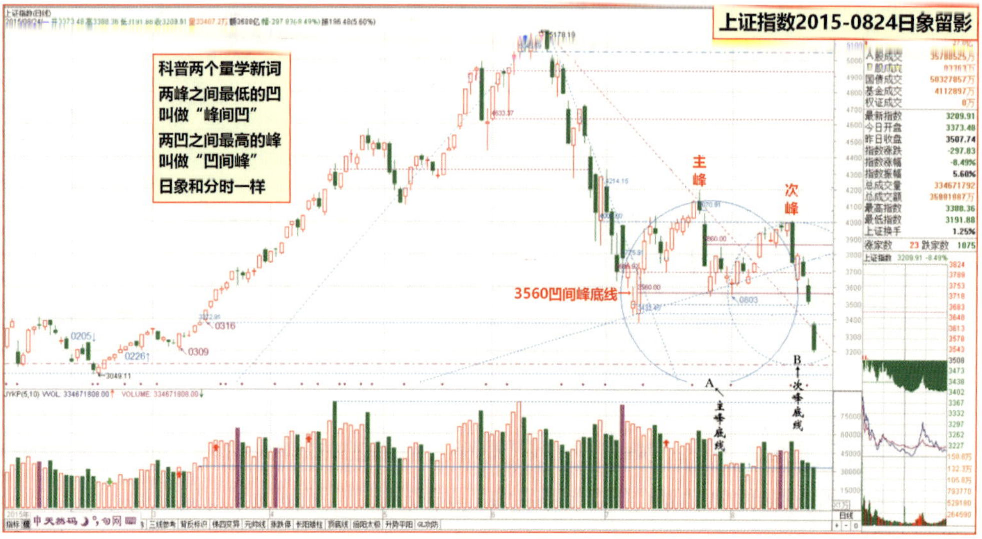

图13-3

如图13-3所示：主峰和次峰逐次降低，下跌趋势形成，若一旦跌破凹底线，即可实施“以顶测底”。

量学的“以顶测底”技术，依据物理学上的对称平衡原理，即在某一平衡位的向上运行幅度，暗示着向下也有同等的运行幅度。所以，我们以凹峰到凹底之间的垂线为半径画圆，就能预测其下方对应的运行幅度。

8月24日，我们以主峰和次峰的“凹峰实顶至峰间凹底的垂线为半径”画了两个圆，其相应的“圆底水平线”即本次下跌的理论空间。

A为主峰对应底线，即本轮下跌的理论下线，可视为强势下跌底线；

B为次峰对应底线，即本轮下跌的理论上线，可视为弱势下跌底线。

8月24日的指数收盘于这两个圆底上方，能否继续下跌至我们所画的“圆底线”呢？请看次日走势（详见图13-4“上证指数2015年8月25日日象留影”）：

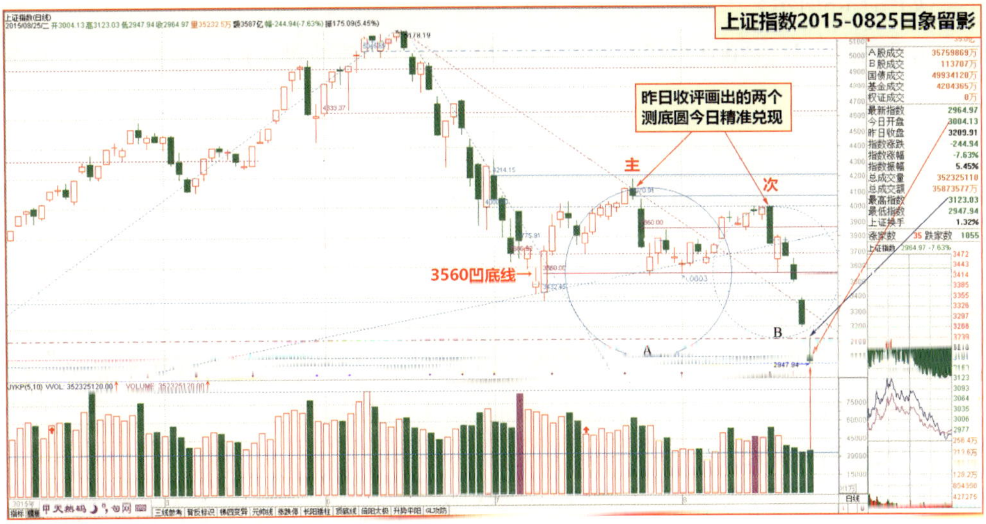

图13-4

次日8月25日的走势如图13-4所示：

当天的开盘价，精准对应主峰圆底线A，不多不少，刚好3004点。当天的最高点，精准对应次峰圆底线B，不偏不倚，刚好3123点。三天前的测底圆，三天后精准兑现！“以顶测底”就是这么神奇！

接下来的行情，能否验证圆底线就是底呢？根据量学的三日确认原理，我们往后看两日，请看图13-5“上证指数2018年8月27日日象留影”：

图13-5

如图13-5所示：

8月25日，开盘3004，精准对应A1，最高点3123精准对应B1，就是对上下两条线的初步确认。

8月26日，最低点2850，精准对应2014年12月10日黄金底线2850的支撑，所以王子在8月26日的盘前预报中预判这里“有触底反弹的可能”，理由是：8月26日底部放量大阴，有大资金逢低吸货，量变必会引起质变。按照量学极阴返阳原理，应该是七连阴后返阳。

8月27日，正是第八日，高开探底，高走转阳，以“极阴次阳缩量盖双阴”的建构，正式宣告“以顶测底”成功。我们0822期量学特训班的400多名学员，见证了这次神奇的全过程。

这个“以顶测底”功能，在此后的一个多月里几乎天天展现着量学的神奇，以至在特训班里被大家称为“神奇的圈圈战术”。“圈圈”的拼音首字就是“QQ”，于是，大家便将这个神奇的“圈圈战术”戏称为“QQ战术”。

第三节

“以底测顶”的标准和方法

如果你懂得“乘法与除法”的双向运算，掌握了“以顶测底”的标准和方法，反过来运用，就是“以底测顶”的标准和方法。

请看图13-6“上证指数2015年8月27日量波留影”及标注：

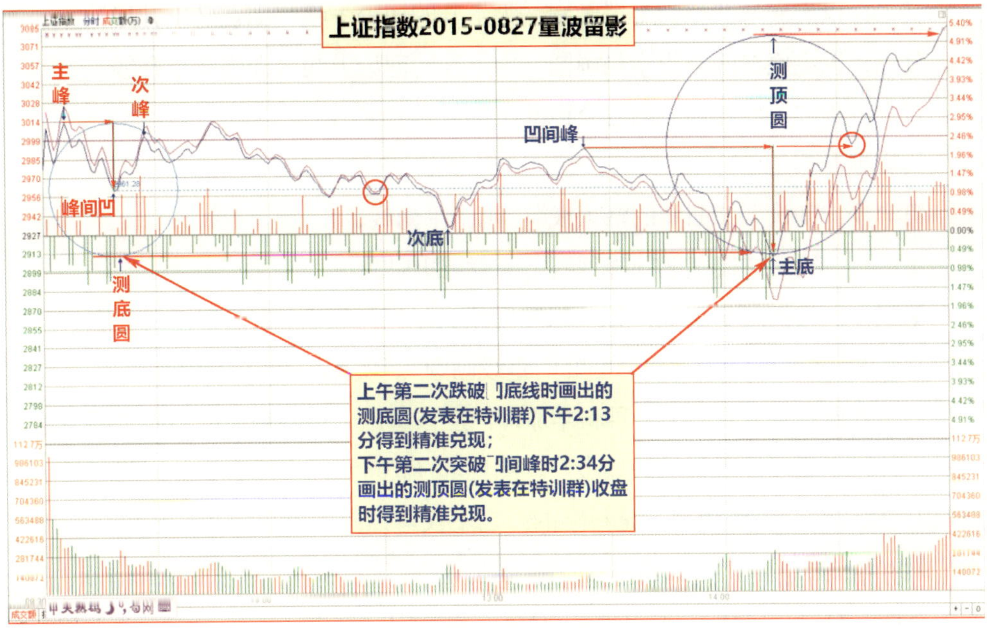
上证指数2015-0827量波留影
主峰
次峰
峰间凹
测底圆
次底
凹间峰
测顶圆
主底
上午第二次跌破凹底线时画出的测底圆(发表在特训群)下午2:13分得到精准兑现；
下午第二次突破凹间峰时2:34分画出的测顶圆(发表在特训群)收盘时得到精准兑现。

图13-6

图13-6是非常宝贵的“双向测幅图”。如图所示：

上图左侧的圆圈，是当天上午收盘时发表在特训群里的“以顶测底线”，当时大盘的量波向上，大有突破早盘量波左峰的趋势，极大地影响着预测兑现；午后，原有上涨趋势只保持了半小时，便适遁而下，至下午2:13分精准回踩上午的“以顶测底线”，终于使我们的“以顶测底”技术得到市场的验证；下午2:13分踩线，然后扶摇而上，突破了上午的主峰，就在其突破主峰回调再次向上过主峰时（见图中小圆），我用“以底测顶”技术画圆，即“以主底和次底之间的凹间峰顶线至主底线的垂线为半径”，画了第二个圆及圆顶线，至收盘时，量波精准收盘于“主底测顶圆”的顶线上方。

左侧“以顶测底”，就是以主峰和次峰之间的凹底为准，以主峰至凹底的垂线画圆测底，得到实盘的精准验证；右侧“以底测顶”，就是以主底和次底之间的凹峰为准，以主底至凹峰的垂线画圆测顶，得到实盘的精准验证。

小结：“以底测顶”的标准和方法是：

其一：找主底与次底之间的凹峰，画二底的共同峰线（即共同凹峰线）；

其二：以次底与凹峰为半径画圆，为上升的理论下线（即弱势上升线）；

其三：以主底与凹峰为半径画圆，为上升的理论上线（即强势上升线）。

以上就是“以底测顶”的三个标准。

其实施步骤是：

第一步，确认“二凹间的峰顶线”，画出平衡线；

第二步，确认“突破凹间峰顶线”，过线即画圆；

第三步，根据趋势强弱，以“峰凹垂线为半径画圆”。本例采用“主底与凹峰的垂线画圆”，省略了“次底与凹峰的垂线画圆”。实践证明完全正确。

科学发展观告诉我们：一种科学原理，应该适用于相同领域的不同方面。这是检验一种科学原理是否科学的试金石。图13-6的双向测幅实践，充分证明了量学的“以顶测底”和“以底测顶”是科学的，它不仅可以应用到日象中，还可以应用到分时图的量波中。

下面，将重点讲述“双向测幅”技术在量波中的运用。

第四节 “双向测幅”的量化标准和运用

详见图13-7“上证指数2015年8月28日量波留影”及其标注：

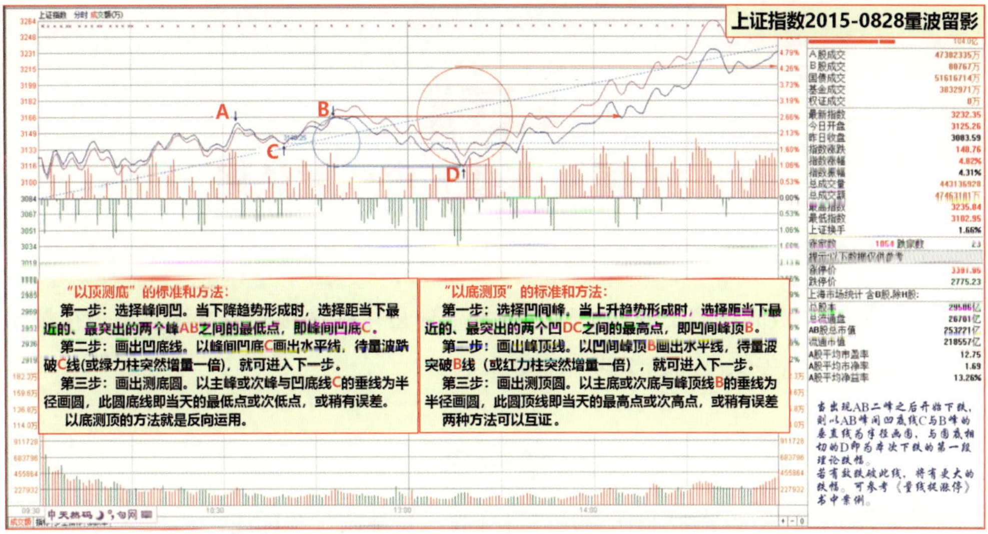
上证指数2015-0828量波留影
A
B
C
D
“以顶测底”的标准和方法：
第一步：选择峰间凹。当下降趋势形成时，选择距当下最近的、最突出的两个峰AB之间的最低点，即峰间凹底C。
第二步：画出凹底线。以峰间凹底C画出水平线，待量波跌破C线(或绿力柱突然增量一倍)，就可进入下一步。
第三步：画出测底圆。以主峰或次峰与凹底线C的垂线为半径画圆，此圆底线即当天的最低点或次低点，或稍有误差。
以底测顶的方法就是反向运用。
“以底测顶”的标准和方法：
第一步：选择凹间峰。当上升趋势形成时，选择距当下最近的、最突出的两个凹DC之间的最高点，即凹间峰顶B。
第二步：画出峰顶线。以凹间峰顶B画出水平线，待量波突破B线（或红力柱突然增量一倍），就可进入下一步。
第三步：画出测顶圆。以主底或次底与峰顶线B的垂线为半径画圆，此圆顶线即当天的最高点或次高点，或稍有误差
两种方法可以互证。
最高指数 3235.84
最低指数 3102.95
上证换手 1.66%
跌停价 2775.23
AB股总市值 253271亿
流通市值 218557亿
A股平均市盈率 12.75
A股平均市净率 1.69
A股平均净益率 13.26%
当出现AB二峰之后开始下跌，则以AB峰间凹底线C与B峰的垂直线为半径画圆，与圆底相切的D即为本次下跌的第一段理论跌幅。
若有效跌破此线，将有更大的跌幅。可参考《量线捉涨停》书中案例。

图13-7

如图所示：

“以顶测底”的量化标准和方法：

第一步：选择峰间凹。当下降趋势形成时，选择距当下最近的、最突出的两个峰(AB)之间的最低点，即峰间凹底C。

第二步：画出凹底线。

以峰间凹底C画出水平线，待量波跌破C线（或绿力柱突然增量一倍），就可进入下一步。

第三步：画出测底圆。

以主峰或次峰与凹底线C的垂线为半径画圆，此圆底线即当天的最低点或次低点，或稍有误差。

“以底测顶”的量化标准和方法：

第一步：选择凹间峰。当上升趋势形成时，选择距当下最近的、最突出的两个凹DC之间的最高点，即凹间峰顶B。

第二步：画出凹峰线。以凹间峰顶B画出水平线，待量波突破B线（或红力柱突然增量一倍），就可进入下一步。

第三步：画出测顶圆。以主底或次底与峰顶线B的垂线为半径画圆，此圆顶线即当天的最高点或次高点，或稍有误差。上述方法可以互证。

第五节

“双向测幅”连续五日精准兑现

为了验证“双向测幅”的普适性，根据上述量化标准和使用方法，王子在量学特训群连续做了5天实盘测幅实践，结果如下：

第一日

请看图13-8“上证指数2015年9月7日（周一）量波”及标注：

图13-8

首日测幅实践，画了A峰和B峰两个测底圆，我们怎么也不敢相信，当日最低点竟然精准兑现A峰测底圆的圆底线。

第二日

请看图13-9“上证指数2015年9月8日（周二）量波”及图中标注：

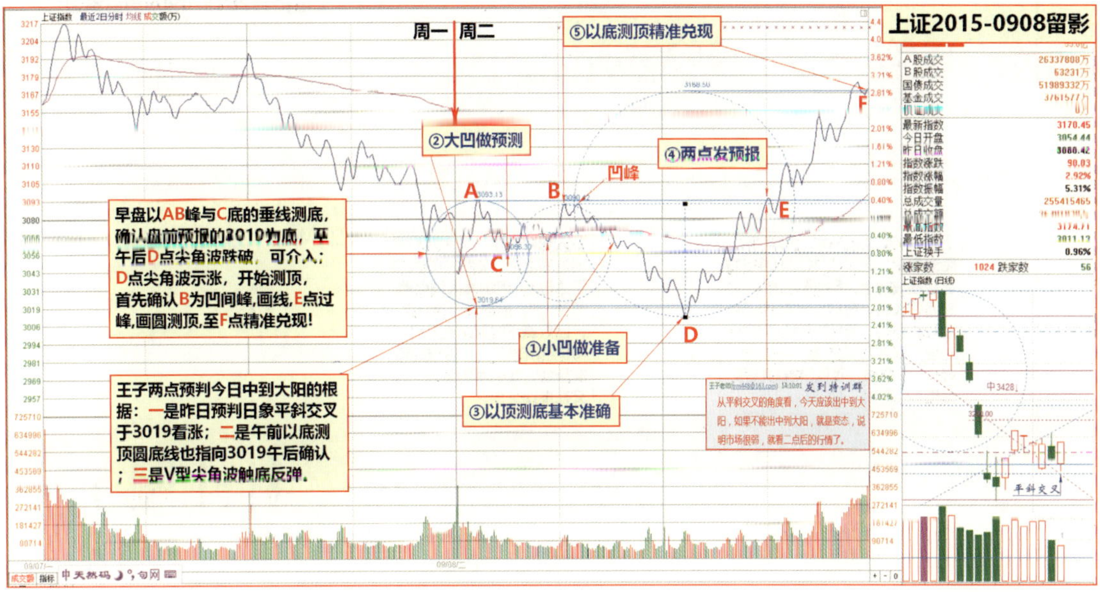
上证2015-0908留影
周一 周二
⑤以底测顶精准兑现
②大凹做预测
④两点发预报
凹峰
①小凹做准备
③以顶测底基本准确
早盘以AB峰与C底的垂线测底，确认盘前预报的3010为底，至午后D点尖角波跌破，可介入；D点尖角波示涨，开始测顶，首先确认B为凹间峰,画线,E点过峰,画圆测顶,至F点精准兑现!
王子两点预判今日中到大阳的根据：一是昨日预判日象平斜交叉于3019看涨；二是午前以底测顶圆底线也指向3019午后确认；三是V型尖角波触底反弹。
从平斜交叉的角度看，今天应该出中到大阳，如果不能出中到大阳，就是变态，说明市场很弱，就看二点后的行情了。
平斜交叉

图13-9

如图所示：早盘以AB峰与C底的垂线测底，确认盘前预报的3019为底，至午后D点尖角波跌破，可介入；D点尖角波示涨，开始测顶：

首先，确认B为凹间峰，画水平线；然后，在E点过凹峰时，画圆测顶；至F点精准兑现!

王子在两点左右预判当天中到大阳的根据：

一是昨日（9月7号）预判日象状态有平斜交叉于3019点，看涨；

二是午前以底测顶圆底线也指向3019点，确认看涨；

三是D点出现V型尖角波，确认触底反弹。收盘精准兑现预报值!

第三日

请看图13-10“上证指数2015年9月9日周三量波”及图中标注：

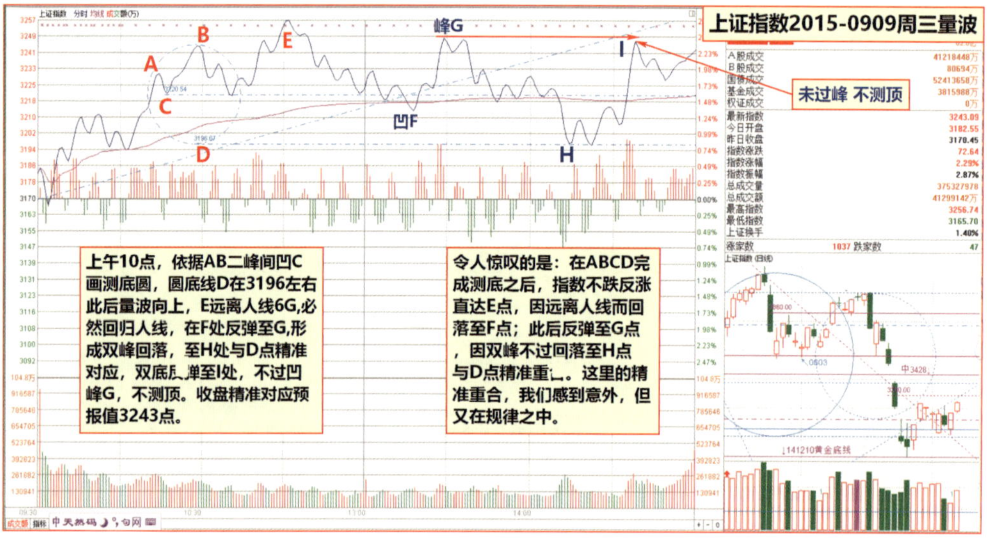
上证指数2015-0909周三量波
A
B
C
D
E
峰G
凹F
H
I
未过峰 不测顶
上午10点，依据AB二峰间凹C画测底圆，圆底线D在3196左右此后量波向上，E远离人线6G,必然回归人线，在F处反弹至G,形成双峰回落，至H处与D点精准对应，双底反弹至I处，不过凹峰G，不测顶。收盘精准对应预报值3243点。
令人惊叹的是：在ABCD完成测底之后，指数不跌反涨直达E点，因远离人线而回落至F点；此后反弹至G点，因双峰不过回落至H点与D点精准重合。这里的精准重合，我们感到意外，但又在规律之中。

图13-10

这是一个令人惊叹的案例。

2015年9月9日上午10点，依据AB二峰间凹C画测底圆，圆底线D在3196左右，此后量波向上，E远离人线6G,必然回归人线，在F处反弹至G处形成双峰回落，至H处与D处精准对应，双底反弹至I处，不过凹峰G，不测顶。收盘精准对应预报值3243点。

令人惊叹的是：在A、B、C、D完成测底之后，指数不跌反涨直达E处，因远离人线而回落至F处；此后反弹至G处，因双峰不过回落至H处，与D处精准重合。这里的精准重合，我们感到意外，但其又在规律之中。

第四日

请看图13-11“上证指数2015年9月10日（周四）量波”及图中标注：

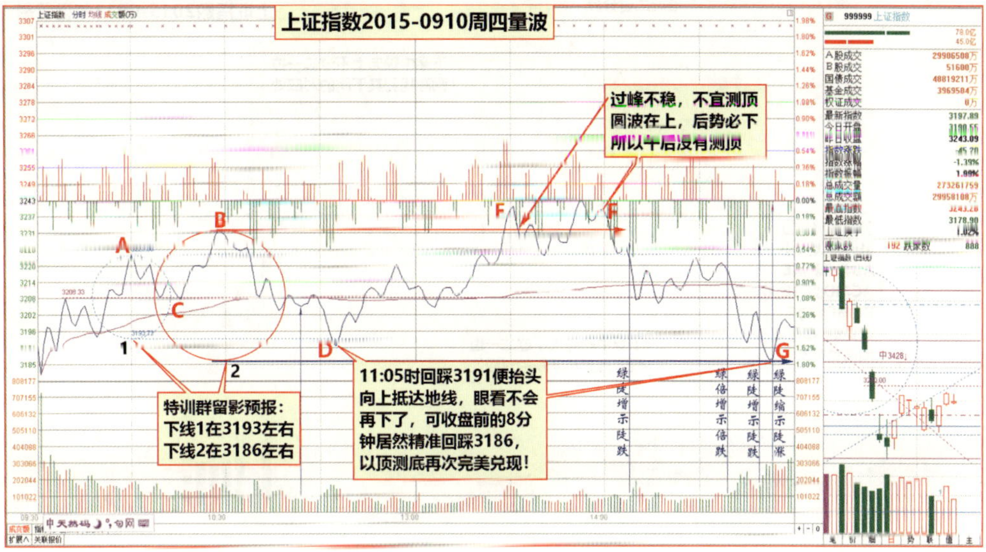
上证指数2015-0910周四量波
过峰不稳，不宜测顶
圆波在上，后势必下
所以午后没有测顶
A
B
C
D
F
F
G
1
2
特训群留影预报：
下线1在3193左右
下线2在3186左右
11:05时回踩3191便抬头
向上抵达地线，眼看不会
再下了，可收盘前的8分
钟居然精准回踩3186，
以顶测底再次完美兑现！
绿陡增示陡跌
绿倍增示倍跌
绿陡增示陡跌
绿陡缩示陡涨

图13-11

如图所示，2015年9月10日上午10:56时在当期特训群发布“以顶测底”留影预报：下线1在3193左右；下线2在3186左右。

至D处，上午11:05时指数回踩3191便抬头向上抵达地线E处；至E处，眼看可以做“以底测顶”了，根据“多看一分钟”的原则，发现“过峰不稳，不宜测顶”；至F处，发现“圆波在上，后势必下”，更没有必要做测顶了。至G处，收盘前的8分钟居然精准回踩3186！以顶测底再次完美兑现！

第五日

请看图13-12“上证指数2015年9月11日午盘留影”及图中标注：

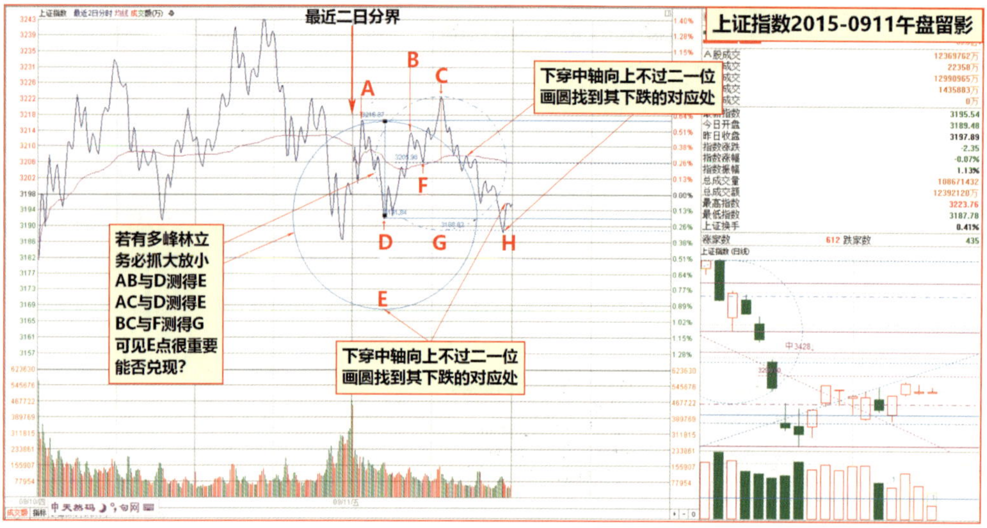
最近二日分界
上证指数2015-0911午盘留影
A
B
C
D
E
F
G
H
下穿中轴向上不过二一位
画圆找到其下跌的对应处
若有多峰林立
务必抓大放小
AB与D测得E
AC与D测得E
BC与F测得G
可见E点很重要
能否兑现?
下穿中轴向上不过二一位
画圆找到其下跌的对应处

图13-12

如图所示，图中有A、B、C、D、E、F、G等7个拐点，似乎很复杂，其实很简单，若有多峰林立，抓大放小即可。按照“以底测顶”的法则，那么：

AB二峰与D共一凹底，画圆测得E为底；

AC二峰与D共一凹底，画圆测得E为底；

BC二峰与F共一凹底，画圆测得G为底；

AB与AC两组凹间峰共用E为底，可见E点很重要。

能否兑现？请看图13-13“上证指数2015年9月11日（周五）量波”及图中标注：

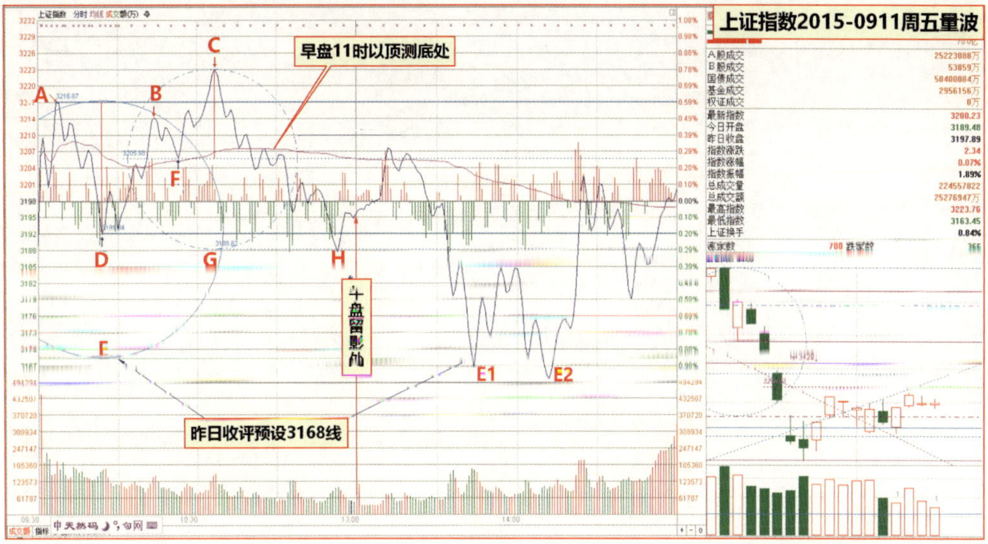

图13-13

如图所示：由AB和AC两组“以顶测底”共用的凹底D，测得的底线E，终于在E1和E2完美兑现！

从9月7日—11日连续5天的测幅实践证明：

量学的双向测幅技术：简单、科学、实用。

此后，同学们自己在群里实盘试用“双向测幅”技术，接连出现了一批精准判底判顶的“圈神”，他们风趣地说：“难怪王子老师每次实盘指导那么精准无误，原来是‘双向测幅’技术的功劳！”并自信地说：“按照‘双向测幅’来操作，胜算很大，值得深入研究。”

第14章

“拉拐”的模型及量化标准

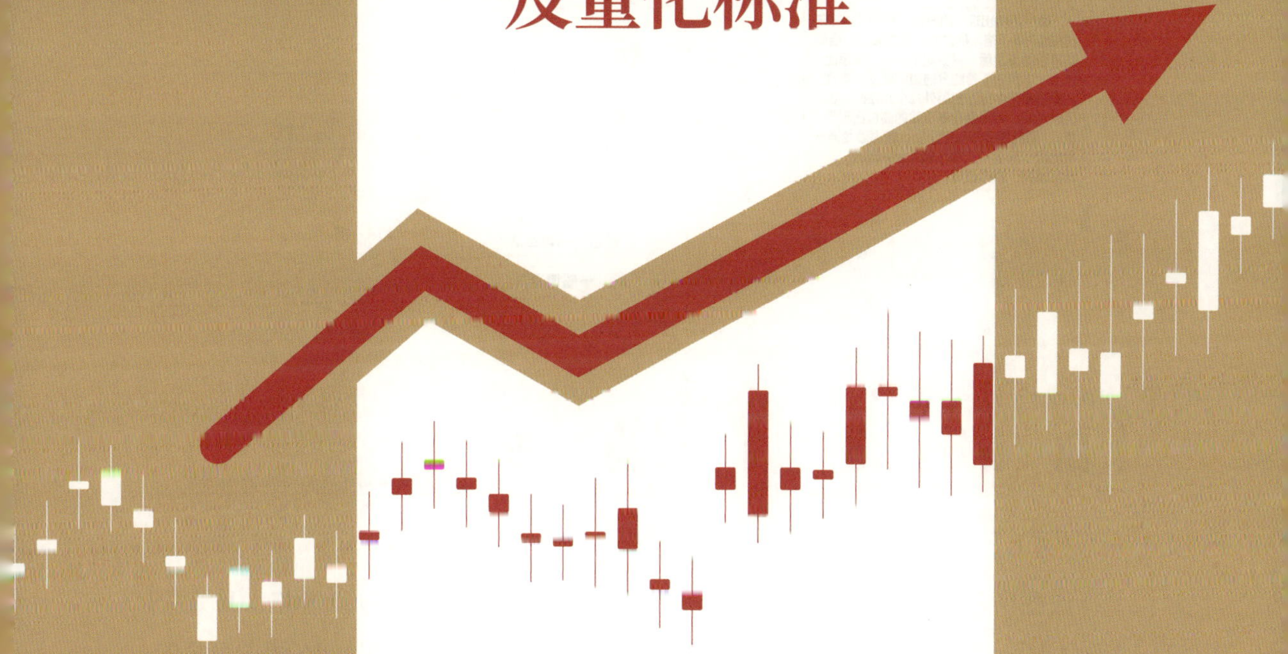

量学“九阴真经”法则：跳空阴，出干净。但是，许多股票跳空阴之后，还有大幅拉升，如果跳空就出，就会损失很多利润。

针对这种情况，我们做了大量实盘研究，总结出“跳空阴，拉拐清”的系列战法如下：

第一节

跳空阴，拉拐清；该清不清肠悔青！

请看图14-1“梅雁吉祥2015年11月13日（周五）留影”及图中标注：

梅雁吉祥2015-1113周五留影
跳空阴后出现的直升波，即3分钟左右直线拉升5-8格，称之为“恐龙波”。当确认是恐龙波之后，只要向下拐头，就是出货点。本例右下角的分时量波就是。本例左侧日象图中标注的另外几个跳空阴，都是恐龙波。特别是在本波段的高位出现恐龙A，那就要毫不犹豫出货。因为恐龙波一旦出现，就会“从哪儿来，回哪儿去”，升得越高，跌得越低。
跳空阴 出干净
A
B
C
D
跳空阴，别分心
等它拉拐再出清
一般情况下
若现直升波
拐头就出货
拉
拐

图14-1

如图所示：跳空阴后出现的直升波，即3分钟左右直线拉升5—8格，称之为“恐龙波”。当确认是恐龙波之后，只要它向下拐头，就是出货点。本例右下角的分时量波图，就是拉拐清的典型。

本例左侧日象图中标注的另外几个跳空阴，都是恐龙波。特别是在本波段的高位出现恐龙波A，那就要毫不犹豫地出货。因为恐龙波一旦出现，就会“从哪儿来，回哪儿去”，升得越高，跌得越低。

一、高位高量跳空阴，务必拉拐就出清

请看图14-2“真视通2015年11月13日（周五）留影”及图中标注：

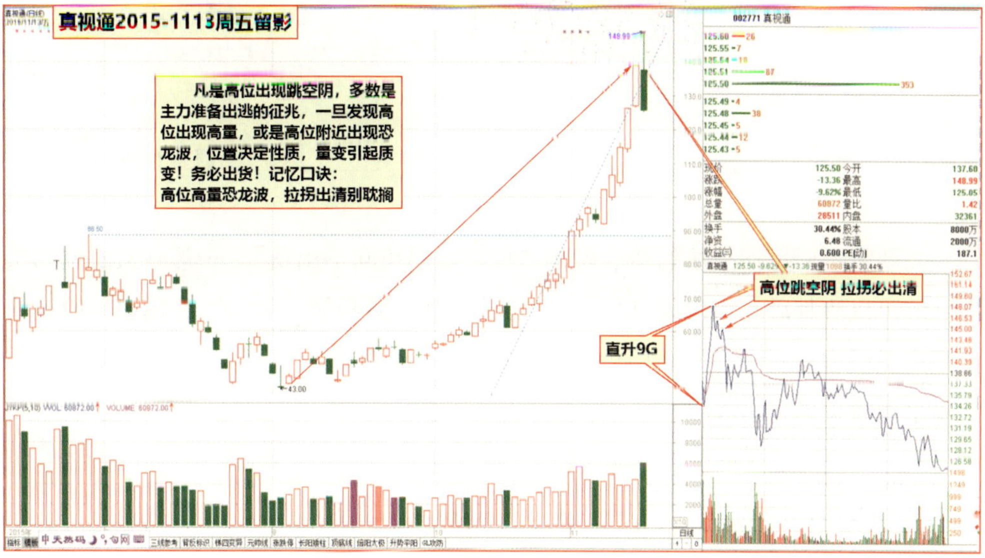
真视通2015-1113周五留影
凡是高位出现跳空阴，多数是主力准备出逃的征兆，一旦发现高位出现高量，或是高位附近出现恐龙波，位置决定性质，量变引起质变！务必出货！记忆口诀：
高位高量恐龙波，拉拐出清别耽搁
002771 真视通
高位跳空阴 拉拐必出清
直升9G

图14-2

如图所示：凡是高位出现跳空阴，多数是主力准备出逃的征兆，一旦发现高位出现高量，或是高位附近出现恐龙波，位置决定性质，量变引起质变！务必出货！记忆口诀：高位高量恐龙波，拉拐出清别耽搁！

二、若出连续尖角波，后波减幅就减货

请看图14-3“奥拓电子2015年11月27日（周五）留影”及图中标注：

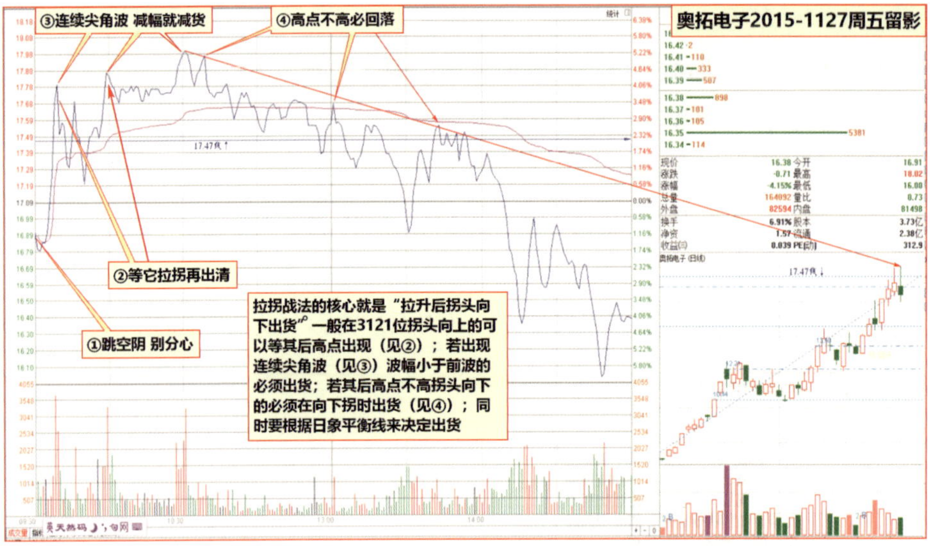
③连续尖角波 减幅就减货
④高点不高必回落
奥拓电子2015-1127周五留影
②等它拉拐再出清
①跳空阴 别分心
拉拐战法的核心就是"拉升后拐头向下出货"一般在3121位拐头向上的可以等其后高点出现（见②）；若出现连续尖角波（见③）波幅小于前波的必须出货；若其后高点不高拐头向下的必须在向下拐时出货（见④）；同时要根据日象平衡线来决定出货

图14-3

如图所示：拉拐战法的核心就是"拉升后拐头向下出货"。一般在3121位拐头向上的可以等其后高点出现（见②）；若出现连续尖角波（见③）波幅小于前波的必须出货；若其后高点不高拐头向下的必须在向下拐时出货（见④）；同时要根据日象平衡线来决定出货。

三、波间凹口出尖波，高点不高就出货

请看图14-4"中矩高新2015年11月27日（周五）留影"及图中标注：

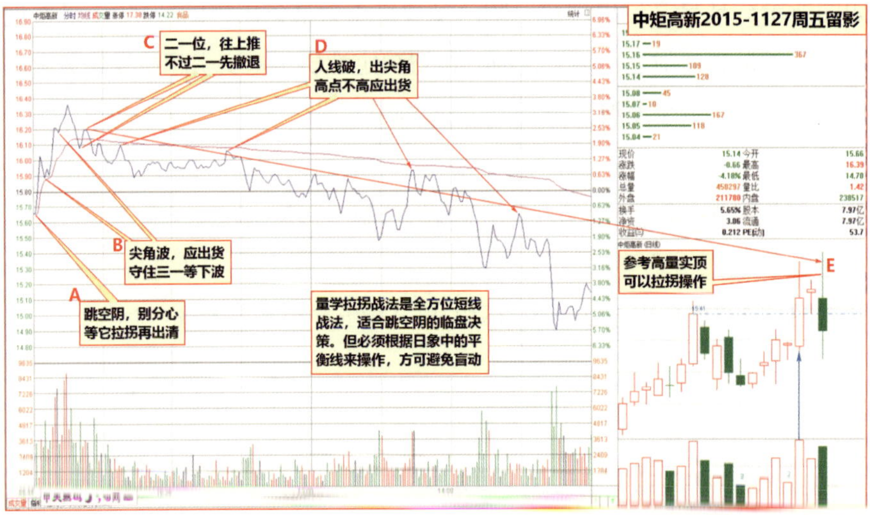
中矩高新2015-1127周五留影
C
二一位，往上推
不过二一先撤退
D
人线破，出尖角
高点不高应出货
B
尖角波，应出货
守住三一等下波
A
跳空阴，别分心
等它拉拐再出清
参考高量实顶
可以拉拐操作
E
量学拉拐战法是全方位短线战法，适合跳空阴的临盘决策。但必须根据日象中的平衡线来操作，方可避免盲动

图14-4

如图所示：量学“拉拐清”战法，是全方位短线战法，适合跳空阴的临盘决策。其操盘节点详见图中标注。

A. 跳空阴，别分心，等它拉拐再出清（开盘未破高量实顶线，观察）；

B. 尖角波，应出货，守住三一等下波（在三一位向上，可等下一波）；

C. 二一位，往上推，不过二一先撤退（后峰低于前峰，这里应出货）；

D. 人线破，出尖角，高点不高应出货（高点都是尖角，应该择机出货，一旦次日过高量实顶线，又可进入）。

E. 以上所有操作，必须根据日象中的平衡线来操作，方可避免盲动。本例处于高量实顶线附近，所以可以大胆采用拉拐清战法。

四、拉拐后波无后劲，第三拐点就出清

请看图14-5“建新股份2017年5月26日量波叠加图”及图中标注：

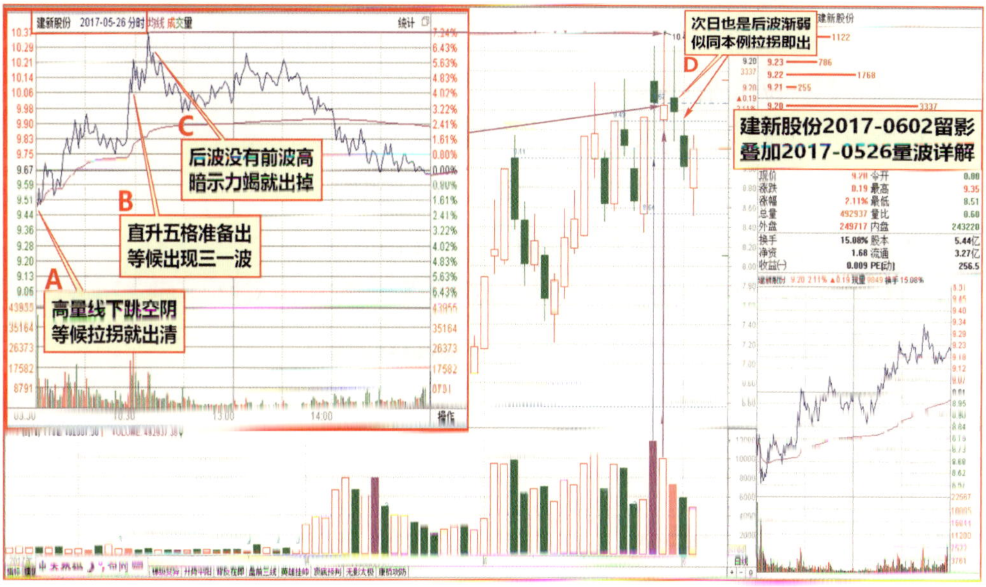
建新股份 2017-05-26 分时 均线 成交量
A
高量线下跳空阴
等候拉拐就出清
B
直升五格准备出
等候出现三一波
C
后波没有前波高
暗示力竭就出掉
D
次日也是后波渐弱
似同本例拉拐即出
建新股份2017-0602留影
叠加2017-0526量波详解

图14-5

A. 高量线下跳空阴，等候拉拐就出清；

B. 直升五格准备出，等候出现三一波；

C. 后波没有前波高，暗示力竭就出掉。次日后波渐弱，似同本例出货。

五、达标位置现跌停，第一拉拐先出清

请看图14-6“中信建投2019年3月8日量波留影”及图中标注：

中信建投2019-0308量波留影
跳空阴，拉拐清
跌停阴，拉拐清
A
等此拉拐清
就是碰大运
B
量学出货标准规定
第二波七板卖阳
D
量学出货标准规定
第一波四板卖阳
C

图14-6

A. 跳空阴，拉拐清；跌停阴，拉拐清；

B. 等此拉拐清，就是碰大运；

C. 量学规定四板卖阳，次日开盘大跌，必须拉拐清；

D. 量学规定七板卖阳，开盘跌停阴，拉拐必出清。

再看图14-7“济民制药2021年4月9日量波留影”及图中标注：

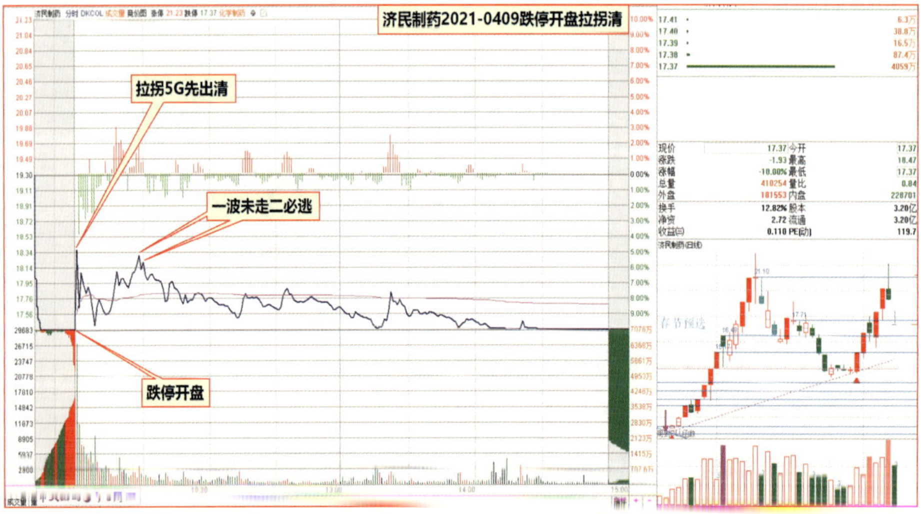
济民制药2021-0409跌停开盘拉拐清
拉拐5G先出清
一波未走二必逃
跌停开盘

图14-7

本例也是达标位置出现开盘跌停阴，一见拉拐必出清。量学说的“人线为王4G标，一波未走二必逃!”特指在分时状态，一定要以人线为王，以4G为标，若第一波拉拐没有出逃，第二波拉拐必须出逃，否则，套你没商量。

再看图14-8“中电电机2021年4月9日开盘跌停拉拐清”：

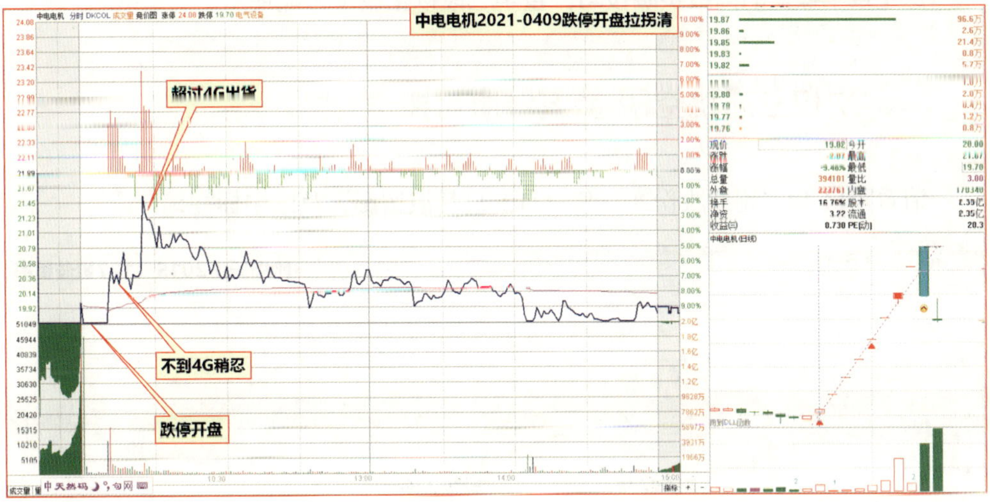
中电电机2021-0409跌停开盘拉拐清
超过4G出货
不到4G稍忍
跌停开盘

图14-8

再看图14-9“长阳科技2021年4月9日跳空阴，龟背清”：

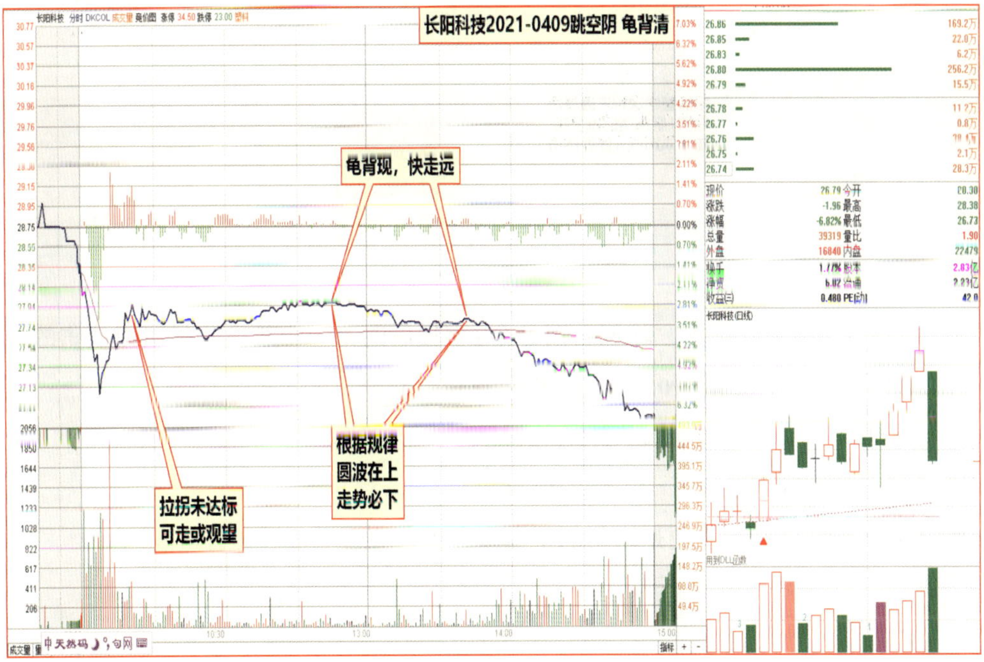
长阳科技2021-0409跳空阴 龟背清
龟背现，快走远
根据规律
圆波在上
走势必下
拉拐未达标
可走或观望

图14-9

第二节

跳空阴，可以进，有度有底是标准

这是量学操盘的高级买阴技巧，量学三段以上高手方能使用。

一、次权三通跳空阴 量波健康可买进

请看图14-10“鲍斯股份2015年11月27日量波留影”及图中标注：

鲍斯股份2015-1127量波留影
A
首次过人线
B
二次过人线
C
三次踩人线
根据量学次权三通战法
除权T字板后的跳空阴
应第二次过人线处伏击

图14-10

请看右下角的日象图，除权后第一个T字板后的第一个跳空阴是可以伏击的，九五至尊给这种形态加了10分。进货的最佳位置有三：

A是回升到二一位或越过人线的位置；

B是尖角回踩人线或三一二一的位置；

C是尖角波回踩人线更是进货的位置（参见金洲管道11月30日量波）。

二、次权三通板后T，拉拐到位就参与

请看图14-11“西藏珠峰2015年12月3日量波留影”：

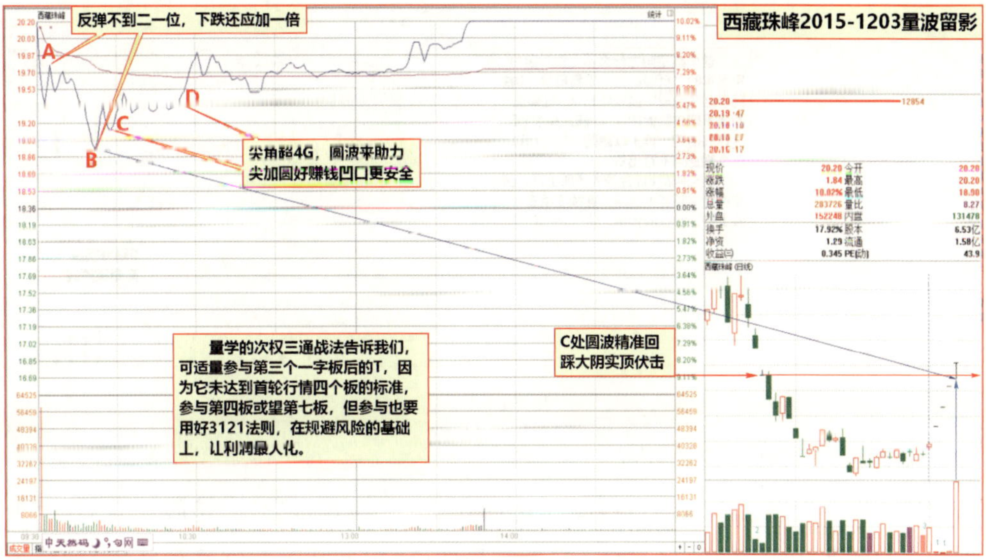

反弹不到二一位，下跌还应加一倍
西藏珠峰2015-1203量波留影
A
B
C
D
尖角超4G，圆波来助力
尖加圆好赚钱凹口更安全
量学的次权三通战法告诉我们，可适量参与第三个一字板后的T，因为它未达到首轮行情四个板的标准，参与第四板或望第七板，但参与也要用好3121法则，在规避风险的基础上，以利润最大化。
C处圆波精准回踩大阴实顶伏击

图14-11

如图所示：

A处反弹不到下跌的二一位，下跌还应加一倍，此处不宜动手；

B处急跌出现尖角波，超过4G必上，此处应该等待；

C处是下圆波，示涨，与B波结合就是“尖加圆，好赚钱”的组合波；

D处是底部抬高的第三凹，这里开始，凹口淘金更安全。

最重要的是：C处的下圆角，正好是日象图中回踩大阴实顶，这里确认该股当天可以介入。

量学的“次权三通战法”告诉我们，可适量参与第三个一字板后的T，因为它未达到首轮行情四个板的标准，参与第四板或望第七板，但要用好3121法则，在规避风险的基础上，让利润最大化。

三、高量线上跳空阴，站稳高线可以进

请看图14-12“深华发2015年11月27日量波留影”及图中标注：

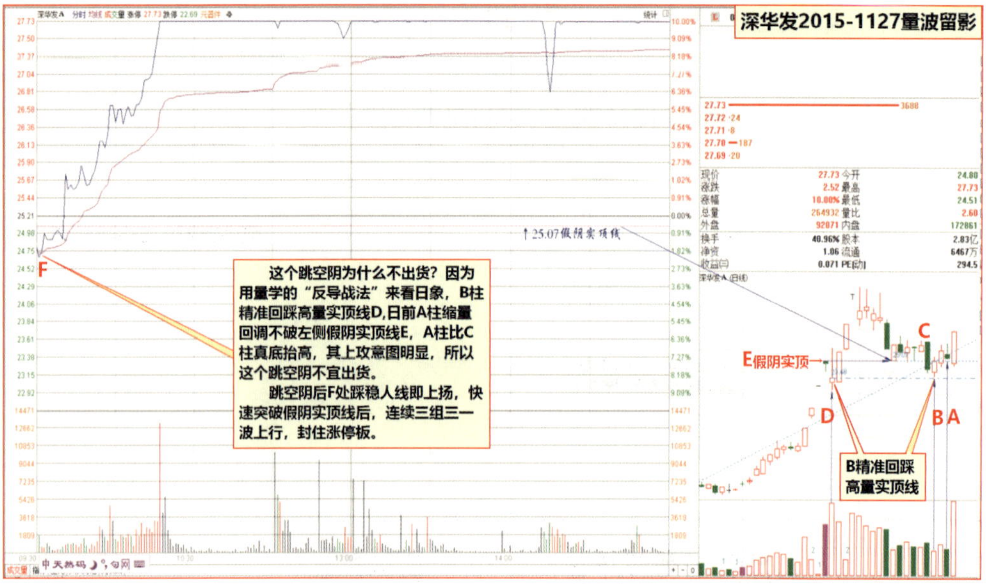
深华发2015-1127量波留影
这个跳空阴为什么不出货？因为用量学的“反导战法”来看日象，B柱精准回踩高量实顶线D,日前A柱缩量回调不破左侧假阴实顶线E，A柱比C柱真底抬高，其上攻意图明显，所以这个跳空阴不宜出货。
跳空阴后F处踩稳人线即上扬，快速突破假阴实顶线后，连续三组三一波上行，封住涨停板。
F
25.07假阴实顶线
E假阴实顶
C
D
B A
B精准回踩高量实顶线

图14-12

这个跳空阴为什么不出货？

第一步，先看右下角的日线图（盘前功课，三线是基础）。该股日前A柱缩量收盘于左侧假阴实顶线E的上方，最近的最低点B精准回踩左侧最高量柱D的实顶线上，该股今日盘前三线之底线应在A柱左侧最低点24.41左右。

第二步，再看分时量波图（临盘决策，日线是基础）。虽然是跳空阴，但没有跳到今日盘前三线之底线24.41下方，瞬间即回到人线上方，并且一举突破25.07假阴实顶线，说明这个跳空阴是起跳前的下蹲动作，所以没有必要采用跳空阴，应尽清的策略。

第三步，综合来看，B柱精准回踩高量实顶线D，日前A柱缩量回调不破左侧假阴实顶线E，A柱比C柱真底抬高，其上攻意图明显，所以这个跳空阴不宜出货。

果然，量波跳空阴后F处踩稳人线即上扬，快速突破假阴实顶线后，连续三组三一波上行，封住涨停板。

四、开板跌停未破基，假跌真涨可伏击

请看图14-13“远望谷2021年4月7日量波留影”及图中标注：

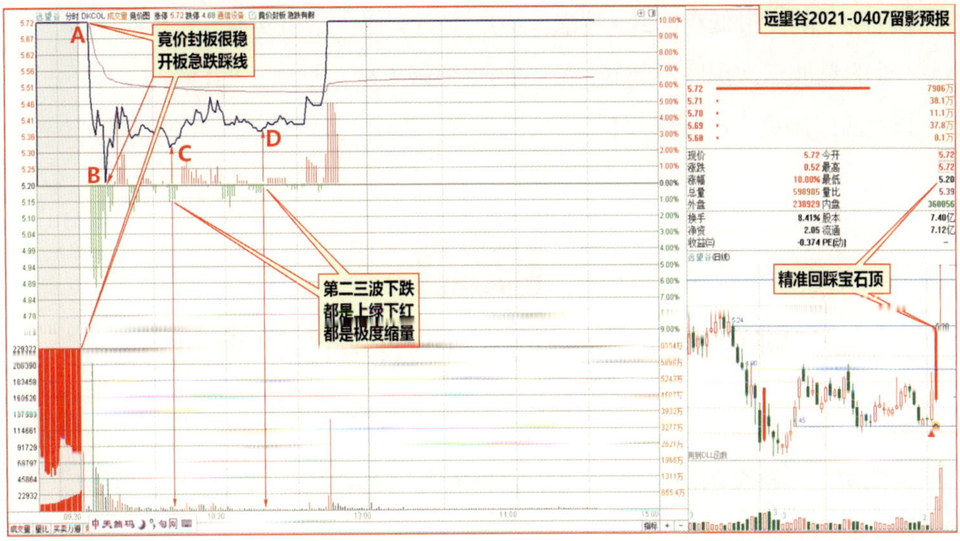
竞价封板很稳
开板急跌踩线
A
B
C
D
第二三波下跌
都是上绿下红
都是极度缩量
远望谷2021-0407留影预报
精准回踩宝石顶

图14-13

A处竞价封板很稳，开盘后第5分钟开板急跌10个点，抵达5.20元；

B处V型尖角波，胜利的标志出现，这种跳空阴，不能出货还可进货；

C、D两处下跌都是上绿下红，都是极度缩量，假跌，底部抬高，可以进货。当天享受涨停，次日继续涨停！

五、跳空阴，未破底，站稳人线可伏击

请看图14-14“章源钨业2021年4月7日量波留影”及图中标注：

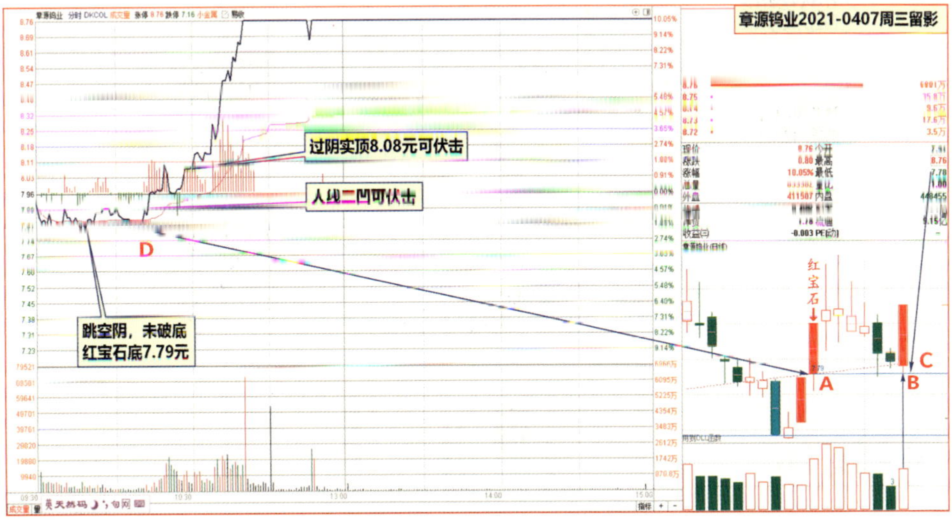
过阴实顶8.08元可伏击
人线二凹可伏击
D
跳空阴，未破底
红宝石底7.79元
章源钨业2021-0407周三留影
红宝石
A
B
C

图14-14

B柱跳空阴，最低点回踩A柱涨停板红宝石实底，不破实底；

C处的量波三次探底不破底，三次向上突破人线，形成三凹；

D处凹口淘金，享受涨停！

第三节

跳空阴，别分心，进出皆由日象定

前面讲了“跳空阴，拉拐清”的五种情况，也讲解了“跳空阴，可以进”的五种情况，到底该进该出该如何把握呢？

说到底，必须由日象来决定。日象是基础，量波的运行离不开日象的制约。所以，要想真正学好用好量波这个利器，必须打好日象的基础，就是学好学懂《量柱擒涨停》《量线捉涨停》《伏击涨停》《涨停密码》这股市里的“四大名著”。

下面请看日象对量波的巨大作用。

一、涨停途中跳空阴，基柱不破可以进

请看图14-15“仁东控股2021年4月9日留影图解”及图中标注。

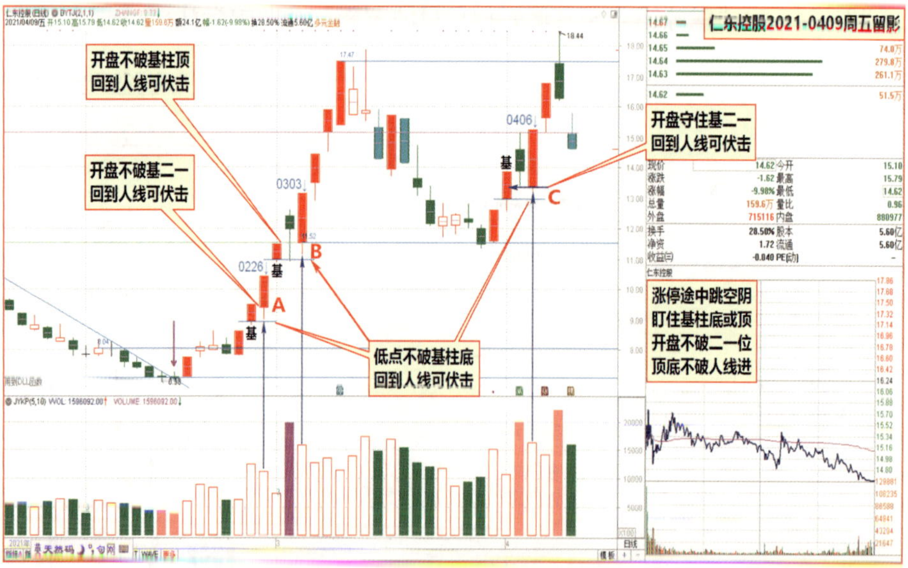

仁东控股2021-0409周五留影
开盘不破基柱顶
回到人线可伏击
开盘不破基二一
回到人线可伏击
低点不破基柱底
回到人线可伏击
开盘守住基二一
回到人线可伏击
涨停途中跳空阴
盯住基柱底或顶
开盘不破二一位
顶底不破人线进
0226
0303
0406
基
A
B
C

图14-15

如图所示，图中有A、B、C三处跳空阴，这三处的左侧都有各自的“基柱”。A处跳空阴，开盘于基柱的三一位，下跌不破基柱的实底，人线介入涨停；B处跳空阴，开盘于基柱的实顶，下跌不破基柱实底，人线介入涨停；C处跳空阴，开盘于基柱的二一位，稍稍下跌即回升，人线介入涨停。

二、跳空阴，未破底，人线二凹可伏击

请看图14-16“首航高科2021年3月17日日象留影”及图中标注：

首航高科2021-0317低开低走反弹涨停分析
1.二连板过峰或有保顶动作，可以首板实顶设防
2.次日在首板实顶2.30元精准开盘拉升，强庄
3.跳空阴，未破底，人线二凹可伏击！于海成
1
2
3
3.22
3.00
2.30
1.53
0317低开
B
2.30 A
2.28
人线二凹
可以伏击

图14-16

1号柱和2号柱是二连板过左峰，或有过峰保顶动作，可在首板实顶设防；A处大幅跳空阴，在2.30元开盘，但是精准对应2号柱实顶，是强精庄；B处二次回踩人线，V型尖角波。学员于海成在此伏击，享受巨幅涨停！

三、强庄板后跳空阴，回踩护腰可以进

请看图14-17“万通智控2019年12月3日量波留影”及图中标注：

万通智控2019-1203量波留影
因为这是二进三的牛票
所以设昨日价柱二一位
为预警线，这就是昨日
预设盘前三线的底线
今日跳空阴正好踩此线
涨停板二一
位设为底线
A

图14-13

这里的跳空阴，为什么不能拉拐清？因为这是二进三的牛票，牛票回踩的最低位应该就是护住“腰部”，能够护腰的为精庄，所以昨日预设今日盘前三线时，以昨日价柱二一位为预警线。

当日跳空阴正好踩此线A，即“回踩二一位，下蹲为起飞”。此例可以作为“三低三有出大牛”的经典。

请看图14-14“万通智控2019年12月18日日象留影”：

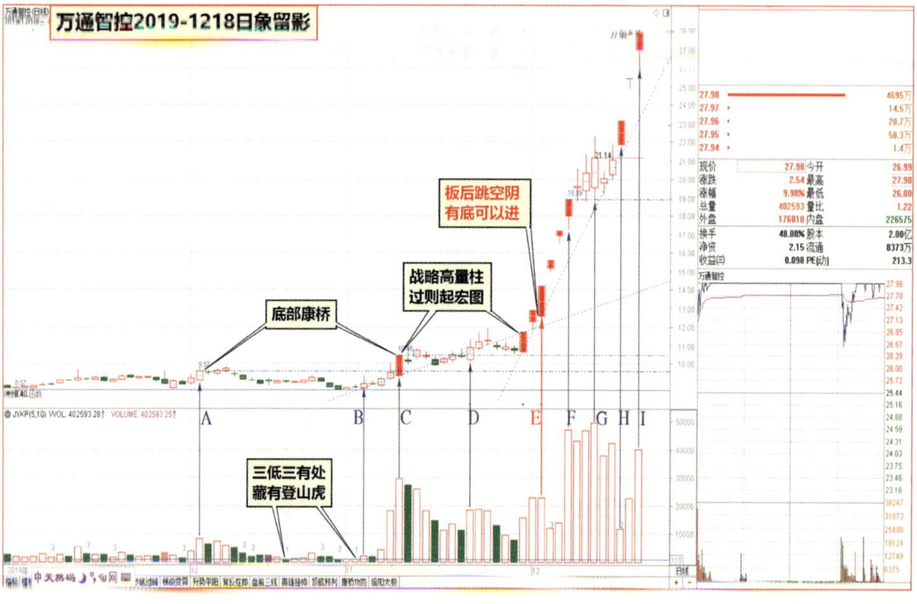
万通智控2019-1218日象留影
板后跳空阴
有底可以进
战略高量柱
过则起宏图
底部康桥
三低三有处
藏有登山虎
A
B
C
D
E
F
G
H
I

图14-14

图中红字标注的为上图留影预报处。从预报的E点开始四连板，高位横盘五日后三连板。走成了当年最牛的股票。

小结：

涨停途中跳空阴，
就看基柱腰或顶；
大跌不破二一位，
定是牛票要跟进。

第15章

“替领”的模式及量化标准

所谓“替领”，就是在横盘或上升行情中，以持仓票为基础，以持仓票的盘前三线为基准，结合量波的3121拐点，进行当日“等量替换，领取利润”的一种高级战法。量学将其量化后定义为“4G替领战术”。根据量波的平衡原理：指数远离人线3—5格，一般会回归；个股远离人线4—8格，一般会回归。

“4G”就是“上下四格”（量化标准），有时可适当超格；

“替”就是“三一替换”（量化标准），有时可适当增量；

“领”就是“领取利润”（执行规则），有时可适当按揭；

根据行情，可以“先出后进”，也可“先进后出”，要求当天了结。

第一节

“卖阳买阴”组合拳

开盘半小时左右，是股市最动荡的“躁动期”，因为头天晚上真真假假的各种信息都会在这半小时左右释放出来，于是就从各种走势表现出来。利用别人在“躁动期”内的“躁动”，我们量学同仁正好沉着冷静地打出一套“卖阳买阴组合拳”，使利润最大化。

请看图15-1“泛海控股2015年9月30日量波留影”及图中标注。

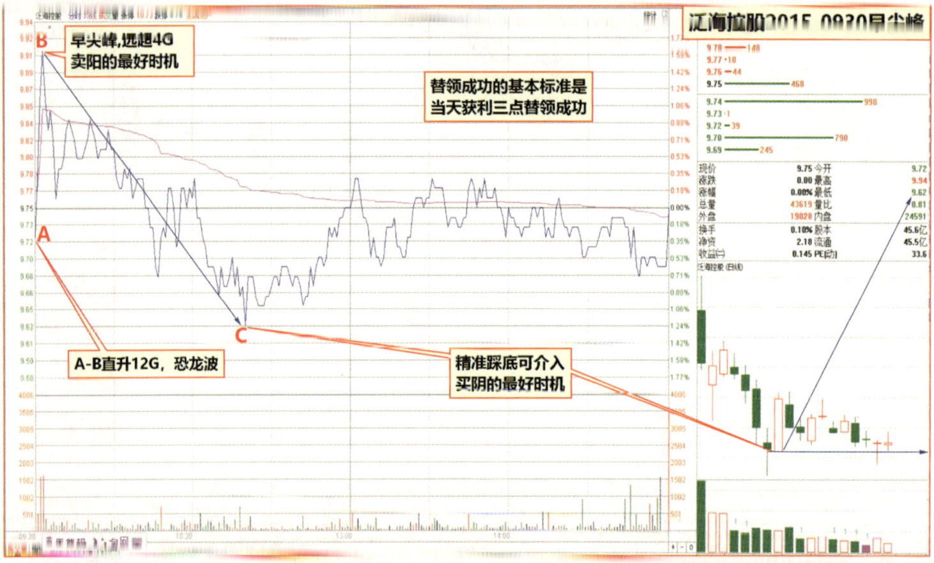

早尖峰,远超4G
卖阳的最好时机
替领成功的基本标准是
当天获利三点替领成功
A-B直升12G，恐龙波
精准踩底可介入
买阴的最好时机
B
A
C

图15-1

图中A—B直升12G，远超4G标准，显然这里是恐龙抬头，有货应该出走，无货不要动手。这时，将持股抛出三一或二一仓位，就是“领取”现金。等候过了“躁动期”，再回头来看，C处精准踩底，并且C处出现了“尖加圆，可赚钱”的量波，方可择机介入。将早尖峰抛出的仓位“替补”回来。

所谓“早尖峰”，就是早盘半小时左右出现的“尖峰”。“早尖峰”的大幅拉升，给人以“实力强劲，直奔涨停”的感觉，许多股民喜欢追进这种股票，但是，多数情况下“一进就被套”，量学则要求我们卖出这种股票。

再看图15-2“亚光科技2021年6月16日量波留影”及图中标注：

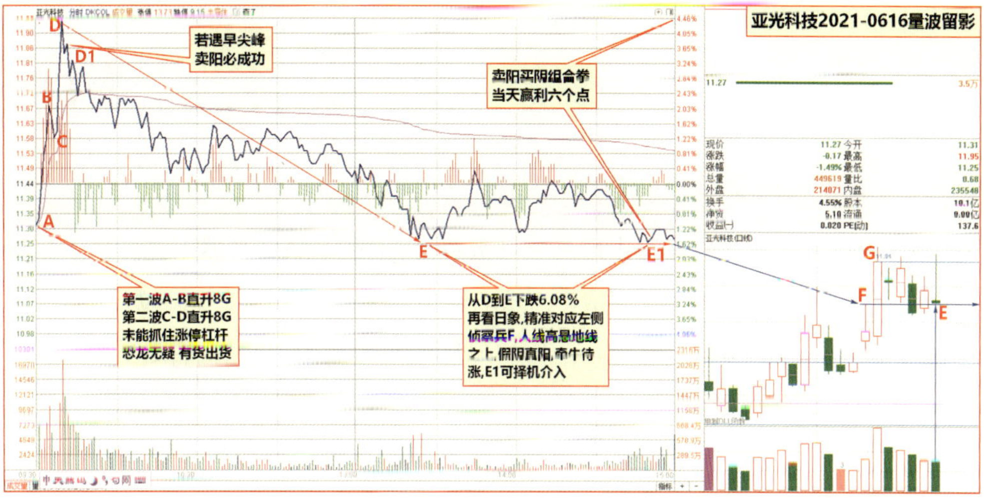
亚光科技2021-0616量波留影
若遇早尖峰
卖阳必成功
卖阳买阴组合拳
当天赢利六个点
第一波A-B直升8G
第二波C-D直升8G
未能抓住涨停杠杆
恐龙无疑 有货出货
从D到E下跌6.08%
再看日象,精准对应左侧
侦察兵F,人线高悬地线
之上,假阴真阳,牵牛待
涨,E1可择机介入
D
D1
B
C
A
E
E1
G
F
E

图15-2

第一波A—B直升8G，第二波C—D直升8G，未能抓住涨停杠杆，恐龙无疑，有货出货，在D1卖阳，“领取现金”。从D到E下跌6.08%；再看日象：精准对应左侧侦察兵F的最高点，也就是G柱的二一位附近，当天的人线高悬地线之上，假阴真阳，牵牛待涨，可以择机介入，在E1买阴，“替补仓位”。

测算：在D1卖阳，在E1买阴。

若用全仓位操作，当天可以获利6%；若二一仓位操作，当天可以获利3%；若三一仓位操作，当天可以获利2%。至于用多少仓位操作，由个人能力来决定。一般初学者，建议用三一二一仓位进出，量学三段以上高手，可以全仓进出。还可以根据涨幅情况决定仓位，一般是：涨幅越大，仓位越大；涨幅越小，仓位越小。

再看图15-3“智光电气2021年6月16日量波留影”及图中标注：

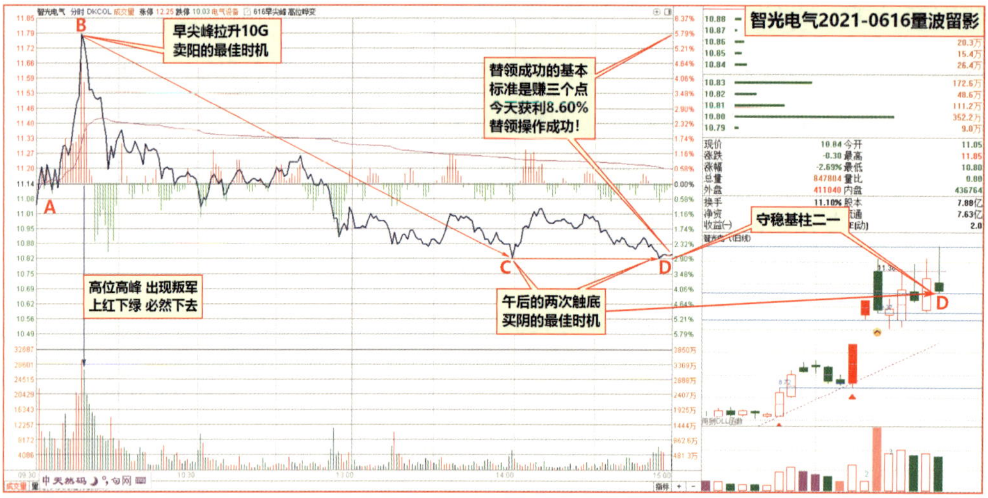
B
早尖峰拉升10G
卖阳的最佳时机
替领成功的基本
标准是赚三个点
今天获利8.60%
替领操作成功！
智光电气2021-0616量波留影
A
守稳基柱二一
C
D
高位高峰 出现叛军
上红下绿 必然下去
午后的两次触底
买阴的最佳时机
D

图15-3

先看B峰，红方高位高峰出现高阴（叛军），上红下绿，必然下去，提示有货出货，无货静观。这时可以“卖阳”，领取现金。再看A—B早单峰，拉升10G，恐龙抬头，有货出货，躲过“躁动”。午后C—D两次触底，从日象上看这里可以“买阴”，“替补”早尖峰卖阳的仓位。

以上三个案例说明，适时“卖阳买阴”，就是利用指数偏离与回归的内在规律，进行滚动操作。但有几个要点：

1. 必须是在横盘或上升行情中(环境)；

2. 必须以现有仓票日象为基础(对象)；

3. 必须以仓票左侧基柱为靠山(标杆)；

4. 必须以仓票盘前三线为基准(大标准)；

5. 必须以量波三一二一为参照(中标准)；

6. 必须以人线或者四基为抓手(小标准)。

这个战法的核心，就是“买阴卖阳”，临盘要稳、判市要准、出手要狠。在“躁动期”冷静、沉着、隐忍，躲过“诱骗”，完成“替领”。

第二节

“买阴卖阳”组合拳

“买阴卖阳”是量学的高级技术，建议初学者慎用、少用或不用，因为买阴的关键在于看准有底、踩底之后才能使用，并且必须执行量学标准，否则，一旦买阴失败，将会有更大的跌幅在等着你。

标准是量学的生命，也是替领的生命，更是买阴的生命。买阴必须坚持“4G为标，人线为王”，不能有主观情感。

请看图15-4“园城黄金2021年4月6日量波留影”及图中标注：

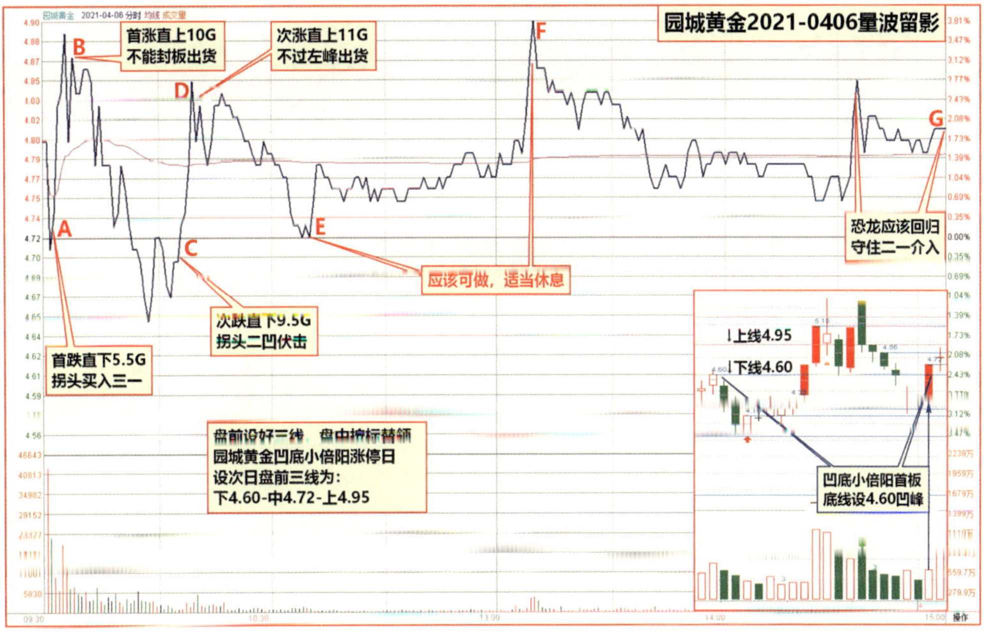

园城黄金2021-0406量波留影
首涨直上10G
不能封板出货
次涨直上11G
不过左峰出货
A
B
C
D
E
F
G
首跌直下5.5G
拐头买入三一
次跌直下9.5G
拐头二凹伏击
应该可做，适当休息
恐龙应该回归
守住二一介入
盘前设好三线，盘中按标替领
园城黄金凹底小倍阳涨停日
设次日盘前三线为：
下4.60-中4.72-上4.95
上线4.95
下线4.60
凹底小倍阳首板
底线设4.60凹峰

图15-4

A处首跌直下5.5G，V型尖角波，胜利的标志，可以买阴三一二一仓位；

B处首涨直上10G，A型尖角波，再见的标志，可以卖阳三一二一仓位；

C处次跌直下9.5G，V型尖角波，胜利的标志，可以买阴三一二一仓位；

D处次涨直上11G，A型尖角波，拜拜的标志，可以卖阳三一二一仓位。

若是用二一仓位替领，至此已无机会了；若是用三一仓位，往后还可替领；若是全仓替领，每天只能操作一个回合，此后遇到好的买阴机会，也只能超标操作，作为次日的底仓了。

本例E—F段的机会可以操作一个回合，也可休息，静观日象建构。从日象建构来看，当天是凹底首板的回调走势，F处的恐龙应该从哪儿来回哪儿去，但尾盘再度拉升，属于“该×不×”，可见次日还有机会，所以G处可以介入，等候次日再做替领。

此后果然连续三日拉升，第三日（4月9日）给了一个漂亮的涨停卖阳机会。

再看图15-5“园城黄金2021年4月9日量波留影”及图中标注：

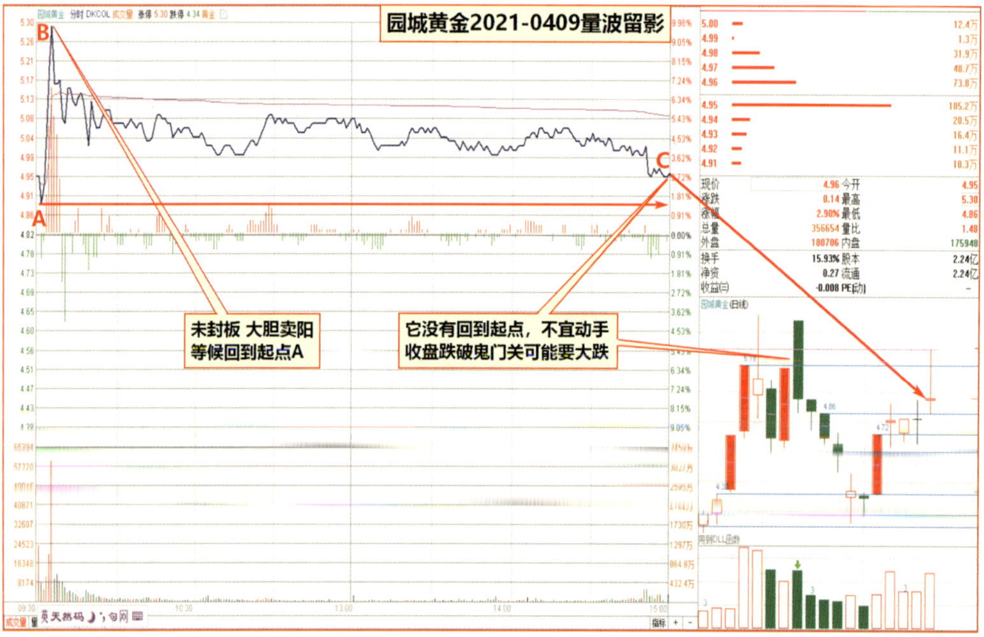
园城黄金2021-0409量波留影
B
A
C
未封板 大胆卖阳
等候回到起点A
它没有回到起点，不宜动手
收盘跌破鬼门关可能要大跌

图15-5

A—B直升9G，摸到涨停板，未封板，务必全仓出货（价位越高，涨幅越大，越要加大仓位出货），等候它回到起点A；至尾盘没有回到起点A，不宜动手。因为最后五分钟跌破左侧大阴二一位，即“跌破鬼门关，还要往下窜”。事后果然兑现！

再看图15-6“东华测试2019年8月6日板上出货图”及图中标注：

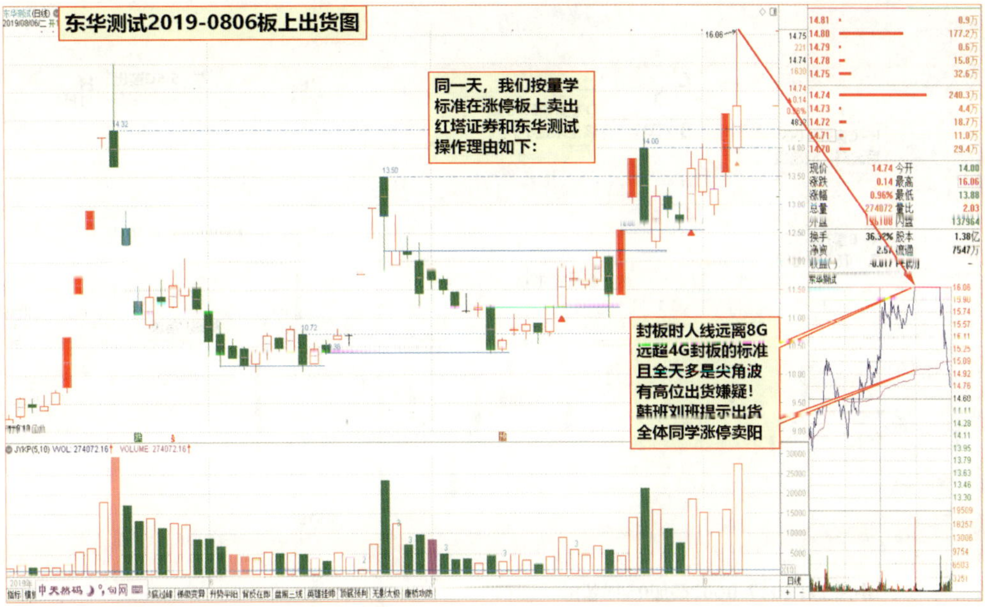
东华测试2019-0806板上出货图
同一天，我们按量学标准在涨停板上卖出红塔证券和东华测试操作理由如下：
封板时人线远离8G
远超4G封板的标准
且全天多是尖角波
有高位出货嫌疑！
韩班刘班提示出货
全体同学涨停卖阳

图15-6

量学替领标准非常简单，就是“4G为标，人线为王”八个字。严格按量学的八字标准进出，即可尝到替领的甜头；若临盘被量波诱导，带着主观情感和幻想去操作，肯定失败。

下面结合王子替领的得失，讲讲替领仓位的管控。

第三节

“三一二一”组合拳

这里的“三一二一”，特指“仓位”管理。替领战法的核心是在上升途中利用主力的盘中震荡进行替领，那么，我们对应的仓位可大可小。

1. 一般情况，只能用三一仓位逐次替领；

2. 波幅越大，仓位越大，可用二一仓位；

3. 把握越大，仓位越大，可以全仓进出。

请看图15-7“中油工程2017年5月19日留影”及图中标注：

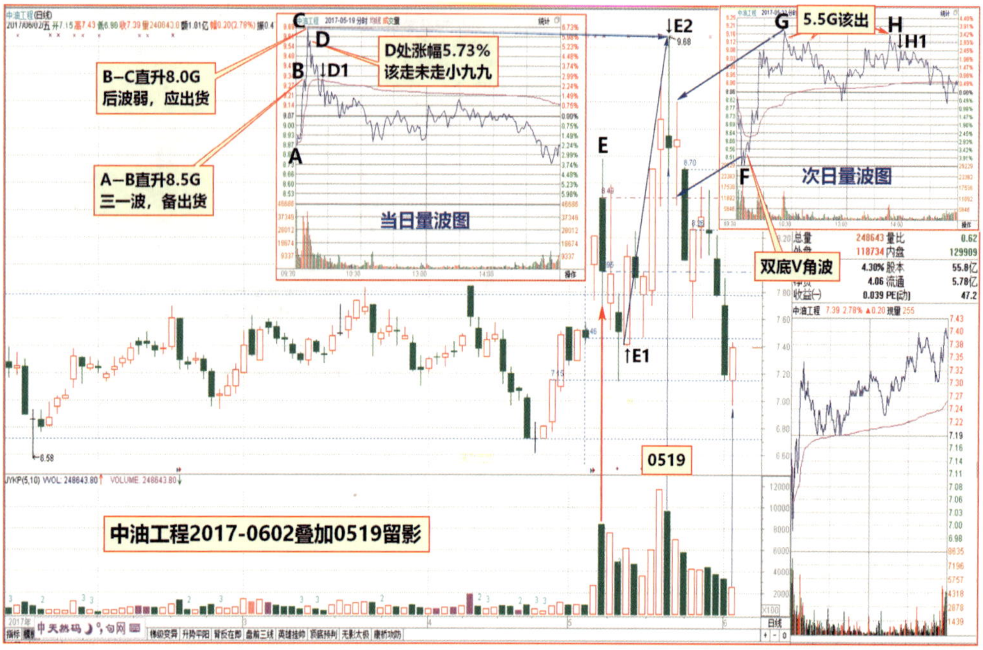

图15-7

这日股票的操作，当时在量学特训群全程直播，同学们见证了从E柱开始连续八天的成功，也见证了第9日的失败和第10日的失误。

请看第9日即E2柱（2017年5月19日）的操作：

1. A—B直升8.5G，出现三一波，我问同学们：走不走？

同学们说：三一波，等一等。我就等。成功！

2. B—C直升8.0G，后波弱于前波，出尖角，在D处我问大家：走不走？

同学们说：走！该走！赶快走！我说：再等一等吧。大家都懵了，为什么不走呢？我在心里想，再等一刻钟就会有奇迹了。因为，5月18日的央视新闻联播播放了一条轰动全球的新闻：我国在南海成功开发出可燃冰！我的“中油工程”立了大功，今天肯定要出涨停板！

说时迟，那时快！量波从D处连续三波下跌，跌至D1处，上触人线而不过，是最标准的出货时机。有同学大叫：“该出了！”我说，我想再等等。因为那个“等涨停”的小九九作怪。然后，一路下跌，我懵了……全天，它再也没有给我任何出货机会。全天，我再也没有在群里说话。

再看第10日即次日（2017年5月19日）见图中右上角的方框：

1. 该股低开低走，在F处形成双底V角波，我条件反射地买了三一仓位，操作非常成功；

2. 该股迅速反弹，两组三一波直上16G，我条件反射地填了三一仓位，在次高点顺利卖出。操作也很成功！

3. 刚一卖出，我后悔了，因为刚才只卖了今天买阴的三一仓位，前面已有的仓位根本没有动，怎么办？于是拟定下午全仓卖出！

4. 午后，该股主力非常给力，连续三波向上，至H点出现A型尖角波，条件反射，用特战技法下单，在H1次高点全仓出货！

本案操作小结：

1. 位置决定性质。该股在E1到E2涨幅已超过30%，可见可燃冰的消息早在E1之前已被主力掌握，E2的拉升，其实是拉高出货，所以王子在E2等涨停只是白日做梦。

2. 性质决定操作。从上面的分析知道，该股应该在B点或D点，最迟在D1点全仓出货，因为位置决定性质，性质决定策略，这个位置的这种股票，只能卖阳，不能买阴。

3. 战术服从战略。王子在F点买入三一仓位，看起来是成功的，实质上是错误的，因为，该股处于主力出货段，接下来的走势必然向下，替领战法的核心是在上涨途中替领，即使这里战术上是正确的，但在战略上却是错误的。

再看图15-8"通合科技2017年6月5日替领留影"及图中标注：

图15-8

如图所示：开盘直上5G，应该进货，没有进。

A处，直下两波共10G，双尖底，右底抬高，进货二一仓位（此处精准回踩日象康桥底线，进货比较保险）；

B处，直上三波共13G，双尖角，右顶降低，出货二一仓位（第一回合非常成功，用二一仓位，进退自如）；

C处，直上[illegible]波共[illegible]G，单尖角，可以出货，没有赶上节奏，只能等下一波（这里是可以出货的，因为没有看到，只好等候下一波）；

D处，直下四波共11G，双尖底回踩日象凹间峰，右底抬高，进货二一仓位（此处双尖底，右底抬高，比较可靠）；

E处，震荡三波共8G，单尖角，特训战法次高点出货三一仓位（因为E峰低于C峰，后劲不足，只好用特战技法出货）；

全天二进二出，前一回合赚4%，后一回合赚2%，因为都是二一仓位进出，实际只赚3%，刚好达到量学替领标准。

王子为什么选择“通合科技”做替领呢？

请看图15-9“通合科技2017年6月7日日象留影”及图中标注：

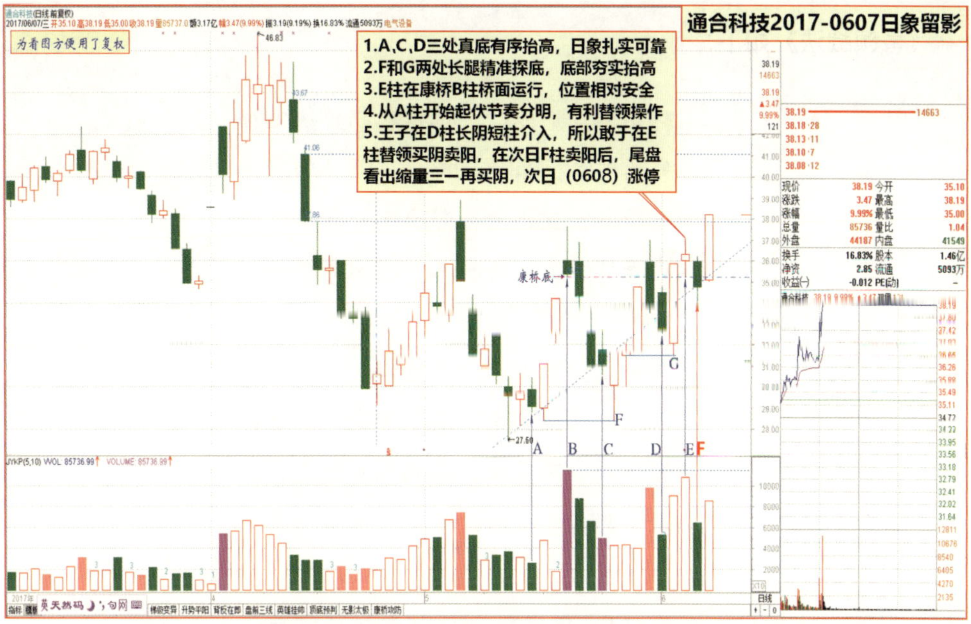
通合科技2017-0607日象留影
为看图方便用了复权
1.A,C,D三处真底有序抬高，日象扎实可靠
2.F和G两处长腿精准探底，底部夯实抬高
3.E柱在康桥B柱桥面运行，位置相对安全
4.从A柱开始起伏节奏分明，有利替领操作
5.王子在D柱长阴短柱介入，所以敢于在E柱替领买阴卖阳，在次日F柱卖阳后，尾盘看出缩量三一再买阴，次日（0608）涨停
康桥底
A
B
C
D
E
F
G

图15-9

如图所示，该股从A到E，处于上升趋势中：

1.A、C、D三处真底有序抬高，日象扎实可靠；

2.F和G两处长腿精准探底，底部夯实抬高；

3.E柱在康桥B柱桥面运行，位置相对安全；

4.从A柱开始起伏节奏分明，有利替领操作；

5.王子在D柱长阴短柱介入，所以敢于在E柱替领买阴卖阳，在次日F柱卖阳后，尾盘看出当日缩量三一假跌，再次买阴，次日（6月8日）涨停！

本案操作小结：

向上，超标出货（只要向上超过4G，就要准备卖阳）；

向下，超标进货（只要向下超过4G，就要准备买阴）；

封板，超标出货（只要封板超过4G，就要准备卖阳）；

破板，按标出货（只要破板超过4G，就要坚决卖阳）；

目标要选准（上升途中，基础扎实）；

时机要选准（超标就做，标内就忍）；

仓位要选准（一般三一，超标二一）。

《替领战法》如下：

跳空阴，别分心，根据拉拐作决定；
尖角波，宜出货，高点不高必回落；
尖角波，宜出货，若出三一等下波；
次峰低，应撤离，三一不出等二一。

二一位，往上推，不过二一先撤退；
人线破，出尖角，高点不高先出货；
假阴顶，高量顶，这俩位置是支撑；
跳空阴，未破底，高于人线不撤离。

除权T，跳空阴，二过人线可出击；
高拉拐，先出来，守住人线笑开怀；
分时临盘看日象，盘前三线作保障；
人线底线尖峰波，三一二一辨强弱。

重要提示，务必牢记：

“替领战法”是量学的高级战法，但它只是一种“战术”，必须与“战略”匹配才能使用，以下提醒请大家牢记：

没有经过量学特训班的强化训练者，切勿实盘；

强化训练没有达到三段以上水平者，切勿实盘；

没有理解“战术服从战略”思想者，切勿实盘。（量学特训班的信息，详见178448.com股海明灯论坛）

股市天经

第16章

“龙门擒龙”的模型及量化标准

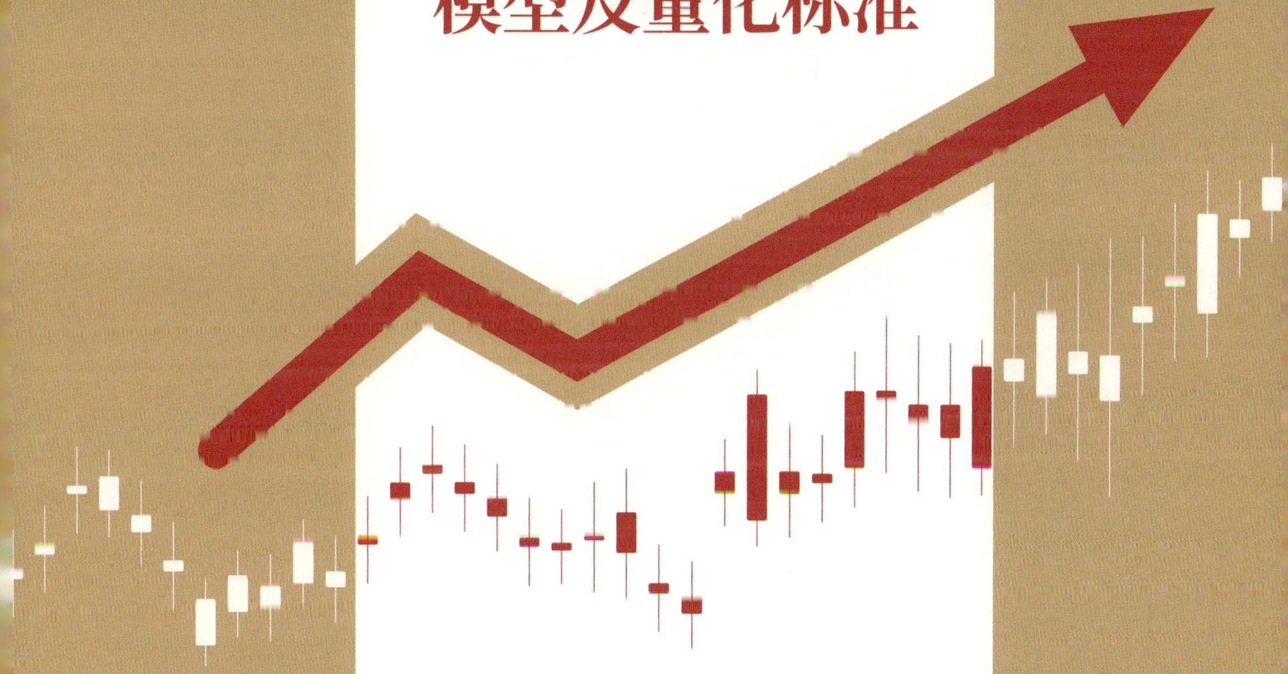

我国有一个“鲤鱼跳龙门”的美丽神话。说的是很久以前，黄河里的鲤鱼听说龙门山的风光无限好，都想去观光。大家相约来到龙门山前，因为水流太急，无论怎么游，也游不上去。

这时，一条大红鲤鱼对大伙说：“咱们跳过去吧，我先跳！”只见它使出全身力气，纵身一跃，像离弦的箭一样，跳到半天云里，带动着空中的云和雨往前走。突然，一团天火从身后追来，烧掉了它的尾巴，它忍着疼痛继续朝前飞跃，终于越过龙门山，眨眼间就变成了一条巨龙。

大红鲤鱼的成功，鼓舞了大家跳龙门的士气。可是，除了个别鲤鱼跳过去化为龙以外，大多数都过不去。凡是跳不过去，从空中摔下来的，额头上就会落下一个黑疤。直到今天，这个黑疤还长在黄河鲤鱼的额头上。

在股市里，“鲤鱼变龙”的股票经常上演。怎样才能找到这样的龙股呢？

第一节

“龙股”是怎样炼成的？

我们先看下面这只股票〔见图16-1“东方通信2019年3月5日（周二）留影”〕

20181224讲师团赴海外集训期间收评关注加仓
20181216周日在北大特训班点评回踩不破0522左峰实顶6.81元可介入周一最低6.89元即介入
A首次点评
B二次点评
C北大点评
D
E
F
G
H

图16-1

如图所示：该股从A点的4.47元涨到I点的36.81元，大涨了648%，此后又涨到

41.88元。这只股票，4个月内累计涨幅达到了833.73%，这样的股票，就是龙票。

这只龙票是怎样“龙”起来的呢？

一、缩图看势，“四大美女”跌得好！

我国有“闭月、羞花、沉鱼、落雁”四大美女的精彩故事。“闭月”是说貂蝉拜月，月亮见其美，自愧不如，赶紧闭上眼睛飘落而下；“羞花”讲的是杨贵妃醉酒观花，花儿见其美，自觉不如，纷纷含羞低头；“沉鱼”说的是西施浣纱，鱼见其美，美醉了鱼儿，纷纷沉溪；“落雁”指的是昭君出塞，大雁见其美如天仙，竟然陶醉忘飞，纷纷坠落。

四大美女，都是美得让对方“沉醉而下”；有些股票，也美得让行情“急转直下”。如何找到这样的股票呢？量学的方法是：

缩图看势，就是把图形尽量缩小，直到能找到其首跌（沉醉而下）的位置。请看图16-2“东方通信2018年11月26日日象留影”，该股在最右侧的F柱（11月26日）涨停，根据量学的“异动反导”战法，我们反向推导了它左侧的行情：

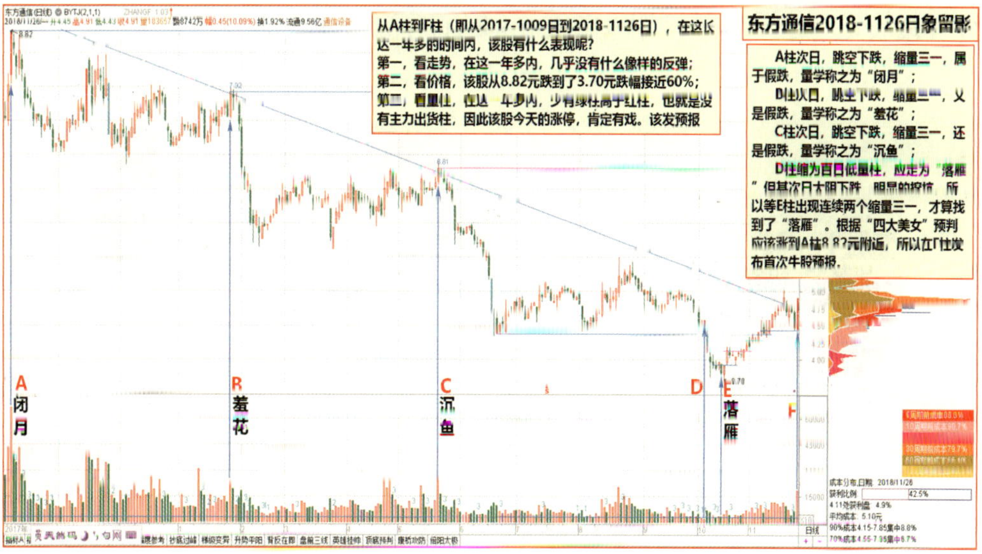
东方通信2018-1126日象留影
从A柱到F柱（即从2017-1009日到2018-1126日），在这长达一年多的时间内，该股有什么表现呢？
第一，看走势，在这一年多内，几乎没有什么像样的反弹；
第二，看价格，该股从8.82元跌到了3.70元跌幅接近60%；
第三，看量柱，在这一年多内，少有绿柱高于红柱，也就是没有主力出货柱，因此该股今天的涨停，肯定有戏。该发预报
A柱次日，跳空下跌，缩量三一，属于假跌，量学称之为“闭月”；
B柱次日，跳空下跌，缩量三一，又是假跌，量学称之为“羞花”；
C柱次日，跳空下跌，缩量三一，还是假跌，量学称之为“沉鱼”；
D柱缩为百日低量柱，应该为“落雁”，但其次日大阴下跌，明显的挖坑，所以等E柱出现连续两个缩量三一，才算找到了“落雁”。根据“四大美女”预判应该涨到A柱8.82元附近，所以在F柱发布首次牛股预报。
A 闭月
B 羞花
C 沉鱼
D
E 落雁
F

图16-2

图中可见：从A柱到F柱（即从2017年10月9日到2018年11月26日），在长达一年多的时间内，该股有什么表现呢？

一看走势，在这一年多内，几乎没有什么像样的反弹；

二看价格，该股从8.82元跌到了3.70元，跌幅接近60%；

三看量柱，在这一年多内，很少有绿柱高于红柱，也就是没有看到明显的主力出货柱，因此，该股今天的涨停，肯定有戏。

戏在哪儿？戏就藏在量柱里！请看该股最明显的几根高价峰对应的量柱：

A柱次日，跳空下跌，缩量三一，属于假跌，有了“闭月”；

B柱次日，跳空下跌，缩量三一，又是假跌，有了“羞花”；

C柱次日，跳空下跌，缩量三一，还是假跌，有了“沉鱼”；

D柱缩为百日低量柱，本应定为“落雁”，但其次日大阴下跌，明显的挖坑动作，所以等它跌到E柱出现连续两个缩量三一，找到了“落雁”。

至此，该股具备了“四大美女”的品质，我们预判该股至少应该涨到其首跌缩量的A柱实顶8.82元附近。能否预报呢？还要结合如下因素来分析。

二、放图看量，“三低三有”做得好！

放图看量，就是把图形尽量放大，直到能看清每根量柱的建构。我们把上图的D—F段放大，就是图16-3“东方通信2018年11月26日金阶留影”：

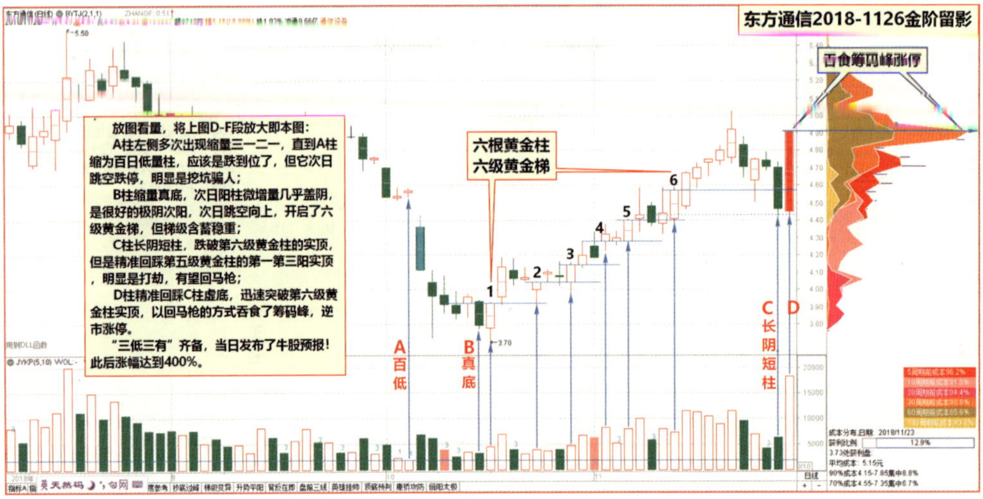
东方通信2018-1126金阶留影
百食筹码峰涨停
放图看量，将上图D-F段放大即本图：
A柱左侧多次出现缩量三一二一，直到A柱缩为百日低量柱，应该是跌到位了，但它次日跳空跌停，明显是挖坑骗人；
B柱缩量真底，次日阳柱微增量几乎盖阴，是很好的极阴次阳，次日跳空向上，开启了六级黄金梯，但梯级含蓄稳重；
C柱长阴短柱，跌破第六级黄金柱的实顶，但是精准回踩第五级黄金柱的第一第三阳实顶，明显是打劫，有望回马枪；
D柱精准回踩C柱虚底，迅速突破第六级黄金柱实顶，以回马枪的方式吞食了筹码峰，逆市涨停。
“三低三有”齐备，当日发布了牛股预报！此后涨幅达到400%。
六根黄金柱
六级黄金梯
1
2
3
4
5
6
A 百低
B 真底
C 长阴短柱
D
3.70
5.50

图16-3

量学的“三低三有”特指如下含义：

“三低”即“低位、低量、低估”，该股完全符合；“三有”即“有底、有工、有梯"，该股完全具备。

请看图16-3：A柱左侧多次出现缩量三一二一，直到A柱缩为百日低量柱，应该是跌到位了，但它次日跳空跌停，明显是挖坑骗人；

B柱缩量真底，次日（11月27日）阳柱微增量几乎盖阴，是很好的极阴次阳，11月27日跳空向上，开启了六级黄金梯，但梯级含蓄稳重；

C柱长阴短柱，跌破第六级黄金柱的实顶，但是精准回踩第五级黄金柱的第一第三阳实顶，明显是打劫，有望回马枪。

三、示弱掩强，"临门一脚"踢得好！

该股B柱之后的六级黄金台阶做得非常扎实，但是，在第六级黄金梯连拉五阳，直达左峰之后，却主动回撤四天，形成了"左峰难以突破，只好鸣金收兵"的弱者形象，特别是C柱的大跌，让不懂"长阴短柱"的投资人，乖乖交出了大量筹码。

最关键的是D柱的"临门一脚"，相当精彩！请看D柱当日量波（见图16-4"东方通信2018年11月26日量波留影"）

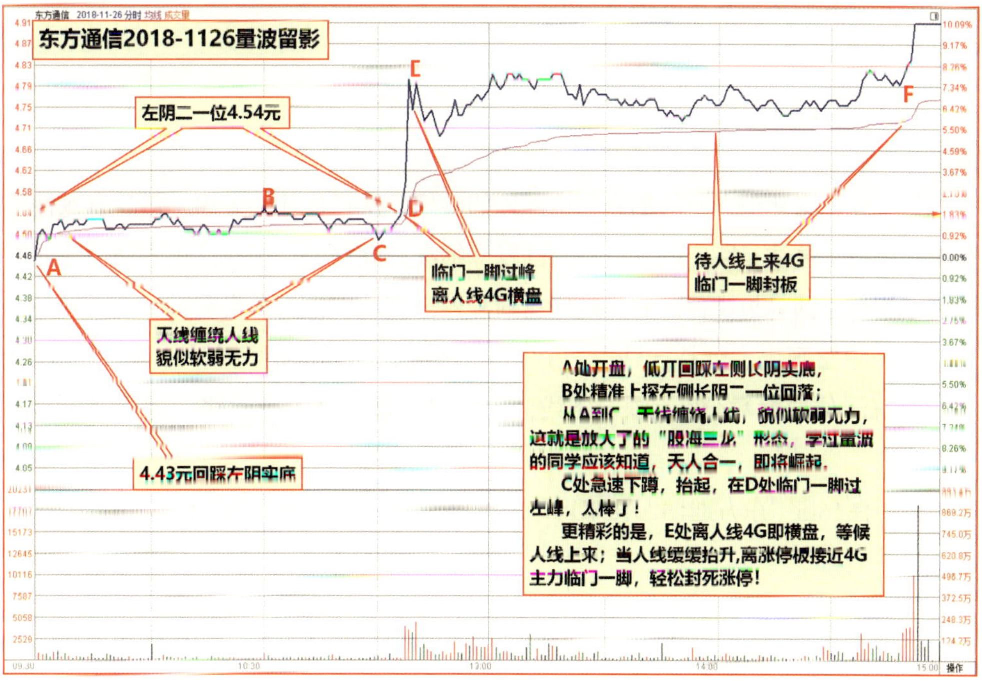
东方通信2018-1126量波留影
左阴二一位4.54元
天线缠绕人线
貌似软弱无力
4.43元回踩左阴实底
临门一脚过峰
离人线4G横盘
待人线上来4G
临门一脚封板
A处开盘，低开回踩左侧长阴实底，
B处精准上探左侧长阴二一位回落；
从A到C，天线缠绕人线，貌似软弱无力，这就是放大了的"股海三龙"形态，学过量波的同学应该知道，天人合一，即将崛起。
C处急速下蹲，抬起，在D处临门一脚过左峰，太棒了！
更精彩的是，E处离人线4G即横盘，等候人线上来；当人线缓缓抬升,离涨停板接近4G主力临门一脚，轻松封死涨停！

图16-4

如图所示：

A处开盘，低开回踩左侧长阴实底；

B处精准上探左侧长阴二一位回落；

从A到C，天线缠绕人线，貌似软弱无力，这就是放大了的“股海三龙”形态，学过量波的同学应该知道：天人合一，即将崛起。

C处急速下蹲，抬起，在D处临门一脚过左峰更精彩的是，E处离人线4G即横盘，等候人线上来；当人线缓缓抬升至F处时，离涨停板接近4G，主力临门一脚，轻松封死涨停！

回看日象，该股迅速突破第六级黄金柱实顶，以回马枪的方式吞食了筹码峰，逆市涨停。根据《伏击涨停》讲述的原理，具有六级黄金梯的股票，应该是会唱歌的牛股，所以，我们在这个涨停板当日发布了牛股预报！

此后34个交易日内14个涨停板，股价从4.91元涨到17.95元，其涨幅超过400%。此后继续成龙之旅。

该股过峰时，临门一脚，非常精彩；该股封板时，临门一脚，更加精彩！

我们看懂了这个主力的功夫，就要学他的功夫，把主力的功夫变成我们自己的功夫，才是我们学习量学的根本目的。

四、学以致用，“一柱一线”用得好！

量学同仁都知道，一般的回马枪涨停的股票，次日往往会大跌；但具有龙性的股票却相反，往往是跳空向上，稍有回踩即继续奔向涨停。现在，东方通信在底部出现了第一个回马枪涨停，并且是尾盘封涨停，到底应该怎么走呢？

我们给它画出“一柱一线”。方法是：首先，选涨停柱为基柱；然后，在基柱的上三一位取整数4.80元画一条线；只要它次日回踩不破此线，就是强庄，可以跟进。

请看图16-5“东方通信2018年11月27日量波留影”及图中标注：

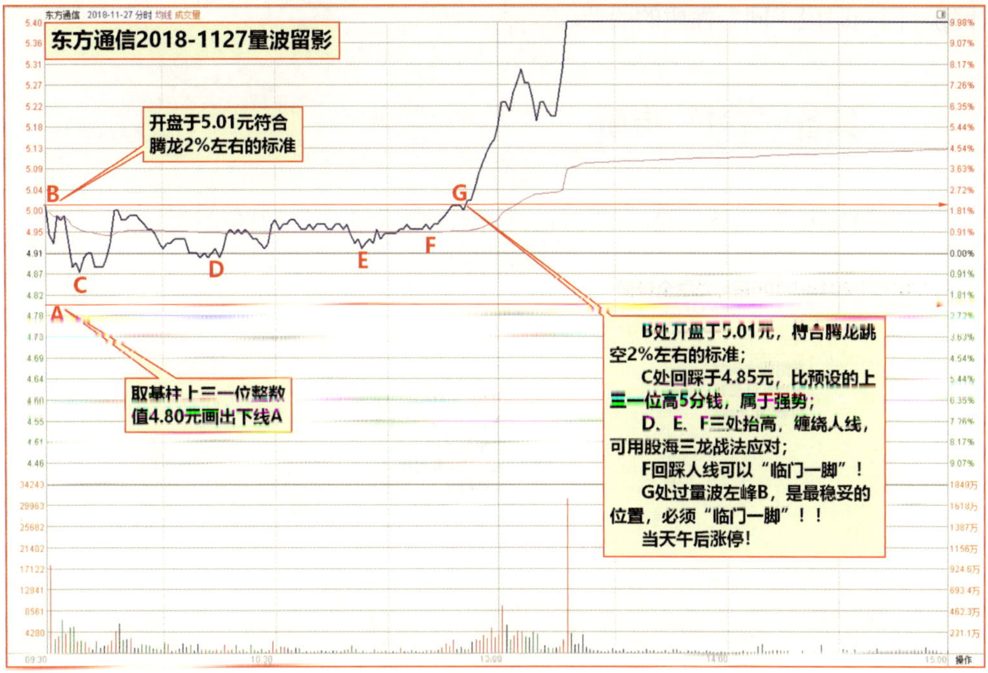

东方通信2018-1127量波留影
开盘于5.01元符合腾龙2%左右的标准
B
C
D
E
F
G
A
取基柱上三一位整数值4.80元画出下线A
B处开盘于5.01元，符合腾龙跳空2%左右的标准；
C处回踩于4.85元，比预设的上三一位高5分钱，属于强势；
D、E、F三处抬高，缠绕人线，可用股海三龙战法应对；
F回踩人线可以“临门一脚”！
G处过量波左峰B，是最稳妥的位置，必须“临门一脚”！！
当天午后涨停！

图16-5

如图所示：

B处开盘于5.01元，符合腾龙跳空2%左右的标准；

C处回踩于4.85元，比预设的上三一位高5分钱，属于强庄；

D、E、F三处抬高，缠绕人线，类似股海三龙形态，用三龙战法应对；

F回踩确认人线，可以“临门一脚”；

G处过量波左峰B，是最稳妥的位置，必须“临门一脚”。

当天午后封死涨停！这只龙票的第二个涨停，就成了我们“学以致用”的美餐！

第二节

“龙股”是这样炼成的！

前面那只“龙票”是经过“四大美女”“三低三有”“临门一脚”这三大要素炼成的。我们简称为“431”。

那么，其他的“龙票”是怎样炼成的呢？是不是也具备“431”呢？请看同一市场、同一时段、同一性质的股票。

一、具备“431”特质

请看图16-6“东信和平2019年3月6日留影龙票全景图”及图中标注：

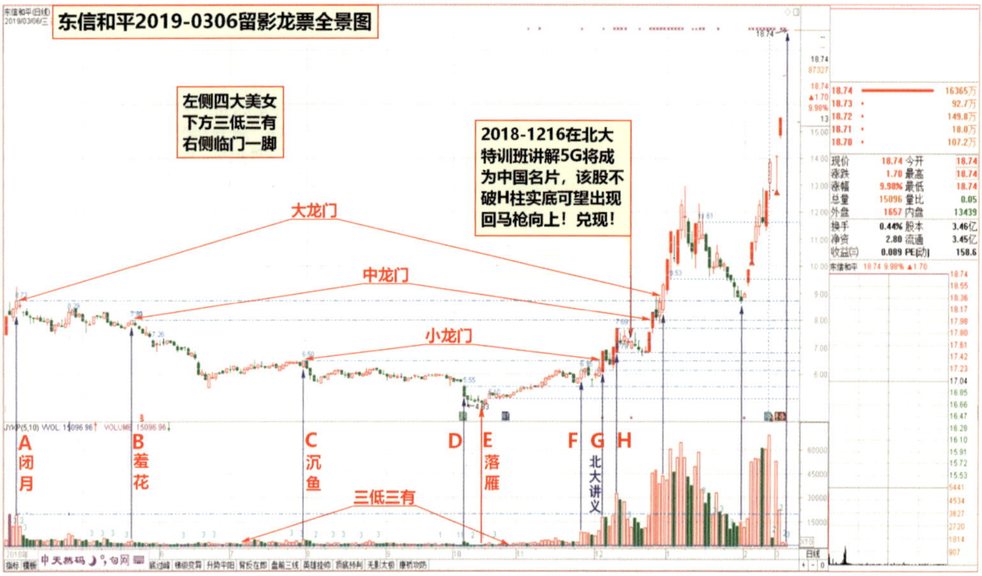

图16-6

图中可见具“431”特质：

“4”左侧四大美女，跌得好；

“3”下方三低三有，做得好；

“1”右侧临门一脚，踢得好。

王子在2018年12月16日北大博雅量学特训班点评该股：“继高铁之后，5G将成为中国的新名片，所以要重点关注通信股。该股现在是跳过小龙门，有过峰保顶的必要，若回调不破H柱实底，将出现回马枪向上。”此后得到实盘验证。

二、继承“431”品质

请看图16-7“小康股份2020年11月26日日象留影”及图中标注：

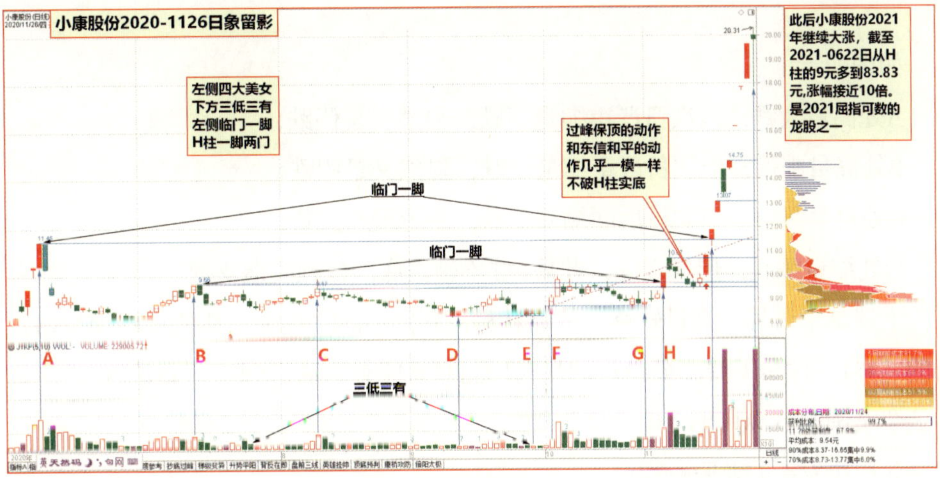
小康股份2020-1126日象留影
左侧四大美女
下方三低三有
左侧临门一脚
H柱一脚两门
临门一脚
临门一脚
过峰保顶的动作
和东信和平的动
作几乎一模一样
不破H柱实底
此后小康股份2021
年继续大涨，截至
2021-0622日从H
柱的9元多到83.83
元,涨幅接近10倍。
是2021屈指可数的
龙股之一
三低三有
A
B
C
D
E
F
G
H
I

图16-7

小康股份2021年继续大涨，至2021年6月22日，从H柱的9元多涨到83.83元，涨幅接近10倍。

“4”左侧四大美女，跌得好；

“3”下方三低三有，做得好；

“1”右侧临门一脚，踢得好。

整体看“431”的品质非常好！所以该股能成为当时市场总龙头。

三、强化“431”性质

请看图16-8“小康股份2021年7月7日龙股全景”及图中标注：

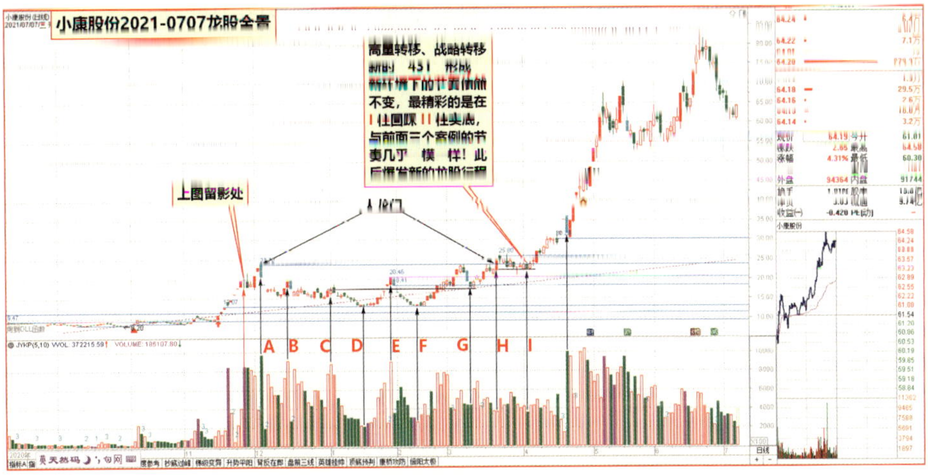
小康股份2021-0707龙股全景
高量转移、战略转移
不变，最精彩的是在
上图留影处
A
B
C
D
E
F
G
H
I

图16-8

如图所示：

A处高量大跌，但次日严重缩量下跌，显然又是假跌；

B处高量涨停，但次日严重缩量下跌，显然又是假跌；

C处倍量涨停，但次日后面缩量下跌，主力没有出货；

D处缩量踩底，形成真底，此后F柱不破真底，找到中继支撑；

上述整个过程，高量转移、战略转移，新的“431”形成。新的征程逐步抬升，新的“431”性质不变，最精彩的是在I 柱回踩 H 柱实底，强化“431”布局，与前面三个案例的节奏几乎一模一样！

此后爆发新的龙股行程。

第三节 “龙股”应该如何擒拿？

只要我们看懂了前面讲的“431”案例，我们就能找到捕捉“龙票”的位置和契机，关键是要看懂主力的“临门一脚”，我们也来个“临门一脚”。

一、异动反导主侦探

请看图16-9“银星能源2019年1月30日异动反导图”及图中标注：

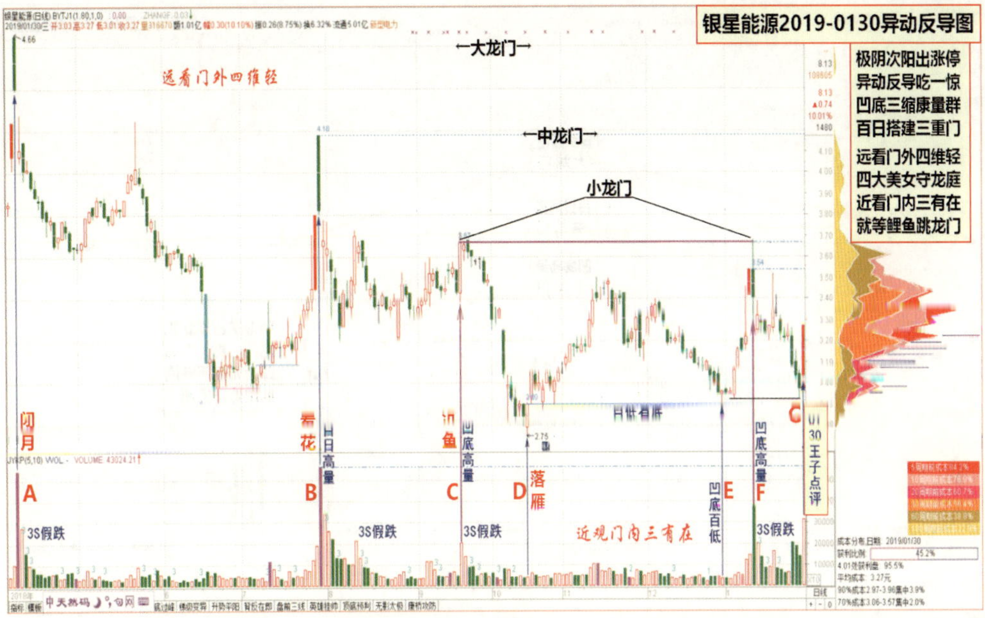
银星能源2019-0130异动反导图
←大龙门→
←中龙门→
小龙门
远看门外四维轻
极阴次阳出涨停
异动反导吃一惊
凹底三缩康量群
百日搭建三重门
远看门外四维轻
四大美女守龙庭
近看门内三有在
就等鲤鱼跳龙门
闭月
羞花
沉鱼
落雁
百日搭建
凹底高量
凹底百低
01 30 王子点评
A
B
C
D
E
F
G
3S假跌
近观门内三有在

图16-9

如图所示：该股在G柱以极阴次阳方式涨停，是最明显的异动。因为是小倍阳涨停，更要引起关注。用异动反导法看盘，发现这是一只“431”完备的好票，一不小心就可能成龙。我们的反导结果如下：

极阴次阳出涨停，

异动反导吃一惊！

凹底三缩康量群，

百日搭建三重门。

远看门外四维轻，

四大美女守龙庭！

近看门内三有在，

就等鲤鱼跳龙门！

于是在G柱当日发布牛股预报。预报后，极为精彩。

二、务必介入第二板

请看图16-10“银星能源2019年3月6日成龙全景图”及图中标注：

图16-10

如图所示：F柱是预报次日，开盘向上跳空1.10%，是很好的腾龙，925务必大胆开枪，这么好的股票，如果不敢用“腾龙925战法”擒拿，以后就再也没有机会了。强龙的第二板如果不介入，此后就难有机会了。

三、争取抓住第一跳

请看图16-11“久吾高科2021年7月2日视频图解”：

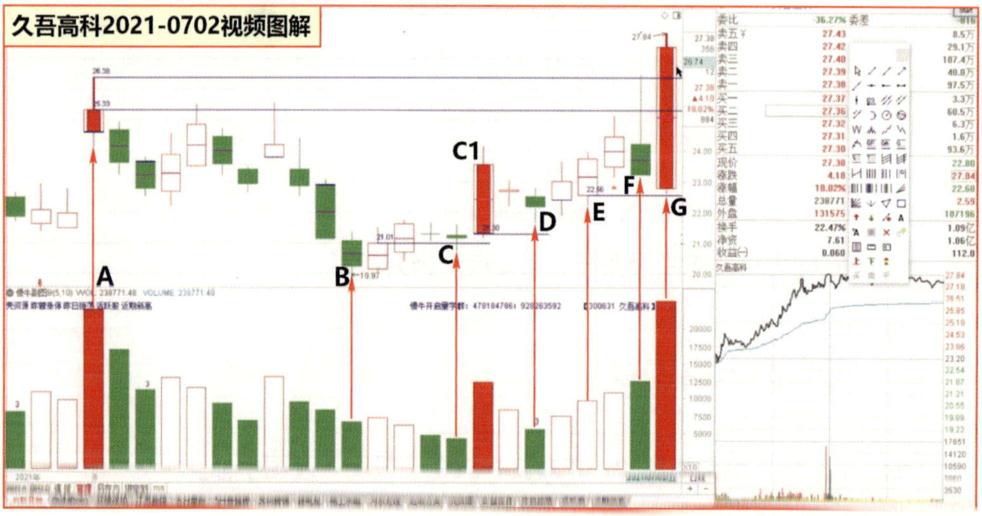

图16-11

图16-11是量学云讲堂金牌讲师朱永海7月2日周末选股视频截图。

图中可见:

B、C、D、F连续四级真底抬高，相当于四级黄金梯，后势必涨;

C1柱大涨11.35%，此后六日均在二一位上方震荡，基柱牢靠;

F柱是单枪侦察兵，精准刺探A柱虚顶，后市必将攻击A峰;

G柱精准回踩E柱实底，F柱二一位是第一伏击圈，A柱实顶线是第二伏击圈，A柱虚顶线是“临门一脚”的最佳位置。请看该股此后走势。

见图16-12“久吾高科2021年7月7日成龙全景图”:

图16-12

图中可见，这是一只很好的“431”龙股。本图中的J柱，就是上图中的G柱，主力“临门一脚”的位置，刚好就是跳过大龙门的位置，并且其跳龙门的量柱是小倍阳，说明主力高度控盘，我们如果未能在J柱“临门一脚”，那么，次日低开不破J柱上二一位，又是很好的“临门一脚”位置。

从朱永海发布量学选股视频后，该股3天大涨51%，若从突破小龙门的H柱开始计算，该股成功翻番。为什么要从H柱跳过小龙门开始算？我来告诉大家，量学的“龙门擒龙”战法，就是要从小龙门开始，逐级跟踪，勇闯龙门。

四、逮住回龙等翻番

跳龙门的票很多，但是，并非每个跳龙门的股票都能成龙。所以，量学强调：量波的使用最好是盯住牛股和龙头，所谓“逮住回龙”，就是在“龙回头”的位置，跟上其下一波“跳龙门”。

能不能成龙，一要看底，二要看梯，三要看借力。只要这三要素具备，它就会成龙，并且可以有龙二波、龙三波，甚至龙四波。

例一，见图16-13“全柴动力2019年1月22日强龙三要素”及图中标注：

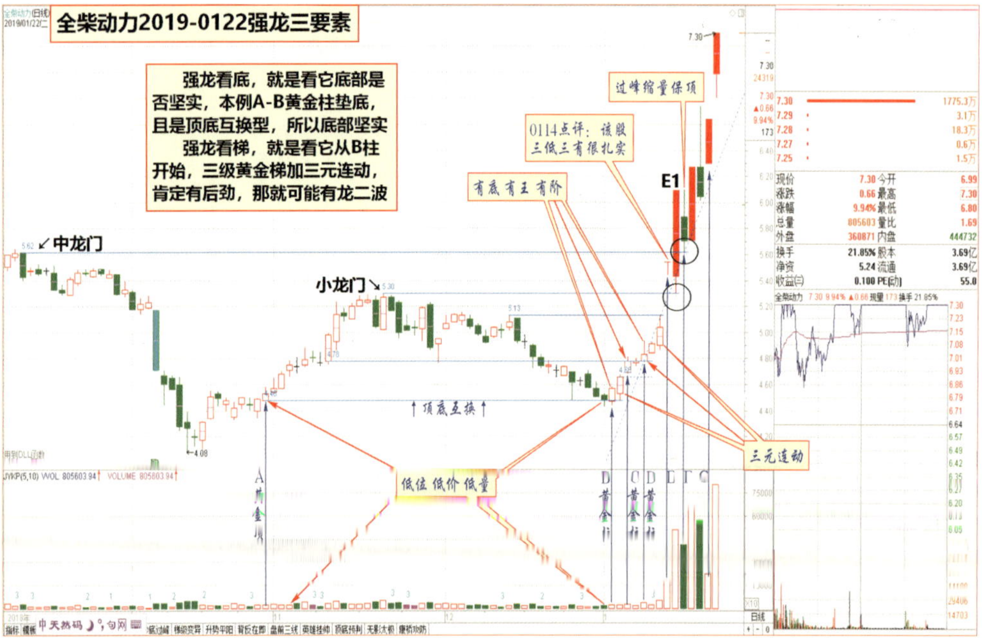

全柴动力2019-0122强龙三要素
强龙看底，就是看它底部是否坚实，本例A-B黄金柱垫底，且是顶底互换型，所以底部坚实
强龙看梯，就是看它从B柱开始，三级黄金梯加三元连动，肯定有后劲，那就可能有龙二波
中龙门
小龙门
过峰缩量保顶
0114点评：该股三低三有很扎实
有底 有王 有阶
E1
顶底互换
低位 低价 低量
三元连动

图16-13

如图所示：该股的龙性十足。

强龙看底，就是看它底部是否坚实，本例A—B黄金柱垫底，且是顶底互换型，所以底部坚实；

强龙看梯，就是看它从B柱开始，三级黄金梯加三元连动，肯定有后劲，那就可能有龙二波；

强龙看借力，就是看它会不会借用别人的力量，完成合力拉升。

先看E柱跳过小龙门，次日E1精准回踩小龙门，完成过峰保顶，借力涨停；再看E1柱跳过中龙门，次日F柱又精准回踩中龙门，完成过峰保顶，借力再度涨停。

这种善于精准借力、精准拉升的主力，自己精打细算，借力四两拨千斤，肯定会做出龙票，请看该股后市。

例二，见图16-14“全柴动力2019年3月15日强龙二波”及图中标注：

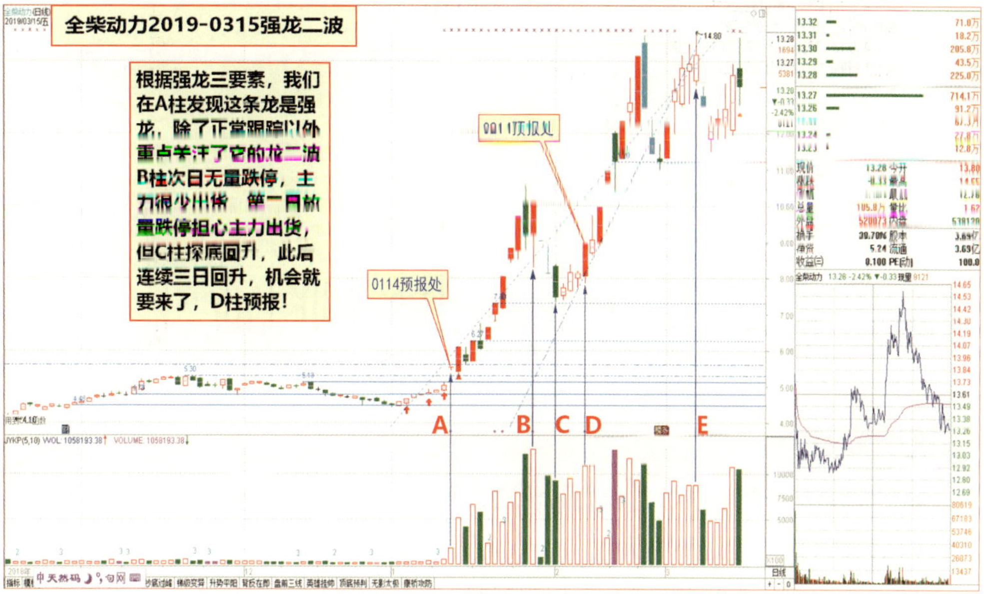
全柴动力2019-0315强龙二波
根据强龙三要素，我们
在A柱发现这条龙是强
龙，除了正常跟踪以外
重点关注了它的龙二波
B柱次日无量跌停，主
力很少出货，第二日放
量跌停担心主力出货，
但C柱探底回升，此后
连续三日回升，机会就
要来了，D柱预报！
0114预报处
0211预报处
A
B
C
D
E

16-14

如图所示，根据强龙三要素，我们在A柱发现这条龙是强龙，除了正常跟踪以外，重点关注了它的龙二波。

B柱次日无量跌停，显然主力很少出货，第二日放量跌停，担心主力出货，但C柱在三一位缩量探底回升，此后连续三日回升，可见机会就要来了，我们抓住D柱过大阴实顶的机会预报！此后果然出现龙二波。

例三，见图16-15“哈三联2021年7月8日龙四波”及图中标注：

哈三联2021-0708龙四波
该股的强龙三要素很好，我们估计它会有龙二波，谁知它竟走出了龙四波。
1.从E柱开始，跳过小中大龙门，以高量柱F新一门出现，为龙一波；
2.从G柱开始，跳过新一门F，以高量柱H新二门出现，为龙二波；
3.从I柱开始，跳过新二门H，以高量柱J新三门出现，为龙三波；
4.从K柱开始，跳过新三门J，以高量柱L新四门出现，为龙四波。
新一门
新二门
新三门
新四门
大龙门
中龙门
小龙门
A
B
C
D
E
F
G
H
I
J
K
L

图16-15

该股的强龙三要素很好，我们估计它会有龙二波，谁知它却走出了龙四波：

1.从E柱开始，跳过小中大龙门，以高量柱F新一门出现，为龙一波；

2.从G柱开始，跳过新一门F，以高量柱H新二门出现，为龙二波；

3.从I柱开始，跳过新二门H，以高量柱J新三门出现，为龙三波；

4.从K柱开始，跳过新三门J，以高量柱L新四门出现，为龙四波。

当左侧的龙门跳过以后，一旦出现新的高量柱，就会成为新龙门；若能突破新龙门的，才是强龙。总之，量波的使用要紧盯牛股和龙头，才能充分发挥量波的作用。

“龙门431模型”是股市特种兵的看盘选股秘诀，量柱量线量波基础不牢者，不要轻易使用。王子有言在先，若使用不当，走火入魔，勿谓言之不预也。

股市天经

第17章

量波逮涨停，必守三要领

亲爱的读者，当你看完前16章之后，是不是有一种“豁然开朗”的感觉？有没有一种“我要动手”的冲动？

如果你有这样的冲动，那就请你立即冷静下来，抽出你宝贵的时间，认真看懂本章的内容，认真弄懂量波速涨停的“三个要领”。

第一节

不要迷信量波，“日象为王”是根本

无论什么量波，没有日象基础它就是“假的”，有日象基础的才是“真的”。

有的龙，你今天看它非常漂亮，但明天或后天却非常难看。这其中的原因就藏在“日象”中，我们切切不可只看眼前，忽视长远。

例如下面这组“股海三龙”的案例，全部取自2022年4月1日即清明节前最后一个交易日，大家可以在自己的电脑上查看其当前和日后的情况。

图17-1“江苏国信2022年4月1日午时选龙图示”：

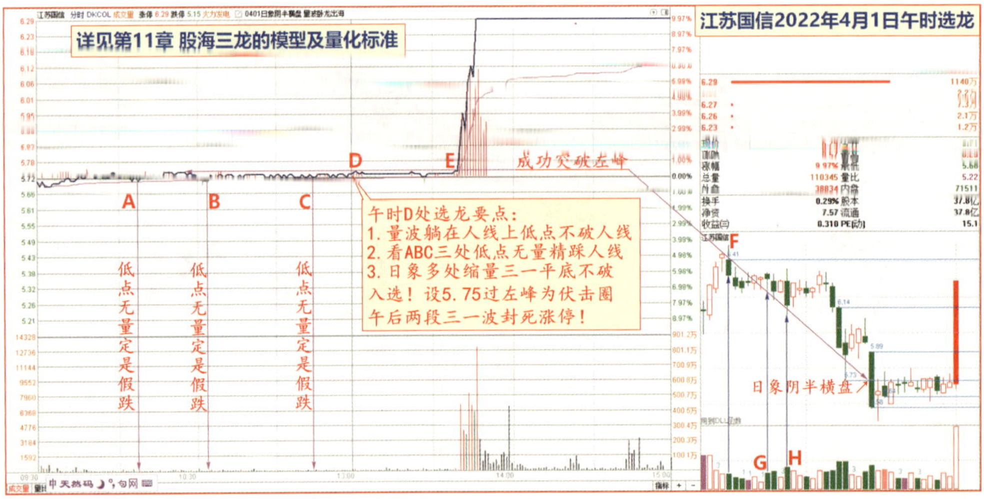
详见第11章 股海三龙的模型及量化标准
江苏国信2022年4月1日午时选龙
A
B
C
D
E
成功突破左峰
低点无量定是假跌
低点无量定是假跌
低点无量定是假跌
午时D处选龙要点：
1. 量波躺在人线上低点不破人线
2. 看ABC三处低点无量精踩人线
3. 日象多处缩量三一平底不破
入选！设5.75过左峰为伏击圈
午后两段三一波封死涨停！
F
G
H
日象阴半横盘

图17-1

从图17-1来看，这条龙堪称完美，我们伏击的位置也相当完美。但是，如果仔细查看它的日象建构，会发现有很多隐患。

第一，该股启动前的日象建构不够扎实，没有扎实的金阶，属于突然拉升；

第二，请看右下角日象图中的F、G、H三处，明显高于其左侧的阳柱，F-H段是日象中的第一个长跨度的、阴量柱高于阳量柱的整理平台；这里的阻力不容小觑。

第三，打开电脑的走势图，在F处的日象左上方，还有一个长跨度的、阴量柱高于阳量柱的整理平台；

凡是阴胜阳的整理平台，是很难突破的，有时即使红方瞬间突破，也会被日后的绿色行情反噬。所以，我们在清明节后的第一个交易日，在第二个量波尖峰出货，躲过了其后连续15天的大跌。

这个案例告诉我们：

即使你在三龙出现的当天成功伏击了，也不要沾沾自喜，而是要继续观察该股的日象量学建构，若发现它的日象左侧有阻力，特别是有阴胜阳的量堆出现，就要果断出货，以免到手的利润遭受损失。

再看图17-2“栖霞建设2022年4月1日盘前盘中选股图示”：

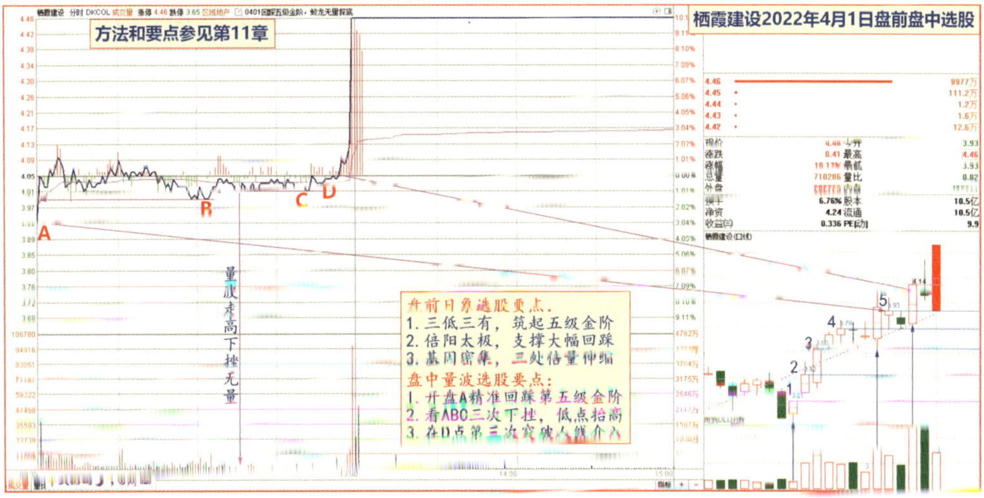
方法和要点参见第11章
栖霞建设2022年4月1日盘前盘中选股
A
B
C
D
量波未高下挫无量
盘前日象选股要点：
1. 三低三有，筑起五级金阶
2. 倍阳太极，支撑大幅回踩
3. 基因密码，三处倍量伸缩
盘中量波选股要点：
1. 开盘A精准回踩第五级金阶
2. 看ABC三次下挫，低点抬高
3. 在D点第三次突破人线介入
1
2
3
4
5

图17-2

与前面的江苏国信相比，栖霞建设的日象建构要好得多。请看图中标示的“盘前日象选股要点”和“盘中量波选股要点”，明显优于江苏国信，最重要的是，栖霞建设的启动基于五级金阶，所以此后四日三板。

第二节

不要单看量波，“人线为王”是核心

量波一旦跳空低开，量学的第一个对策是“跳空阴，拉拐清！”

但是，如果跳空阴的“低开”却是“精准踩腰”，或“站稳人线”，或“精踩日象关节点”的，我们就要“另眼相待”了，就要根据其日象建构来反向操作。这种“反向操作”的标准，就是基于分时人线。

对此，量学箴言是：“跳空阴，不要慌；站稳人线它就强！”

2022年上半年行情很不好，但是许多牛股都展示了这个规律。只要我们看懂了日象，以“人线为王”的标准来规划操作，一不小心就能擒到牛股。

请看图17-3“南山控股2022年4月1日大幅低开涨停图示”：

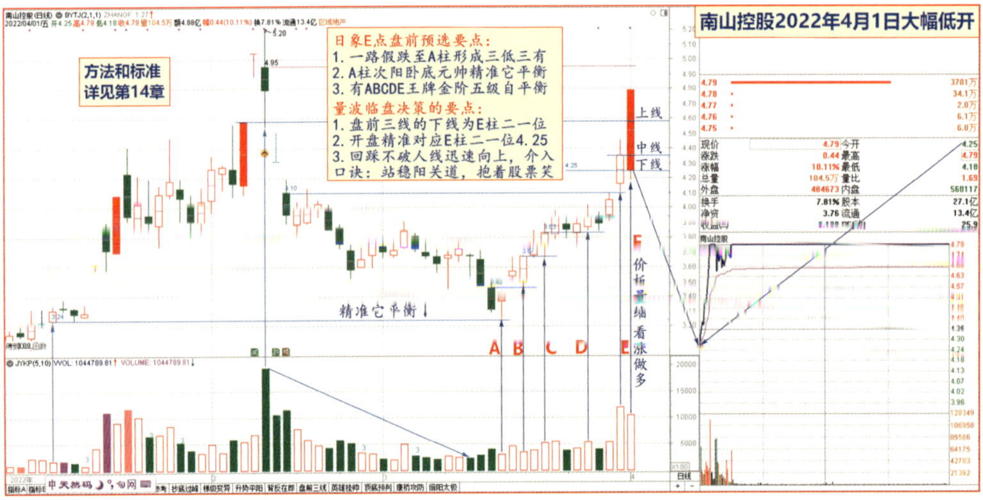
南山控股2022年4月1日大幅低开
方法和标准
详见第14章
日象E点盘前预选要点：
1. 一路假跌至A柱形成三低三有
2. A柱次阳卧底元帅精准它平衡
3. 有ABCDE王牌金阶五级自平衡
量波临盘决策的要点：
1. 盘前三线的下线为E柱二一位
2. 开盘精准对应E柱二一位4.25
3. 回踩不破人线迅速向上，介入
口诀：站稳阳关道，抱着股票笑
上线
中线
下线
精准它平衡
A B C D E
价柘量缩 看涨做多
图17-3

图17-3中标注的“日象盘前预选要点”和“量波临盘决策要点”非常重要，是“日象为王”的基础上，以“人线为王”这个“抓手”来“量波逮涨停”，所以逮住了该股的四连板。

再看图17-4“海汽集团2022年4月1日大幅低开涨停图示”：

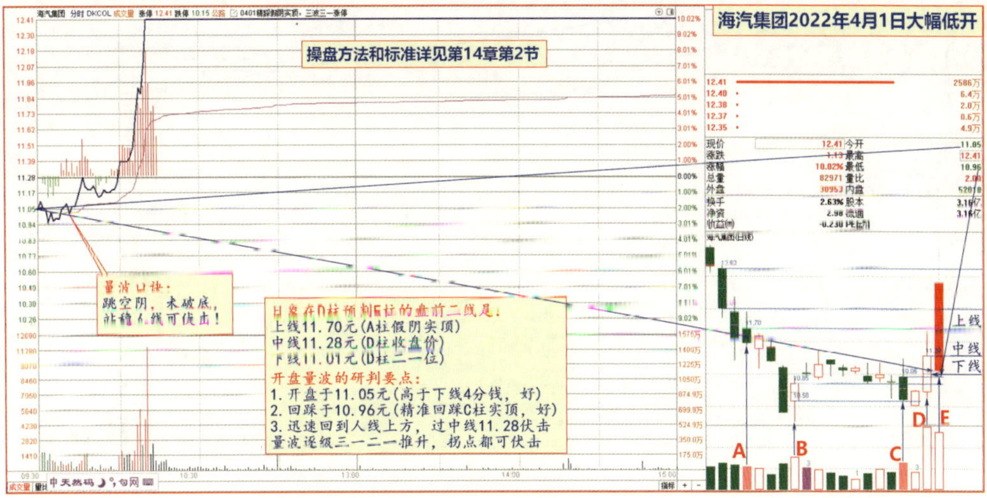
海汽集团2022年4月1日大幅低开
操盘方法和标准详见第14章第2节
量波口诀：
跳空阴，未破底，
站稳人线可伏击！
日象在D柱预判E柱的盘前二线是：
上线11.70元(A柱假阴实顶)
中线11.28元(D柱收盘价)
下线11.01元(D柱二一位)
开盘量波的研判要点：
1. 开盘于11.05元(高于下线4分钱，好)
2. 回踩于10.96元(精准回踩C柱实顶，好)
3. 迅速回到人线上方，过中线11.28伏击
量波逐级三一二一推升，拐点都可伏击
上线
中线
下线
A
B
C
D
E

图17-4

图17-4海汽集团和图17-1江苏国信类似，启动时的日象建构不够扎实，好在其日象左侧的两个长跨度整理平台中，仅有一根“阴胜阳的量柱”，所以海汽集团容易突破，此后六天两个板，涨幅达到30%以上。

第三节

不要误读量波，“量变为王”是准绳

量波的形态多种多样，不同的人对其理解也是多种多样，甚至对于同样的量波也有不同的理解。只要是人的理解，难免就有误解。

为了统一认识、统一标准，量学强调“量变为王”，也就是强调“只有被量变确认的量波”，才是我们正确理解量波的唯一标准。

请看图17-5“冀凯股份2022年4月1日量波留影”：

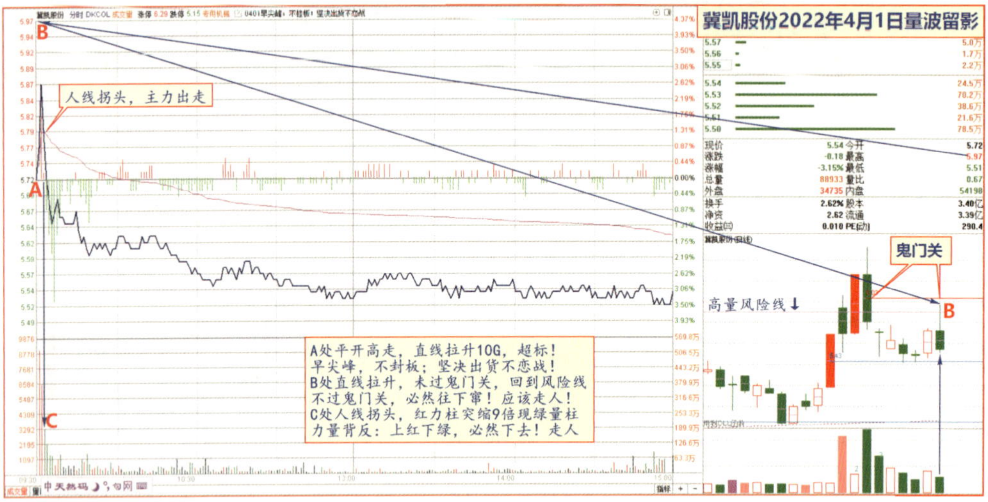
冀凯股份2022年4月1日量波留影
人线拐头，主力出走
鬼门关
高量风险线↓
A
B
C
A处平开高走，直线拉升10G，超标！
早尖峰，不封板；坚决出货不恋战！
B处直线拉升，未过鬼门关，回到风险线
不过鬼门关，必然往下窜！应该走人！
C处人线拐头，红力柱突缩9倍现绿量柱
力量背反：上红下绿，必然下去！走人

图17-5

A处平开高走，直线拉升10G，没有抓板，严重超标！对应量波口诀：早尖峰，不封板；坚决出货不恋战！B处直线拉升，未过鬼门关，迅速回到风险线下方！这就暗示风险！对应量波口诀：不过鬼门关，必然往下窜！应该有货出货，走人！C处人线拐头，主力出走，同时，红力柱突然缩小9倍，下方却是绿量柱！对应量波口诀：力量背反，有人反叛；上红下绿，必然下去！出货为上！

此后连续下跌19天，可以在电脑上查看。

再看图17-6"超讯通讯2022年4月1日量波留影"！

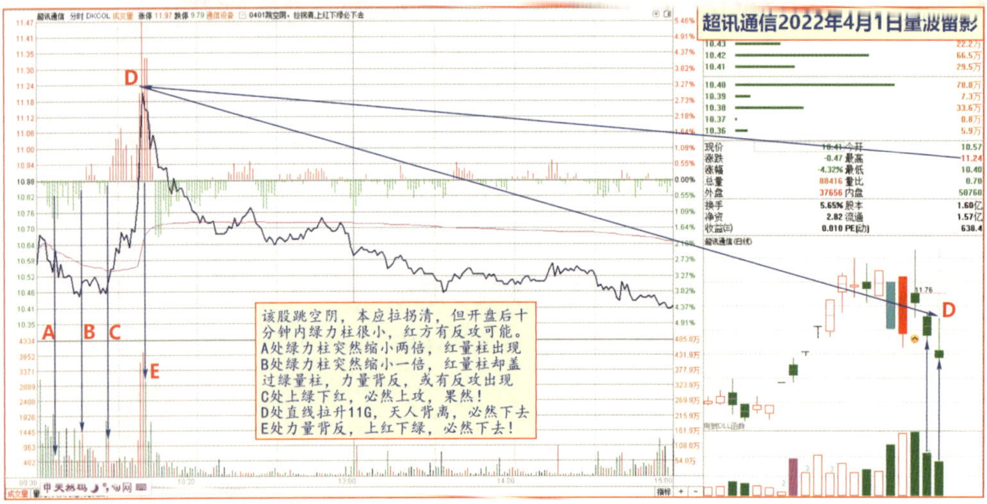
超讯通信2022年4月1日量波留影
A
B
C
D
E
该股跳空阴，本应拉拐清，但开盘后十
分钟内绿力柱很小，红方有反攻可能。
A处绿力柱突然缩小两倍，红量柱出现
B处绿力柱突然缩小一倍，红量柱却盖
过绿量柱，力量背反，或有反攻出现
C处上绿下红，必然上攻，果然！
D处直线拉升11G，天人背离，必然下去
E处力量背反，上红下绿，必然下去！

图17-6

该股跳空阴，本应拉拐清，但开盘后十分钟内绿力柱很小，红方或有反攻。

A处绿力柱突然缩小两倍，对应处出现红量柱，单阳不是阳，可继续观察；

B处绿力柱突然缩小一倍，红量柱却盖过绿量柱，力量背反，或有反攻机会；

C处上绿下红，必然上攻，等候拉拐清的机会，稍后即果然上攻！

D处直线拉升11G，主力有冲高出货嫌疑，天人背离，必然下去！

E处力量背反，这是核心信号，上红下绿，必然下去！坚决出货！

验证：此后该股连续大跌19大！

第四节

量波速涨停，重在综合性

本书的很多内容，都是根据科研或讲解的需要，从某个单一的角度来讲述的，其实，我们在真正临盘使用的时候，必须综合研判，在一分钟内作出科学的、精准的临盘决策。下面，结合2022年4月1日至五一前后的行情，讲讲量波使用的综合性，也就是“量柱选股、量线选价、量波选时”的综合运用。

2022年五一小长假期间，王子筛选了如下三组九票：

第一组，长阴短柱，超跌反弹：西上海、五洲新春、新坐标；

第二组，精准探底，站稳康桥：中润资源、辽宁能源、嘉寓股份；

第三组，单针探底，凹底淘金：精华制药、凯淳股份、人福医药。

这九只票节后第一天有6个板，第二天有3个板，其中含两个20CM板。后面的行情大家可以对照电脑查看。

例一，请看图17-7“西上海2022年4月29日量波入选”：

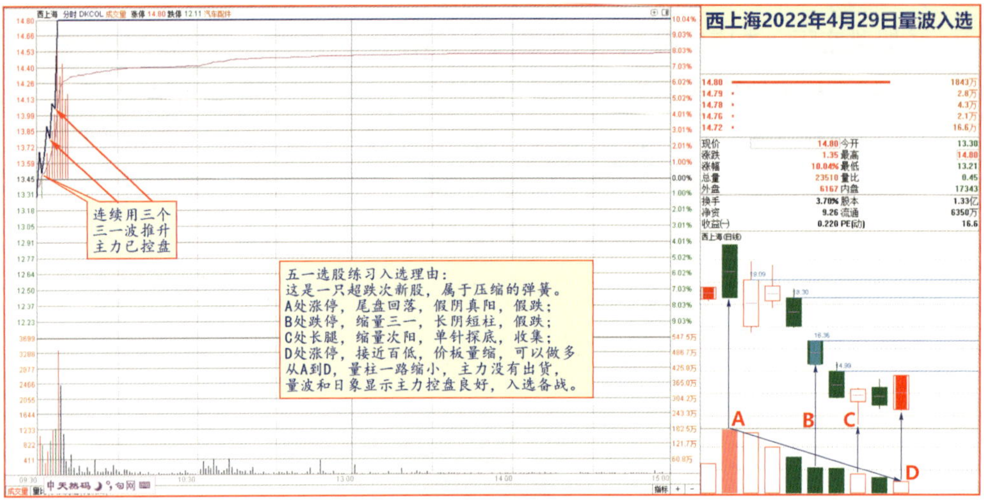
西上海2022年4月29日量波入选
连续用三个
三一波推升
主力已控盘
五一选股练习入选理由：
这是一只超跌次新股，属于压缩的弹簧。
A处涨停，尾盘回落，假阴真阳，假跌；
B处跌停，缩量三一，长阴短柱，假跌；
C处长腿，缩量次阳，单针探底，收集；
D处涨停，接近百低，价板量缩，可以做多
从A到D，量柱一路缩小，主力没有出货，
量波和日象显示主力控盘良好，入选备战。
A
B
C
D

图17-7

这是一只超跌次新股，股价被腰斩，本轮行情从27.30元跌到12.60元，属于压缩的弹簧。综合分析：A处涨停，尾盘回落，假阴真阳，假跌；B处跌停，缩量三一，长阴短柱，假跌；C处长腿，缩量次阳，单针探底，收集；D处涨停，接近百低，价板量缩，可以做多！从A处到D处，量柱一路缩小，主力没有出货，量波和日象均显示主力控盘良好，入选备用。

验证：节后第一日涨停，第二日涨了9个多点，尾盘回落，涨3.13%。

例二，请看图17-8“五洲新春2022年5月5日腾龙”：

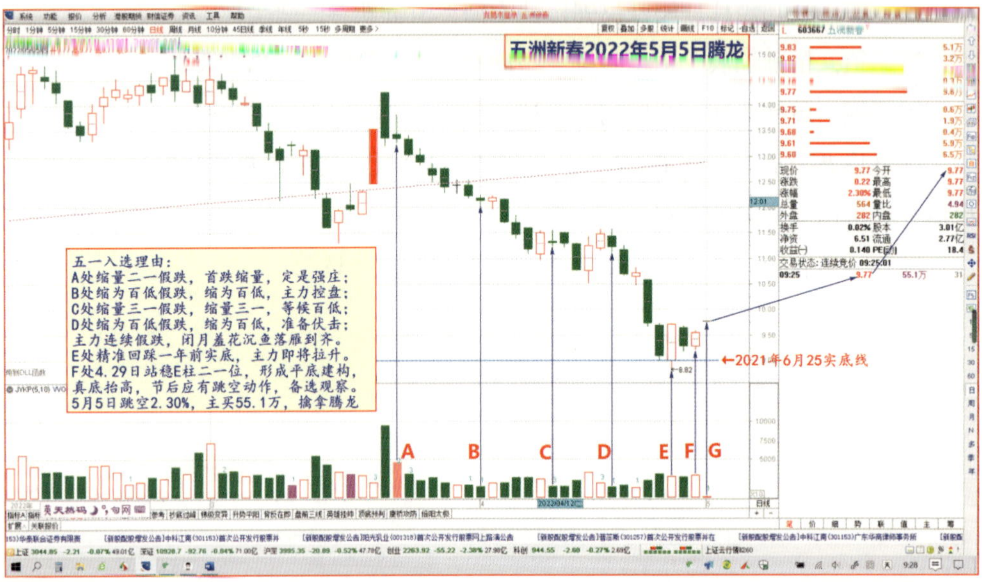
五洲新春2022年5月5日腾龙
五一入选理由：
A处缩量二一假跌，首跌缩量，定是强庄；
B处缩为百低假跌，缩为百低，主力控盘；
C处缩量三一假跌，缩量三一，等候百低；
D处缩为百低假跌，缩为百低，准备伏击；
主力连续假跌，闭月羞花沉鱼落雁到齐。
E处精准回踩一年前实底，主力即将拉升。
F处4.29日站稳E柱二一位，形成平底建构，
真底抬高，节后应有跳空动作，备选观察。
5月5日跳空2.30%，主买55.1万，擒拿腾龙
←2021年6月25实底线
A
B
C
D
E
F
G

图17-8

各位读者，请别以为这是五一节后用“腾龙925战法”擒拿的一只股票。其实，它是我们“五一选股练习”之前就已瞄准的标的。理由是：

A处缩量二一假跌，首跌缩量，定是强庄，纳入观察池中；

B处缩为百低假跌，腰部百低，主力控盘，调入牛股池中；

C处缩量三一假跌，已有三次假跌，若有百低出现，就是牛股无疑。

D处缩为百低，此乃画龙点睛之柱！因为主力在A处-D处的连续假跌，闭月、羞花、沉鱼、落雁“四大美女”到齐，即将拉升。

E处精准回踩一年前实底，可见主力有备而为，拉升在即。

F处即节前的4月29日，站稳E柱二一位，形成平底建构，两级真底抬高，预判节后应有跳空动作，备选，观察。

G处，节后首日（5月5日）09:25时，该股向上跳空2.30%，幅度达标；主买55.1万，买盘达标；盘子达标。按“量学925腾龙”标准擒拿，当日涨停！

验证：节后次日（5月6日）该股最高上涨9.26%，尾盘收于4.85%。

例三，请看图17-9“新坐标2022年4月29日超跌反弹”：

新坐标2022年4月29日超跌反弹
这是一只超跌一倍的次新股
A-B二处是缩量三一二一下跌
C处次日缩量三一下跌
D处长阴短柱下跌，
F处是底部康桥，若能有效突破则好
G处12.30元比上市价跌去一半，
4月29日价板量缩，有望过康桥。
A
B
C
D
E
F
G
H

这也是一只超跌次新股，上市价23.60元，现跌至12.30元，股价被腰斩。

A-B二处是缩量三一二一下跌；C处次日缩量三一下跌；D处长阴短柱下跌，较好，引起关注；F处是底部康桥，预判若能有效突破则好；G处跌至12.30元；H处4月29日价板量缩，有望过F柱的康桥。但其从A到G的下跌有点拖拖拉拉，其量学建构不如前面两只票，走势将不如前两只票。

验证：节后首日（2022年5月5日）最高上探E柱实顶线回落，收盘涨6.24%；

次日低开高走收假阳，实际跌-2.47%。果然不如前面两只票。

例四，见图17-10“中润资源2022年4月29日留影”：

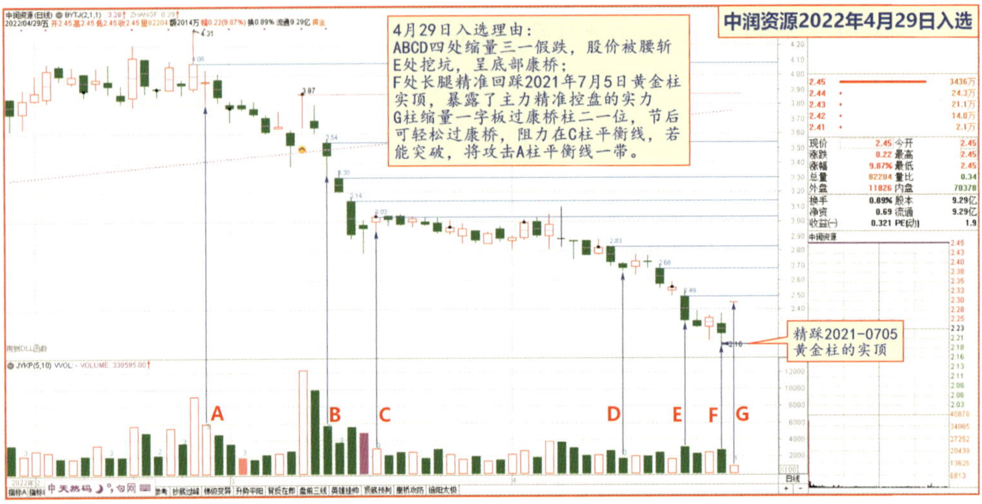
中润资源2022年4月29日入选
4月29日入选理由：
ABCD四处缩量三一假跌，股价被腰斩
E处挖坑，呈底部康桥；
F处长腿精准回踩2021年7月5日黄金柱实顶，暴露了主力精准控盘的实力
G柱缩量一字板过康桥柱二一位，节后可轻松过康桥，阻力在C柱平衡线，若能突破，将攻击A柱平衡线一带。
精踩2021-0705
黄金柱的实顶
A
B
C
D
E
F
G

图17-10

4月29日入选理由：A、B、C、D四处缩量三一假跌，股价被腰斩!E处挖坑，长阴短柱，呈底部康桥；F处长腿精准回踩2021年7月5日黄金柱实顶，暴露了主力控盘实力。G柱缩量一字板过康桥柱二一位，节后可轻松过康桥，阻力在C柱平衡线一带，若能有效突破，将攻击A柱平衡线一带。

验证：节后连续两个一字板，有望实现节前预判。

例五，见图17-11“辽宁能源2022年4月29日留影”：

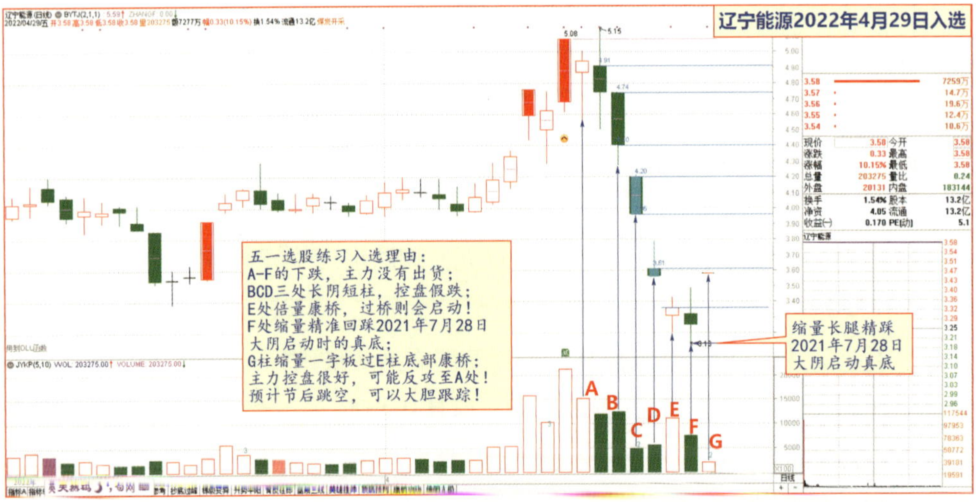
辽宁能源2022年4月29日入选
五一选股练习入选理由：
A-F的下跌，主力没有出货；
BCD三处长阴短柱，控盘假跌；
E处倍量康桥，过桥则会启动！
F处缩量精准回踩2021年7月28日大阴启动时的真底；
G柱缩量一字板过E柱底部康桥；
主力控盘很好，可能反攻至A处！
预计节后跳空，可以大胆跟踪！
缩量长腿精踩
2021年7月28日
大阴启动真底
A
B
C
D
E
F
G

图17-11

4月29日入选理由：A处-F处的下跌，急而猛，但主力没有出货；B、C、D三处长阴短柱，可见主力控盘假跌；E处倍量康桥，过桥则会启动！F处缩量精准回踩2021年7月28日大阴启动时的真底；G柱缩量一字板过E柱底部康桥；主力控盘很好，可能反攻至A处！预计节后跳空，可以大胆跟踪！

验证：节后首日涨停，次日涨停回落，收盘涨3.81%。

例六，见图17-12“嘉寓股份2022年4月29日留影”：

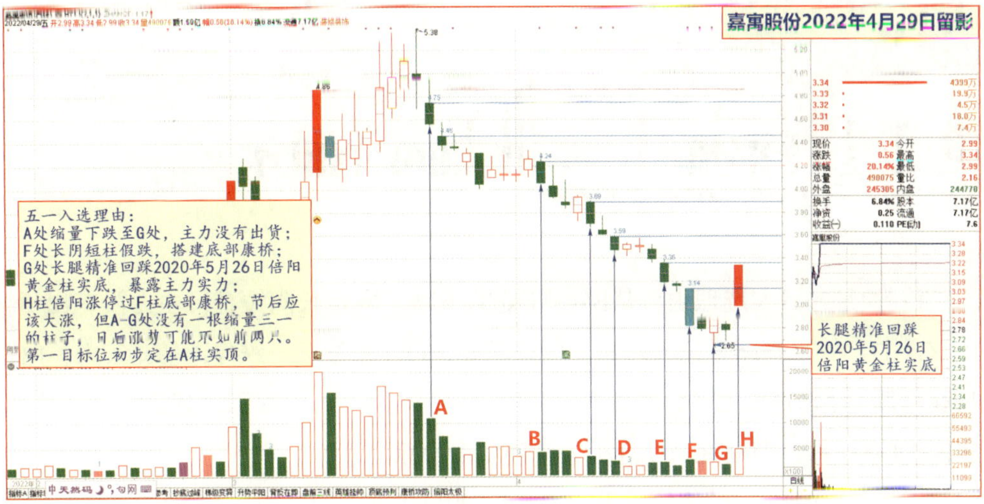
嘉寓股份2022年4月29日留影
五一入选理由：
A处缩量下跌至G处，主力没有出货；
F处长阴短柱假跌，搭建底部康桥；
G处长腿精准回踩2020年5月26日倍阳黄金柱实底，暴露主力实力；
H柱倍阳涨停过F柱底部康桥，节后应该大涨，但A-G处没有一根缩量三一的柱子，日后涨势可能不如前两只。
第一目标位初步定在A柱实顶。
长腿精准回踩
2020年5月26日
倍阳黄金柱实底
A
B
C
D
E
F
G
H

图17-12

嘉寓股份4月29日入选理由：A处缩量下跌至G处，主力没有出货；F处长阴短柱假跌，搭建底部康桥；G处长腿精准回踩2020年5月26日倍阳黄金柱实底，暴露主力实力；H柱倍阳涨停过F柱底部康桥，节后应该大涨，但A处-G处没有一根缩量三一的柱子，日后涨势可能不如前两只。第一目标位初步定在A柱实顶。节后首日涨6.89%，次日最高涨5%，收盘-0.20%。合乎预判。

例七，见图17-13“精华制药2022年4月29日留影”：

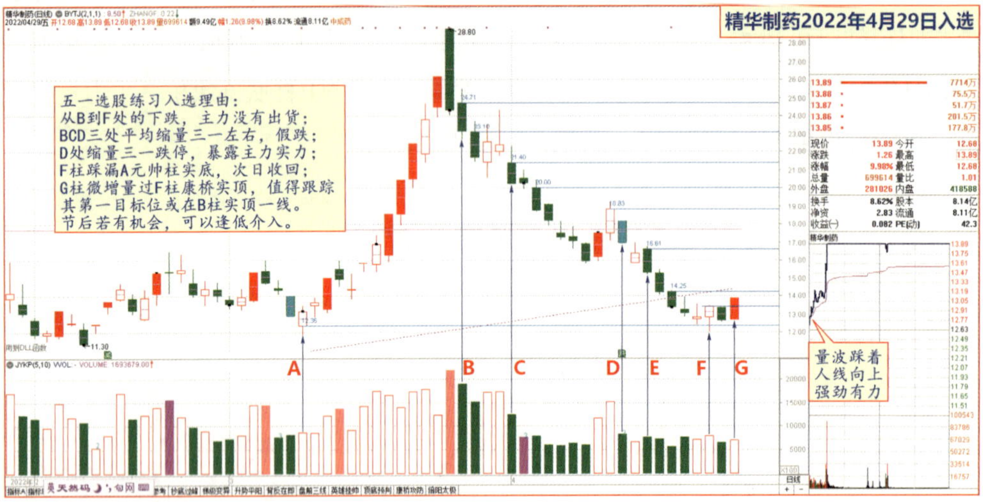
精华制药2022年4月29日入选
五一选股练习入选理由：
从B到F处的下跌，主力没有出货；
BCD三处平均缩量三一左右，假跌；
D处缩量三一跌停，暴露主力实力；
F柱踩漏A元帅柱实底，次日收回；
G柱微增量过F柱康桥实顶，值得跟踪
其第一目标位或在B柱实顶一线。
节后若有机会，可以逢低介入。
量波踩着
人线向上
强劲有力
A
B
C
D
E
F
G

图17-13

该股4月29日入选理由：从B处到F处的下跌，多是长阴短柱，主力没有出货；B、C、D三处平均缩量三一左右，假跌明显；D柱缩量三一跌停，暴露实力；F柱长腿踩漏A元帅柱实底；G柱微增量过F柱康桥实顶，值得跟踪。其第一目标位或在B柱实顶一线。节后逆市二连板，有望攻击目标位。

例八，见图17-14“凯淳股份2022年4月29日午餐肉留影”：

凯淳股份2022年4月29日午餐肉选股
这是一只股价被腰斩的次新股；
也是一只午餐肉的卧龙；
午时选龙看日象，主力没有出货；
ABC缩量三一二一假跌，控盘良好！
DE二处长阴短柱假跌！暴露实力！
午后挂板价擒龙得手！节后有戏！
预测第一目标位在A柱实顶线一带。
午餐肉选股
A
B
C
D
E
F
G

图17-14

这是一只符合午餐肉标准的卧龙，回看其日象建构，股价被腰斩，主力没出货；A、B、C三处缩量三一二一假跌，节奏极强，控盘良好！D、E两处长阴短柱假跌，暴露主力实力，预测第一目标位在A柱实顶线，午时挂板价擒龙得手！节后二连板，享受两个20CM涨停！

例九，见图17-15“人福医药2022年4月29日留影”：

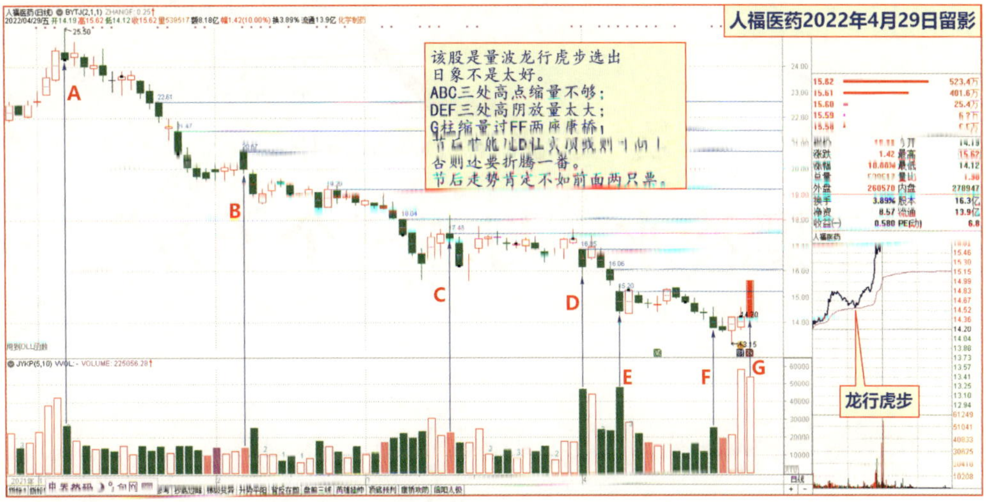
人福医药2022年4月29日留影
该股是量波龙行虎步选出
日象不是太好。
ABC三处高点缩量不够；
DEF三处高阴放量太大；
G柱缩量过FF两座康桥；
否则还要折腾一番。
节后走势肯定不如前面两只票。
A
B
C
D
E
F
G
龙行虎步

图17-15

该股用量波龙行虎步选出，但日象不是太好，因A、B、C三处峰缩量不够，D、E、F三处高阴放量太大，G柱缩量过EF康桥太高，透支，节后若能过D柱实顶线则可向上，否则还要折腾一番。预判节后走势肯定不如前面两只票。

验证：节后首日（2022年5月5日）涨6.15%，精准触D线回落；次日最高涨幅达3.49%回落，收跌-0.24%。果然不如前面两只票。

以上九只票的大图，发表在178448.com股海明灯量学论坛的“周末讲座”专栏，标题是《2022年五一选股练习，仅供参考，切勿实盘》。

王子2020年2月2日的“春节选股练习”中选出的“英科医疗”，成了当年的“第一只10倍牛股”（原始预报文章详见178448.com股海明灯量学论坛《周末讲座》之《王子0202练习》）；

王子2021年11月19日“周末选股练习”中选出的“京城股份”，此后的21个交易日获得14个涨停板（原始预报文章详见2021年11月21日在“盘前预报123”微信号发表的《再谈“三低三有，频出大牛”的奥秘》）；

但愿2022年的“五一选股练习”中，也能走出一只牛票，以报答出版社各位领导和广大读者的厚爱。

后记 POSTSCRIPT

“三瓢冷水”与“三个千万”

亲爱的读者朋友：

当你看完本书之后，有什么感觉呢？

你是否意识到你已进入“量柱选股、量线选价、量波选时”的“三维互动体系”之中？

你若进入了这个“三维互动体系”之中，那么，王子要恭喜你，你已开始进入“量学殿堂”了。

一旦进入“量学殿堂”，你将真正体会到“不管指标、不管消息、不管行情”，享受“一柱一线一量波，轻松赚钱乐呵呵”的乐趣。

但是，王子要给你泼去“三瓢冷水”。

第一瓢冷水：“本书”不适合“急于求成”的人

2021年国庆节前夕的最后一个交易日，“量学云讲堂”几个“量学基训班”

的涨停红包发了几个小时，有人在红包上写了这样一段顺口溜：

跟着量学走，菜鸟成高手；

上了量波班，擒牛真简单！

看了这段顺口溜，我心中有一种说不出的焦虑。透过这段顺口溜，我发现许多学员有一种“急于求成”的心态。实话实说，干任何一件事，谁都有急于求成的思想。关键是，股市是一个特殊的战场，你今天赚的这个涨停板，也许明天就要吐回去。国庆节前夕就有许多“昨天涨停、今天跌停”的案例。例如潍柴重机，9月28日三连板，9月29日跌停板！

为什么会出现这样的情况？量学告诉我们，位置决定性质！有些位置的涨停板只是诱惑，如果你不管真假虚实、不分量价阴阳，只看量波就追进去，十有八九是会上当的。例如前面讲到的潍柴重机，9月28日涨停打开，有人却把它的涨停开板当作天龙吸水追进去，结果9月29日吃了个跌停板。但是，量学基础扎实的人，一眼就能看出该股不能追，因为它从底部上来至9月28日正好股价翻番，9月28日的第三板放出14倍的巨量，显然是主力借涨停出货所致，我们只能紧跟主力，有货出货，怎能高位追板呢？

由此可见，“量价阴阳、真假虚实”八个要素，是量学的基础。量学云：基础不牢，地动山摇。要想真正学好量波，必须把量学的“量价阴阳、真假虚实”八个要素学通学透。对于量价八个要素的讲解，你必须看《量柱擒涨停》《量线捉涨停》《伏击涨停》《涨停密码》这“四大名著”。

第二瓢冷水：“本书”不适合“抓小放大”的人

王子之所以延迟十年才把“本书”推出来，最重要的一个原因，就是害怕误人子弟。因为量学“四大名著”推出之后，在市场上掀起了一股“量学热潮”，炒股之人言必称“量学”，评股之人也言必称“量学”，致使“量学满天飞”，但是很多读者受西方技术影响太深，单凭火柴盒大小的走势图，只看交叉分离的几条线，就来决定操作策略，养成了“抓小放大”的习惯。习惯成自然，他们看到某种量学形态，就自以为符合某种量学战法，不管该股的前世今生，也不顾主力的真实意图就盲目进退，一旦成功了他就偷偷乐，心想老子学会了；一旦失败了他就“哇哇”叫，责怪王子害了他。凡是这种读者，本书真的不适合你。

与“量柱”和“量线”相比，“量波”的确是个“小东西”，本书讲的也是“小东西”，但这些“小东西”必须放到“大环境”“大趋势”中去考察，才能充分发挥“小东西”的“大作用”。

毛主席说过：“要求战役指挥员和战术指挥员了解某种程度的战略上的规律，何以成为必要呢？因为懂得了全局性的东西，就更会使用局部性的东西，因为局部性的东西是隶属于全局性的东西的。”（《毛泽东选集》第1 卷，人民出版社1991年版，第175页）套用毛主席的话来说，量波这个局部性的小东西，是隶属于全局性的大东西的；只有懂得了全局性的大东西，就“更会使用”局部性的小东西。

为什么有人在“潍柴重机”三连板的高位，以“天龙吸水”的理由介入呢？就是因为他只看到了该股分时量波的“吸水动作”，没有看到该股日象走势的“翻番之旅”，更没有看到该股当天高达14倍的“巨大量能”，这就犯了“抓小放大”的毛病。

怎样克服“抓小放大”的毛病？唯一的方法就是反其道而行之，养成“看大做小、看长做短”的习惯。为了帮助大家提高量波操作的成功率，量学特别规定了量波使用的对象，就是只对牛股使用量波看盘，先从大的方面、从战略层面选出牛股，再从小的方面、从战术层面擒拿牛股。

为了帮助大家提高“看大做小、看长做短”的能力，量学特意在178448.com“股海明灯”论坛开辟了一个“牛股预报”专栏，让大家从“牛股预报”开始，从“涨停预报”做起，培养自己“看大做小、看长做短”的能力；同时，我们在“股海明灯”论坛上开辟了“模拟炒股”专栏，并将开通“T+0模拟炒股训练”，任何人都可以免费参加训练，锻炼自己“看大做小、看长做短”的能力。

第三瓢冷水：“本书”不适合“以己度人”的人

为了让更多的读者理解“本书”，王子摒弃了许多专业化、学术化的言辞，尽量采用通俗化、大众化语言来写作。书中的“字”，也许人人都认得；但是，书中的“意”，未必人人都懂得；并且，因为读者综合素养的差异，其“懂得”的程度也大相径庭；更令人尴尬的是，有些读者总是喜欢用他们自己的想法来“替代”作者的本意，将自己的想法“强加”给作者，这就形成了“以己度人”。

“以己度人”就是用自己的想法去揣测作者的想法，其表现形式很多，“一知半解”为其一，“不懂装懂”为其二，“以懵代懂”为其三，“自以为是”为其四……最令人痛心的是，“以己度人”的直接后果，就是作者成了读者失败的“替罪羊”。所以，不能真心理解作者意图的读者，本书真的不适合你。

本书虽然是“十年一剑”之作，但它一旦固化成书，就会留下无数遗憾，因为更多精彩，都在市场上摆着，本书难免挂一漏万。更重要的是，书是死的，人是活的，如果我们“死读书、读死书”，那就可能踏上“读书死”的不归路。

毛泽东没有上过军校，他为什么能成为全球公认的军事家？其成功的根本原因是他重视调研、善于总结，既提倡读有字之书，更提倡读无字之书；历来反对死读书，读死书。我们要想真正在股市里生存，不仅要认真读懂有字之书，更要认真读懂无字之书，将有字之书讲解的基本原理，与无字之书展现的市场规律结合起来读，读出真理，找到规律，才能使自己不断成长、成熟，直至成功。

如果你精通传统理论并且做得很好，大可不必再看此书了，因为你越看越觉得自己钱花得冤枉；如果你精通传统理论但是做得不好，这本书可能会对你有所帮助，但前提是你要有分辨真假优劣的能力。例如，面对同样一种量波，张三可能要出货，李四却可能要进货；面对同样一种战法，王五非常认同，赵六却非常反对。能否统一大家的认识？能！

为了帮助大家走出“理解误区”，王子精心选拔和培养了九名量学讲师，开辟了“量学云讲堂”，以网上“量学基础训练班”的方式，针对当前行情讲解量学原理，经过三年的实践证明，这九位讲师看盘解盘、选股选牛的实力深受广大读者认可和喜爱，每期基训班有七至八成学员成了这九位讲师的“回头客”和“钉子户”。若读书有困难、理解有困难的读者，可以参加“量学基训班”去试试，你将有意外的收获。

以上三瓢冷水，希望给当前的“王子热”和“量学热”降降温。

最后，王子要送广大读者“三千万”：

第一，大家千万不要迷信王子，因为王子的失败比成功多；

第二，大家千万不要崇拜王子，因为王子的迷茫比清醒多；

第三，大家千万不要效仿王子，因为王子的缺点比优点多。

——2010年《致股海明灯论坛网友新年献词》

扫码进入量学云讲堂

黑马王子　张得一

2021年10月1日国庆节